Günter de Bruyn

Das Leben des
Jean Paul
Friedrich Richter

Eine Biographie

Überarbeitete
und vermehrte Neufassung

S. FISCHER

Erschienen bei S. FISCHER
© S. Fischer Verlag GmbH, Frankfurt am Main 2013
Satz: Druckerei C. H. Beck, Nördlingen
Druck und Bindung: CPI – Clausen & Bosse, Leck
Printed in Germany
ISBN 978-3-10-009644-9

»Ich beschwöre dich (ich erscheine dir sonst),
dass du nach meinem Tode über mich derb
und frei schreibst, nicht verdammt kleinstädtisch-
zart und delikat über alles. O ich bitte dich; und
mache diese Stelle zum Motto deines Aufsatzes.«

(Jean Paul an Christian Otto, am 6. Februar 1802)

Vorrede zur Neufassung

Diese vor fast vier Jahrzehnten erstmalig erschienene Biographie, die dankenswerterweise vom S. Fischer Verlag immer greifbar gehalten wurde, wird hier anlässlich des 250. Geburtstages Jean Pauls in einer aktualisierten Neufassung vorgelegt. Ihr Verfasser, dem es im Alter noch vergönnt war, die Mängel seiner Arbeit selbst zu beheben, hat dabei weder seinen Blick auf Jean Paul wesentlich verändert, noch seine Absicht aufgegeben, Nichtleser Jean Pauls an dessen Werke heranzuführen; weshalb auch auf eine Auseinandersetzung mit der ständig anschwellenden Masse der spezielleren literaturwissenschaftlichen Untersuchungen verzichtet wird. Durch stilistische Änderungen, die teils auch Erweiterungen, teils Verknappungen zur Folge hatten, wurde, wie zu hoffen ist, die leichte Lesbarkeit der Biographie noch verstärkt. Auch wurde der Hauptmangel der alten Fassung, das Fehlen eines Zitatennachweises nämlich, behoben, die Bibliographie auf den neuesten Stand gebracht und die Anzahl der Abbildungen beträchtlich vermehrt.

Weder die alte noch die neue Fassung hätte ohne die Arbeit der vielen in Vergangenheit und Gegenwart um

Jean Paul bemühten Wissenschaftler entstehen können, wobei ich besonders auch an jene denke, die sich heute um die Vervollständigung der von Eduard Berend begonnenen Historisch-kritischen Gesamtausgabe bemühen. Ihnen allen sowie auch den immer hilfsbereiten Bibliothekaren und Archivaren gilt des Verfassers herzlicher Dank.

Görsdorf, im Sommer 2012
Günter de Bruyn

FRÜHLINGSANFANG

Nachts ein Uhr dreißig wurde das Kind geboren. Es lebte und war gesund, was damals nicht selbstverständlich war. Besonders in so abgelegenen Gegenden wie dem Fichtelgebirge waren die Hebammen wenig oder gar nicht ausgebildet, und ärztliche Geburtshilfe gab es in den unteren Bevölkerungsschichten kaum. Auch die falsche Pflege der Säuglinge führte oft zu ihrem Tode. Da man fürchtete, dass sie krumm, lahm oder bucklig werden oder sich beim Schreien Brüche zuziehen konnten, wickelte man sie so fest ein, dass sie kein Glied bewegen konnten. Viele gingen an einseitiger Überfütterung mit Mehlbrei zugrunde, und als Schlafmittel benutzte man bedenkenlos Branntwein oder ausgekochten Mohn. Von den sechs Kindern, die Rosine Richter nach diesem ersten noch zur Welt brachte, überlebten zwei die ersten Jahre nicht. Das entsprach etwa dem statistischen Durchschnitt der Kindersterblichkeit.

Es war die Nacht zum 21. März. Mit dem Kind zugleich kam also der Frühling, der immer sehnlich erwartet wurde, weil damals auch das Leben der Städter noch mehr dem Wechsel der Jahreszeiten unterworfen

Abb. 1: Wunsiedel 1798.
Kupferstich von Johann Gottfried Koeppel

war. Im Winter waren die Straßen kaum passierbar, in den engen Wohnungen der Kleinbürger war meist nur eine Stube heizbar, und Kerzen, Kienspan oder Öllampen gaben nur schlechtes Licht. Das macht die Freude verständlich, mit der Jean Paul später gern betonte, dass der Beginn seines Lebens mit dem des Frühlings zusammengefallen war. Die Tagundnachtgleiche schien ihm in Beziehung zu stehen zu seinem Doppelstil, dem humoristisch-satirischen und dem pathetisch-sentimentalen. Er zählte die Zugvögel auf, die mit ihm zusammen ankamen, und er wusste die Pflanzen zu nennen, die man auf seine Wiege hätte streuen können: Scharbockskraut, Ackerehrenpreis oder Hühnerbissdarm – Namen, die sich anhören, als habe er sie erfunden.

Nachzulesen ist das im Fragment seiner Autobiographie, die erst nach seinem Tode erschien. Der nicht von ihm stammende Titel erregte Goethes Unmut. Nach »Dichtung und Wahrheit« musste ihm »Wahrheit aus Jean Pauls Leben« wie ein anmaßender Gegenentwurf erscheinen. *»Aus Geist des Widerspruchs«* habe Jean Paul das geschrieben, sagte er zu Eckermann. Während seine eigne Autobiographie *»sich durch höhere Tendenzen aus der Region einer niedern Realität«* erhebe, bleibe Jean Paul ihr verhaftet. *»Als ob die Wahrheit eines solchen Mannes etwas anderes sein könnte, als dass der Autor ein Philister gewesen!«* Ein hartes und falsches Urteil, das aber die Unterschiede zwischen den beiden Großen trefflich markiert.

Bezeichnend sind auch die Anfänge der beiden Autobiographien. Feierlich setzt Goethe seinen Lebensbeginn in Beziehung zum Kosmos. *»Die Konstellation war glücklich: die Sonne stand im Zeichen der Jungfrau und kulminierte für den Tag; Jupiter und Venus blickten sie freundlich an.«* Jean Paul aber, ganz der *»niedern Realität«* verhaftet, weist, bevor er zu Schnepfen, Bachstelzen, Löffelkraut und Zitterpappeln kommt, auf das politische Hauptereignis seines Geburtsjahres hin. *»Es war im Jahre 1763, wo der Hubertusburger Friede zur Welt kam.«*

Im Jagdschloss Hubertusburg bei Oschatz hatten seit dem Dezember des Vorjahres die Unterhändler Österreichs und Sachsens mit denen Preußens über den Abschluss des Siebenjährigen Krieges verhandelt, der durch die Zerrüttung der an ihm beteiligten Staaten bereits zum Erliegen gekommen war. Der verlustreichste Krieg des 18. Jahrhunderts, an dem sich fast alle europäischen Mächte beteiligt hatten, war am 15. Februar 1763 durch einen Friedensvertrag beendet worden, der vorsah, dass alles so blieb, wie es vor dem Kriege gewesen war. Als Friedrich II. von Preußen Ende März nach Berlin zurückkehrte, das er sechs Kriegsjahre hindurch nicht gesehen hatte, fühlte er sich nicht als Sie-

Abb. 2: Kirche und Geburtshaus Jean Pauls in Wunsiedel. Stahlstich von Franz Hablitschek nach einer Zeichnung von G. Könitzer

ger und wich den Feierlichkeiten, die man für ihn vorbereitet hatte, aus. Ungesehen ließ er sich ins Stadtschloss fahren und trauerte möglicherweise den vielen Opfern seiner Kriege nach.

Der wenige Wochen zuvor geborene Johann Paul Friedrich Richter, der zu Hause Fritz gerufen wurde und sich später als Autor Jean Paul nannte, gehörte zu dieser Zeit nicht zu des Königs Untertanen. Wunsiedel, sein Geburtsort, war Teil des Fürstentums Bayreuth, das seit dem späten Mittelalter zwar auch von Hohenzollern regiert wurde, aber von denen der weniger bedeutenden fränkischen Linie, deren letzter kinderloser Spross das inzwischen mit Ansbach vereinigte Ländchen 1791 an seine preußischen Verwandten für eine lebenslange Rente abgeben wird. Doch nur bis 1806 wird Ansbach-Bayreuth bei Preußen bleiben, dann wird es der siegreiche Napoleon an Bayern verschenken, wo es bis auf unsere Tage verblieb.

Wesentlichen Einfluss auf Jean Pauls Leben und Denken haben diese Staatsangehörigkeitswechsel nicht ausüben können, wohl aber die Tatsache, dass das Umfeld, in dem er aufwuchs, das armer Leute war.

WOHLGERUCH
DER KINDHEITSJAHRE

Jean Paul war Sohn und Enkel von Schulmeistern, und das hieß damals: von Hungerleidern. Sein Großvater verdiente als Rektor im oberpfälzischen Städtchen Neustadt am Kulm 150 Gulden im Jahr. »*Sein Schulhaus war ein Gefängnis, zwar nicht bei Wasser und Brot, aber doch bei Bier und Brot; denn viel mehr als beides – und etwa frömmste Zufriedenheit dazu – warf ein Rektorat nicht ab.*« Und an dieser »*Hungerquelle für Schulleute stand der Mann 35 Jahre lang*«.

Jean Pauls Vater war es anfangs nicht besser ergangen. Auf dem Gymnasium in Regensburg hatte er sich als Kostgänger der Kirche, Alumnus genannt, durchhungern müssen, hatte als Student der Theologie in Jena und Erlangen weiter gehungert und dann, da Stellen für Pfarrer und Lehrer rar waren, zehn Jahre irgendwo bei Bayreuth als Hauslehrer gedient. Als er sich 1760 endlich eine Stelle als Lehrer und Organist in Wunsiedel für geliehene fünf Gulden erkaufen und seine Braut Sophia Rosina Kuhn, die Tochter eines Tuchmachers aus Hof, heiraten konnte, war er schon 32 und noch ärmer dran als der Großvater, weil er nicht Rektor war, auch nicht Subrektor, sondern nur Tertius, also dritter Lehrer, dessen Jahresgehalt von 119 Gulden zum Erhalt einer Familie nur reichte, wenn Taufen, Hochzeiten und Leichenfeiern zusätzliches Kleingeld für das Orgelspiel brachten oder die Zahl der Schüler, die den Schulgroschen zahlten, wuchs. Nur für die Kinder der Ärmsten der Armen war der Schulbesuch kostenlos.

Die theologische Laufbahn hatte Jean Pauls Vater nur eingeschlagen, weil armen Studenten kein anderer Studienzweig offengestanden hatte, seine Liebe aber hatte der Musik gehört. Sein Talent dafür hatte sich schon in der Schulzeit gezeigt. Der Gymnasiast hatte in der Kapelle des Fürsten von Thurn und Taxis am Klavier mitwirken können, und später als Pfarrer hatte er selbst Kirchenmusik komponiert. Um aber den Schritt in die unsichere Existenz eines Künstlers zu wagen, hatte es ihm an Selbstverwirklichungswillen gemangelt, der seinem ältesten Sohn dann in starkem Maße zuteil geworden war. Unglücklich aber war er nicht darüber geworden, er hatte sich vielmehr als eindrucksvoller Prediger bewährt. Da er sich aber auch in Gesellschaften als unterhaltsamer Plauderer erwiesen hatte, war ihm die Gunst der Freifrau von Plotho auf Zedtwitz zuteil geworden, die ihm eine ihrem Patronat unterstehende Pfarrstelle verschafft hatte, von der seine Familie leichter als in der Wunsiedeler Lehrerstelle zu ernähren war.

Am 1. August 1765 bezogen also der Pfarrer Richter, seine Frau Rosina, der zweieinhalbjährige Friedrich und sein einjähriger Bruder Adam das Pfarrhaus des bei Hof gelegenen Dorfes Joditz, das Jean Paul in seiner späten Autobiographie sein *»Erziehdörfchen«* nannte, weil sich in ihm seine Weltsicht ausgebildet hatte, die für eine Seite seines doppelgesichtigen Werkes und für manche seiner Lebensentscheidungen ausschlaggebend war. Seine Herkunft von armen Leuten und sein Behagen an dörflicher oder kleinstädtischer Enge wollte und konnte er nie verleugnen, so dass er später in Weimar dem Patriziersohn Goethe als ein wunderliches Wesen erscheinen musste und Schiller von ihm sagte: *»Fremd wie einer, der aus dem Mond gefallen ist«.*

In seiner fragmentarischen Autobiographie hat der alte Jean Paul später seine Kindheit in Joditz als Idylle

Abb. 3: Joditz an der Saale. Aquarell von König. 1788

geschildert, die in den Einzelheiten aber oft wenig Idyllisches hat. Da dort erst sein bewusstes Leben begonnen hatte und er dort auch *»das Wichtigste für den Dichter«*, nämlich *»das Lieben«* erlernt hatte, schien ihm das Dorf sein wahrer, nämlich geistiger Geburtsort zu sein. Die Sächsische Saale, *»gleich mir am Fichtelgebirge entsprungen, war mir bis dahin nachgelaufen«* und schien ihm *»das Schönste, wenigstens das Längste«* des Dorfes zu sein. Sie *»läuft um dasselbe an einer Berghöhe vorüber; das Örtchen selber aber durchschneidet ein kleiner Bach«*. Er erwähnt an Gebäuden neben einem *»gewöhnlichen Schloss«* und der Kirche nur das Pfarrhaus, in dem er vom dritten bis zum 13. Lebensjahr wohnte, den Tod zweier jüngerer Schwestern erlebte und auch sein Schreib- und Leseleben begann. Später daran zurückdenkend, spürte er noch den *»Wohlgeruch verwelkter Kindheitsjahre«*, grüßte aus zeitlicher Ferne die Dorfleute, und da sein Leben lang immerfort irgendwo Kriege tobten, wünschte er ihnen: *»Jede Schlacht ziehe weit von ihnen vorbei«*.

Es war die sorgloseste Zeit seines Lebens, ärmlich, doch ohne Not. Zwar hatte die stets wachsende Familie nicht genug Betten, so dass der jüngere Bruder Gottlieb beim Adam und der Fritz beim Vater schlafen musste, aber das Einkommen des Vaters hatte sich fast verdoppelt, und man war zum Selbstversorger geworden, weil die Pfarre, zu der fünf Orte gehörten, auch Acker und Weiderechte besaß. In den zum Pfarrhaus gehörenden Ställen standen Rinder und Schweine, auf dem ummauerten Hof lärmten Hühner und Gänse, und zwei Mägde, die in der Gesindestube schliefen, gingen der

Hausfrau zur Hand. Die Bauern des Dorfes, die nicht nur für den Gutsherrn, sondern auch für die Kirche zu fronen hatten, mussten die Feldarbeit machen, bei der der Pfarrer, der sie beaufsichtigte, ein wenig half. Dass auch der älteste Sohn manchmal mit anpacken musste, war selbstverständlich, änderte aber nichts an der Ausnahmestellung, die er unter den Kindern des Dorfes besaß.

Da der Pfarrer nicht nur geistliche Aufgaben zu erfüllen hatte, sondern als Standesbeamter wirkte, der Leumundszeugnisse auszustellen hatte und die Rekrutierungslisten führte, wurde ihm im Dorf mit Respekt begegnet, was in seinem Sohn schon früh das Bewusstsein weckte, anders als die anderen Dorfkinder, nämlich privilegiert zu sein. Das verschärfte einerseits die Isolierung, in der er von seinem Vater gehalten wurde, machte sie andererseits aber auch erträglich, weil es ein unerschütterliches Selbstvertrauen in ihm weckte, das als starkes Ich-Bewusstsein in Erscheinung trat. Dessen Erwachen beschrieb er später wie einen mystischen Vorgang, wie einen plötzlichen Akt der Emanzipation von allem, was ihn umgab. »*An einem Vormittag stand ich als ein sehr junges Kind unter der Haustür und sah links nach der Holzlege, als auf einmal das innere Gesicht, ich bin ein Ich, wie ein Blitzstrahl vom Himmel vor mich fuhr und seitdem leuchtend stehen blieb: da hatte mein Ich zum ersten Male sich selber gesehen und auf ewig.*«

Unbewusst war diese Selbstvergewisserung auch gegen den Vater gerichtet, dessen Erziehung auf Einordnung in die Hierarchie der Gesellschaft gerichtet war.

Um den Jungen in die Rolle des Pfarrersohns einzuüben, ließ er ihn sonntags den »*Fronbauern der Woche*« das »*gesetzmäßige Halbpfundbrot samt Geld*« austragen und nahm ihn zu Besuchen bei seinen Amtsbrüdern in den benachbarten Pfarrdörfern mit. Aus nichtigem Anlass nahm er ihn aus der Dorfschule, die der Junge gern besucht hatte, um ihn zu Hause selbst zu unterrichten, rühmte sich oft seiner guten Beziehungen zur Gutsherrschaft und stärkte im Sohn das Bewusstsein, von deren Gnade abhängig zu sein.

Diese Abhängigkeit war tatsächlich vorhanden, da der grundbesitzende Adel, der keine Steuern zu zahlen hatte, nicht nur die von ihm abhängigen Bauern beherrschte, sondern im Gutsbezirk auch die Polizeigewalt ausübte, die niedere Gerichtsbarkeit innehatte und neben der Schulaufsicht auch das Patronat über die Kirche besaß. In Preußen, wo Friedrich Wilhelm I. im Interesse der Souveränität des Königs die politische Macht des Adels gebrochen hatte, blieb dessen Vorherrschaft doch innerhalb der Gutsbezirke bestehen. In Kleinstaaten wie Ansbach-Bayreuth hatte der Adel sich teilweise den Fürsten noch nicht völlig untergeordnet, so dass 1791, als das Fürstentum preußisch wurde, der Kabinettsminister von Hardenberg in einigen Fällen erst mit militärischer Gewalt drohen musste, ehe sich der Adel zur Huldigung des Preußenkönigs entschloss. Auch als verordnet wurde, dass in den Kirchen das Gebet für den König vor dem für den Gutsherrn zu stehen habe, stieß das beim Adel auf Widerstand.

Über die gutsherrliche Willkür bei der Berufung von Pastoren und Lehrern kann man viel Erschreckendes oder auch Lustiges in der Satirenliteratur der Zeit nachlesen, und auch in Jean Pauls Werken kommt dergleichen vor. Im »Wutz« hat das Schulmeisterlein seinen Posten nur dem Umstand zu danken, dass der Kirchenpatron für seinen Koch, dem er die Stelle eigentlich zugedacht hatte, keinen Ersatz finden konnte, und im »Quintus Fixlein« hängt die Vergabe der Pfarrstelle von einem Hundenamen ab.

Für Jean Pauls Vater war diese Abhängigkeit selbstverständlich, also kein Grund zur Kritik. *»Gleich einem alten lutherischen Hofprediger erkannte er die unabsehliche Größe des Standes wie das Erscheinen der Gespenster an, ohne vor beiden zu beben«*, und die Bewunderung, die er der Herrschaft zollte, übte auch in den Kindern das Sichabfinden mit den Gegebenheiten ein. Wenn der Vater von einer Abendmahlsfeier der Herrschaft aus Zedtwitz zurückkam, wurden bei seinen bewundernden Erzählungen über *»hohe Personen und deren Hofzeremoniell und über die Hofspeisen und Eisgruben und Schweizerkühe«* Frau und Kinder in *»das größte ländliche Erstaunen«* versetzt. Sie konnten in des Vaters Erzählungen miterleben, wie *»er selber aus dem Domestikenzimmer sehr bald zu dem Herrn von Plotho«* gebeten wurde, wie er das Fräulein am Klavier unterweisen durfte und *»stets seiner Munterkeit wegen zur Tafel gezogen wurde«*, wo er dann unter den *»bedeutendsten Rittergutsbesitzern des Vogtlandes«* saß.

Einmal aber wurde der Junge, der den ummauerten Pfarrhof nur in Begleitung verlassen durfte, von seinem Vater auf das Schloss mitgenommen, durfte dort, trunken von all der Schönheit, zwischen den Laubengängen und Springbrunnen des Parks umhergehen und vor der hohen Person der Freifrau niederfallen und ihr den Rock küssen – eine Szene, nach der man ermessen kann, welche Gefühle Jean Paul später bewegten, als ihm, dem Dichter, die Ehrfurcht adliger Damen galt.

So selbstverständlich wie die Abhängigkeit von der Herrschaft war für den Jungen auch die Existenz von Gespenstern. Wenn die Mägde abends beim Spinnen Schauergeschichten erzählt hatten, lag er danach zitternd im Bett, bis sein Vater kam und sich neben ihn legte, und wenn ihm befohlen wurde, am Abend vor einem Begräbnis die Bibel an der aufgebahrten Leiche vorbei durch die dunkle Kirche zu tragen, war der mit überreicher Phantasie begabte Knabe lange völlig verstört. Die Schauerballaden, die damals gedichtet wurden, beschworen nicht vergangene, sondern im Volk noch gegenwärtige Ängste, denn die Aufklärung hatte vorwiegend nur die gebildeten Schichten erreicht. In Berlin wurden zum Schutz bei Gewitter noch bis 1783 die Glocken geläutet, noch gab es Teufelsaustreiber, und als 1775 zum letzten Mal in Deutschland eine Hexe verbrannt wurde, war der Pastorensohn Fritz zwölf Jahre alt.

Die Dorfschulen, die im Laufe des 18. Jahrhunderts in fast allen deutschen Staaten entstanden waren, lehrten neben den Fähigkeiten des Lesens, Schreibens und Rechnens vor allem Katechismusgebote, Kirchenlieder und Bibelsprüche, denn ihre Aufgabe war nicht, die Schüler zu gebildeten Bürgern zu machen, sondern zu Untertanen, die sowohl nützlich als auch gehorsam sind. Auch die dem Pfarrhaus gegenüberliegende

Dorfschule, die der kleine Fritz Richter nicht lange besuchen durfte, wird mehr nicht geboten haben, und doch sehnte sich der Junge, der nun mit seinem Bruder Adam zusammen im Pfarrhaus vom Vater unterrichtet wurde, in die Gemeinschaft der Dorfjugend zurück. Grund dafür war wohl vor allem des Vaters Lehrmethode, die weder kindgemäß noch anschaulich war. *»Vier Stunden vor- und drei nachmittags gab unser Vater uns Unterricht, welcher darin bestand, dass er uns bloß auswendig lernen ließ, Sprüche, Katechismus, lateinische Wörter und [Joachim] Langes [lateinische] Grammatik. Wir mussten die langen Geschlechtsregeln der Deklination samt den Ausnahmen nebst der beigefügten lateinischen Beispiel-Zeile lernen, ohne sie zu verstehen.«* Rechnen aber wie auch Geschichte, Geographie und Naturkunde kamen in dem Lehrplan des Vaters nicht vor.

Während Adam, dem geistige Neugier fehlte, sich dieser Tortur verweigerte und dafür verprügelt wurde, blieb Fritz, der vor dem geliebten Vater mit Lernerfolgen glänzen konnte, immer von Schlägen verschont. Seine Lernbegierde aber war so nicht zu stillen. An einer in Latein verfassten Grammatik des Griechischen lernte er für sich allein griechische Buchstaben zu schreiben, versuchte sich an lateinischen Übersetzungen und las alles, was ihm greifbar wurde, darunter auch die »Bayreuther Zeitung«, deren Vierteljahresbände sich der Vater von der Gutsherrschaft lieh. Aus dieser Lektüre zog Jean Paul die Erkenntnis, dass sich Wahrheiten nicht aus der täglichen, sondern nur aus der bandweisen Zeitungslektüre herauslesen lassen, weil erst ein Band von ihr *»Blätter genug zum Widerruf ihrer anderen Blätter gewinnt«.*

Unter den wenigen Büchern, die ihm in der *»geistigen Sahara-Wüste«* des Dorfes zu *»frischen grünen Quellenplätzchen«* wurden, fand er den damals bereits 120 Jahre alten »Orbis pictus« des Tschechen Amos Comenius, der eigentlich Komensky hieß, besonders erwähnenswert. Dieses klassische, den heutigen Bilderlexika ähnliche Latein-Lehrbuch, mit dem auch Goethe gelernt hatte, führte in der deutschen Version den umständlichen Titel »Orbis sensualium pictus. Die sichtbare Welt, das ist: aller vornehmsten Weltdinge und Lebensverrichtungen Vorbildung und Benamung« und wurde in zeitgemäßen Erneuerungen und Übersetzungen in vielen Ländern Europas noch bis ins 20. Jahrhundert hinein benutzt. In ihm hatte Comenius nach seinem Grundsatz, dass nichts im Verstande sei, das nicht vorher im Sinne gewesen, zum ersten Mal konsequent die Anschauung zur Grundlage des Unterrichts gemacht. Hier konnte der mit unverstandenen lateinischen Vokabeln und Regeln traktierte Junge im Holzschnitt die Bedeutung des Gepaukten anschauen und gleichzeitig auch erfahren, wie man es im Deutschen benennt. Hier lernte er nicht nur den Satz: Infans ejulat – Das Kind wimmert, sondern sah auch das Bild mit dem Wickelkind in der Wiege, und wenn es hieß: Ventus fiat – Der Wind wehet, so konnte er aus Wolken ein dickbackiges Gesicht blasen sehen. Hier lernte er die Gestalten des Mondes – Phases lunae – kennen, lernte das Hausgeflügel Aves domestica nennen, konnte in Latein die Arbeit des Müllers und des Bergmanns verfolgen und wurde auch darüber belehrt, dass Gottes Auge über allen Dingen und Geschehnissen wacht.

Weniger als der »Orbis pictus« waren für den lernbegierigen und lesehungrigen Knaben die »Gespräche im Reiche der Toten« von David Faßmann geeignet, von denen der Vater einige Bände besaß. Fritz las sie durch, verstand davon wenig, konnte abends aber doch der ganzen Familie die Liebesgeschichte des türkischen Kaisers mit Roxelane erzählen, und der Vater, der sehr wohl wusste, das sein häuslicher Unterricht dem lerneifrigen Sohn nicht genügte, missbilligte diese Lektüre nicht. Sein Vorsatz, Fritz auf eine bessere Schule zu schicken, war mit seinen geringen Einkünften nicht zu verwirklichen, da die Zahl seiner Söhne inzwischen auf vier angewachsen war. Besserung der familiären Misere konnte nur eine besser bezahlte Pfarrstelle bringen, auf die man dann wirklich hoffen konnte, als der Amtsbruder im benachbarten Schwarzenbach an der Saale starb. Fritz war im 13. Lebensjahr, als die Freifrau von Plotho, die sich das dortige Kirchenpatronat mit dem Fürsten von Schönburg-Waldenburg teilte, sich erneut als Gönnerin des Vaters zeigte, so dass die Familie im Januar 1776 das Dörfchen, in dem Fritz seine Kindheit verlebt hatte, verließ.

Es war das erste Mal, dass der Junge von einem Ort, den er lieb gewonnen hatte, Abschied nehmen musste. Aber für Kinder, so sagte er später, »*gibt es kaum Abschiede, denn sie kennen keine Vergangenheit, sondern nur eine Gegenwart«*, die voll Zukunft ist.

DAS GELEHRTE KIND

Der damalige Marktflecken Schwarzenbach an der Saale, der erst 1844 die Stadtrechte erwerben konnte, hatte etwa anderthalb Tausend Einwohner, darunter auch solche, von denen Fritz Richter sich Bücher ausleihen konnte, die er dann manchmal auch auf der Kirchenempore während der Predigt des Vaters las. Damals fiel ihm auch Defoes spannende Geschichte des »Robinson Crusoe« in die Hände, in der er miterlebte, wie sich fern der europäischen Ständegesellschaft ein Bürgerlicher durch Selbsthilfe und Gottvertrauen eine eigne Welt des Besitzes schafft. Seine Leselust, die ihn nie loslassen sollte, galt neben der Dichtung aber auch der Theologie, der Philosophie und manch anderem Wissensgebiet. Die Weltschau, die ihm der »Orbis pictus« in Holzschnitten geboten hatte, wurde durch die Lektüre bedeutend erweitert, und viele der damals geernteten Lesefrüchte wurden später in seinen Werken zu teils witzigen und erhellenden, teils aber auch lästigen Abschweifungen und Metaphern verwendet, prägten also seine unnachahmliche Art des Erzählens mit.

Das Lesen ließ aber auch den Wunsch nach eigenem

Abb. 4: Schwarzenbach an der Saale. Lithographie 1840

Bücherbesitz in ihm wachsen, und da das Geld dazu fehlte, half er sich selbst. Leere Seiten wurden zu kleinen Bänden zusammengeheftet, mit Texten aus Luthers Bibel beschrieben und so eine Bibliothek erschaffen, die dann später in veränderter Form in sein »Schulmeisterlein Wutz« überging. In dieser Erzählung nämlich schreibt sich Wutz, der bitterarm ist wie sein Schöpfer, die für ihn unerschwinglichen Neuerscheinungen, die ihm durch den Leipziger Messkatalog bekannt werden, mit eignen Ideen und eigner Hand selbst. So werden dort Lavaters »Physiognomische Fragmente« in der Version des vergnügten Schulmeisters neu geschrieben, und ein philosophischer Traktat über Zeit und Raum wird durch Wutz zur Abhandlung über Schiffsräume und *»die Zeit, die man bei Weibern Mensis nennt«*.

Die Schule in Schwarzenbach war der Joditzer Dorfschule darin ähnlich, dass sie nur einen Klassenraum hatte, in dem ständig das *»Schreien, Summen, Lesen und Prügeln«* sowohl der Abc-Schützen als auch der Lateiner zu hören war. Ihr Rektor aber, der noch einen Kantor zur Seite hatte, schien dem Pfarrer Richter so vertrauenswürdig, dass er ihm seinen wissensdurstigen Sohn zum Schüler gab. Unterrichtsstoff waren an dieser Schule fast ausschließlich die alten Sprachen, die der Rektor, der Karl August Werner hieß, in einer Methode unterrichtete, die kurz zuvor vom Philanthropen Basedow entwickelt worden war. In ihr wurde das Pauken von Grammatikregeln möglichst bald durch den praktischen Gebrauch der Sprache ersetzt. Während Basedow aber das Lateinische und Griechische im Gespräch zwischen Lehrer und Schüler übte, ging Rektor Werner im Latein gleich zur schwierigen Lektüre des Cornelius Nepos über, ließ im Griechischen das Neue Testament lesen und nahm sich ein Jahr später das Alte Testament auf Hebräisch vor. Fritz, der so lernbegierig war, dass er sich mit *»Freuden wie ein Prinz von einem Halbdutzend Lehrer auf einmal«* hätte unterweisen lassen, konnte diese Schwierigkeiten freudig und erfolgreich meistern und hatte auch in seiner Freizeit noch Vergnügen daran.

Bald konnte er das griechische und hebräische Testament mündlich so fließend ins Lateinische übersetzen, dass ihm der Lehrer kaum folgen konnte, und seine Vorliebe für das »*hebräische Sprach- und Analysier-Gerümpel und Kleinwesen*« verführte ihn wieder dazu, sich selber ein zusammengeheftetes Buch zu schreiben, und zwar eines, das jedes Wort der Bibel, angefangen mit dem ersten »Am Anfang«, sprachwissenschaftlich erklärt. Zwar wurde das riesige Werk bald wieder fallengelassen, aber Spuren davon sind im »Quintus Fixlein« zu finden, wo dieser sich am Suchen nach falsch gedruckten hebräischen Buchstaben erfreut.

Wichtiger als die Schule aber wurden für den Heranwachsenden zwei junge Theologen, durch die er in Berührung mit modernen Denkrichtungen kam. Sie vertraten nämlich die rationalistische Theologie der Aufklärung, die sogenannte Heterodoxie, die von der offiziellen Kirchenlehre, der Orthodoxie, abwich und für Fritz, der sich bisher in Glaubensfragen nur an der Autorität des Vaters orientiert hatte, eine neue Erfahrung war.

Der Kaplan Johann Samuel Völkel, ein Amtsbruder des Vaters, fand Freude daran, dessen begabten Sohn zusätzlich zu unterrichten und opferte seine tägliche Mittagspause dafür. Sein Geographieunterricht erschöpfte sich darin, Landkarten aus dem Kopf zeichnen zu lassen, seine theologischen Unterweisungen aber wiesen das Denken des Schülers in die Richtung der

Aufklärung, der Jean Paul dann treu blieb sein Leben lang. Er bekam Gottscheds schon etwas angestaubte »Ersten Gründe der gesamten Weltweisheit« zu lesen, in denen der später verspottete Literaturpapst der dreißiger Jahre sein vernunftbestimmtes Christentum ausgebreitet hatte, das für den Schüler »*bei aller Trockenheit und Leerheit*« doch erhellend war. Noch mehr aber galt das für modernere Theologen wie Jerusalem und Nösselt, die die kirchlichen Dogmen kritisierten und die Erbsündenlehre verdammten, weil die dem Glauben der Aufklärer an die Bildungsfähigkeiten des Menschen widersprach.

Der zweite für ihn wichtige Theologe, der sich im Laufe der Jahre vom Lehrer zum Freund wandeln sollte, hieß Erhard Friedrich Vogel und war Pfarrer in Rehau, einem benachbarten Dorf. Er war ein fröhlicher Mensch mit umfassender Bildung und besaß viele Bücher, die Fritz nun stapelweise von ihm entlieh. Damit begann für ihn eine Zeit des planlosen Viellesens, die auch eine des seitenlangen Abschreibens war. Der Grundstock für seine uferlos anschwellende Sammlung von Exzerpten, die er später für seine Prosawerke verwenden sollte, wurde hier schon gelegt. Er las Bücher aller Wissensgebiete, vorrangig aber Werke der Philosophie und der theologischen Aufklärung, deren erste Wirkung die Entfremdung vom Vater war.

Zu einem Bruch aber kam es nicht mehr, da den Vater, kurz nachdem er dem Sechzehnjährigen den Besuch des Gymnasiums in Hof erlaubt hatte, im April 1779 der Tod ereilte und er seiner Witwe und den minderjährigen Söhnen nichts als Schulden hinterließ.

*Abb. 5: Pfarrer Erhard Friedrich Vogel.
Gemälde in der Friedhofskirche Wunsiedel*

ÜBUNGEN

Der in familiärer Isolation aufgewachsene, ins Lesen und Studieren vernarrte Junge, dessen Herkunft vom Lande schon seine Kleidung zeigte, hatte es im städtischen Gymnasium von Hof anfangs nicht leicht. Bereits in der ersten Französischstunde musste er das Hohngelächter der ganzen Klasse über sich ergehen lassen, weil er zu vertrauensselig gewesen war. Ihm war nämlich von einem Mitschüler namens Reinhart gesagt worden, dass es sich für einen Neuling gehöre, dem Lehrer zu Beginn der Stunde die Hand zu küssen, und da er diese veraltete Art der ehrerbietigen Begrüßung von seiner Familie her kannte, war er tatsächlich nach vorn gegangen und hatte dem verdutzten Lehrer die nur widerwillig gelassene Hand geküsst. Monsieur Janicaud, ein ehemaliger Tapetenwirker, der den Schülern mit Hilfe des einzigen vorhandenen Lehrbuches sein schlechtes Französisch beibrachte, hatte das für eine bewusste Frechheit gehalten, war zornig geworden und aus der Klasse gelaufen, während der Neue dem Gelächter der Schüler ausgesetzt war.

Von der Stadt Hof, die damals etwa 4 000 Einwohner hatte, war als Heimat der Mutter schon in Joditz oft die

*Abb. 6: Hof. Radierung von
Johann Christian Philipp Tretscher um 1790*

Rede gewesen, und manchmal hatte Fritz auch den zweistündigen Fußweg dorthin machen müssen, um *»Fleisch und Kaffee und alles zu holen, was im Dorfe«* nicht zu haben gewesen war. Bei diesen gelegentlichen Besuchen war ihm die Stadt wunderbar und aufregend erschienen, jetzt, da er selbst darin lebte, bekam er auch ihre Schattenseite zu spüren, die vor allem im engen, konventionsverhafteten Denken ihrer Bewohner bestand. Seinen geistigen Bedürfnissen begegneten sie mit Unverständnis, und seine schulischen Erfolge, die ihn mit Stolz erfüllten, setzten ihn in ihren Augen, weil sie daran vor allem sein Anderssein erkannten, eher herab. Bei einer Übung im Diskutieren, die die Schüler zur Verteidigung der kirchlichen Dogmen befähigen sollte, hatte Fritz Richter den Opponenten zu spielen, und da er, der eine ganze Bibliothek heterodoxer Schriften im Kopfe hatte, sie so überzeugend spielte, dass die Unhaltbarkeit der orthodoxen Lehre bewiesen worden wäre, hätte der erschrockene Lehrer die Übung nicht vorzeitig abgebrochen, galt der Pastorensohn den Hofern fortan als Atheist.

Wenig später versuchte der zum jungen Mann Heranwachsende sich seinen Kummer in einem Roman von der Seele zu schreiben, dessen Unwert er selbst bald erkannte und ihn wieder verwarf. In ihm beklagt sich der Ich-Erzähler über seine Lehrer, die *»ihrem Verstande« nichts bedeutende Nahrung geben«* und ihr *»Herz verwelken«* lassen, und er bezeichnet die Schüler als bloße Kopien von ihnen, die noch unerträglicher sind. *»Man äft mich«*, heißt es dann weiter, *»denn ich bin fremd. Ich bin zu offenherzig, darum hält man mich für einen Einfältigen – darum werd' ich so oft betrogen. ... Ich leb' unter den Leuten so hin. Ich befürchte gar, ihnen ähnlich und mir unähnlich zu werden«*, – aber diese Befürchtung war unnötig, weil der junge Autor, der seine geistige Überlegenheit durchaus zu schätzen wusste, zur Anpassung ans Mittelmaß weder willens noch fähig war.

Das zeigten auch seine zwei öffentlich gehaltenen Schulreden, in denen er sich zwar dem konservativen Geist der Schule weitgehend annäherte, sein wahres Denken aber doch ein wenig verriet. Als der Sechzehneinhalbjährige im Oktober 1779 zur Geburtstagsfeier für die Mutter des regierenden Markgrafen die Festversammlung über »Den Nutzen des frühen Studiums der Philosophie« aufklärte, widerlegte er erst die gängigen Behauptungen, dass die Philosophie *»vom Lernen der Sprachen abhalte, den Kopf mit unnötigen Grübeleien erfülle und den Körper durch Nachdenken schwäche«*, warnte sowohl davor, alles besser wissen zu wollen, als auch allem Althergebrachten ohne Prüfung Glauben zu schenken, um zum Schluss den Hofer Mitbürgern weiszumachen, dass das Philosophieren ihnen auch Vorteile bringen könne. »*Und gesetzt, es gäbe einen, dem das Erkennen der Wahrheit kein Ergötzen verschaffte, in dessen übereisten Herzen kein Funke Wahrheitsliebe mehr glimmte, – gesetzt, er wäre gegen dieses alles unempfindlich, so wird ihn doch sein eigner Vorteil und seine Eigenliebe bewegen, die Philosophie, die verehrungswürdigste der Wissenschaften, zu treiben*«, lautet sein letzter Satz.

Die Philosophie, die sein Leben immer begleiten sollte, war auch Thema der Rede, die er 1780 zum Abschluss seiner Schulzeit hielt. »Über den Nutzen und Schaden der Erfindung neuer Wahrheiten« unterrichtete er nun seine Zuhörer, die er nach den Regeln der Ständegesellschaft mit »*nach Stand und Würden allerseits höchst- hoch- und wertgeschätzte Anwesende!*« anredete und ihnen mit aller gebotenen Vorsicht klarzumachen versuchte, dass auch in Philosophie und Theologie ein Fortschreiten möglich und nötig sei. Zwar seien einerseits »*all die Voltaire's, die Hume's, die Lamettrie's und ihre ganze Reih'*« nur dazu nützlich, den wahren Denkern Anlass zur Verteidigung der Religion zu geben, doch müsse man andererseits auch jene verwerfen, die glaubten, dass alles Althergebrachte unwiderleglich sei. »*Wenn nun alle so gedacht hätten, wären wir iezt noch auf dem Punkt, wo Noah und seine Söhne in den Wissenschaften standen.*« Nur müsse man sich davor hüten, in der Begierde nach Neuerungen zu weit zu gehen.

Übungen

Aus diesen Tagen des Schulabschlusses im Oktober 1780 ist auch der Schluss eines Briefes überliefert, der den altklugen Redner von seiner anderen, nämlich der gefühlvollen Seite zeigt. Da wird das Ende von Kindheit und Schulzeit betrauert, an Mondscheinnächte an der Saale erinnert, Abschiedsschmerzen vorweggenommen, Sterbegedanken erwogen, und bei der Anspielung auf Sternes »Empfindsame Reise« werden Tränen geweint. Es ist der erste von den etwa fünftausend Briefen und Briefkonzepten, die von Jean Paul erhalten geblieben sind. Gerichtet war dieser Brief an den Freund Adam Lorenz von Oerthel, den ältesten Sohn eines wohlhabenden und als geizig verschrienen Hofer Kaufmanns, der erst 1774 mit den nördlich von Hof gelegenen Gütern Töpen, Hohendorf und Tiefendorf zusammen den Adel erworben hatte und mit dem kränkelnden Sohn, der, statt Geschäftssinn zu entwickeln, für empfindsame Dichtungen schwärmte, höchst unzufrieden war. Während Fritz Richter bei den Großeltern wohnte, stand Oerthel, dessen Eltern auf der Besitzung in Töpen lebten, ein Gartenhaus an der Saale zur Verfügung, von dem aus ein Blick auf die Flussniederung zu genießen war. Hier saßen die Freunde oft bei Gesprächen, Gesang und Klavierspiel zusammen und schwelgten in Mondscheinnächten in ihren verworrenen Gefühlen, in denen sich Sehnsucht nach Liebe mit literarisch inspirierter Naturschwärmerei und Todesahnung verband. Oerthel hatte an der unglücklichen Liebe zu einer Amtmannstochter aus dem benachbarten Dorf Venska zu leiden, Richter dagegen war nur mit Büchern beschäftigt, schrieb in dieser Zeit aber eine Liebesgeschichte, die der Liebeskummer des Freundes vielleicht angeregt hatte, die mit Sicherheit aber Frucht seiner Lektüre war.

Der missglückte kleine Roman, der nur den Freunden bekannt wurde, gehörte zu der Flut von literarischen Ergüssen, die Deutschland überschwemmt hatte, nachdem 1774 Goethes Roman »Die Leiden des jungen Werthers« erschienen war. Dieses Buch hatte den bürgerlichen Lebensstil so nachhaltig beeinflusst, dass besonders die jungen Leute wie Werther zu fühlen und zu denken versuchten, in seinem Stil Briefe schrieben und sich auch kleideten wie er. Da auch Selbstmorde in Werthers Manier vorkamen, fühlten sich Pastoren zu Predigten gegen das Buch verpflichtet, der Berliner Aufklärer Friedrich Nicolai schrieb eine witzlose Parodie gegen das Werther-Fieber, und wie bei jeder literarischen Sensation gab es unter den Schriftstellern Nachahmer, deren erfolgreichster Johann Martin Miller hieß.

Der Schwabe Miller, der als Student in Göttingen die Dichtervereinigung »Hainbund« mitgegründet und zu Volksliedern gewordene Verse wie das noch heute lebendige »Was frag ich viel nach Geld und Gut,/ Wenn ich zufrieden bin« gedichtet hatte, war später als Pfarrer und Gymnasiallehrer in Ulm zum Schreiber rührseliger Romane geworden, unter denen »Siegwart, eine Klostergeschichte« die meisten Leser fand. Die etwas verworrene Liebestragödie, die auch Richter und seine Hofer Freunde zu Tränen rührte, endet damit, dass der Titelheld auf dem Grab der Geliebten erfriert.

Übungen

Sowohl Goethes »Werther« als auch Millers »Siegwart« führten dem achtzehnjährigen Richter die Feder, als er seine »Abelard und Heloise« betitelte Nachahmung verfasste, an dessen Ende der Versuch des Titelhelden, auch den Kältetod am Grabe der Geliebten zu erleiden, scheitert, und er nun wie Werther zur Pistole greifen muss. »*Leb wol! Es schlägt zwölf aus! Lebwol! Oh Mordgewer! zerspalte dieses Gehirn – – – Got! im Himmel steh' dem leidenden Geschöpf bei! Jesu! erbarme dich bald des Elenden, nim seine Sel' in deine Hände! Und du, o Geist Heloises! steh mir bei! Bald seh ich! Hilf Vater! Mein Got! Oh! – oh! – – –!*«

Originell ist in dieser ersten erzählenden Arbeit, die erst im 20. Jahrhundert vollständig gedruckt wurde, nur die eigenmächtige Rechtschreibung, die sich Jean Paul erst im 41. Lebensjahr wieder abgewöhnt hat. Nach ihren Regeln, die ihr Erfinder aber nicht immer befolgte, wurde zum Beispiel auf Doppelkonsonanten, Doppelvokale und das Dehnungs-h verzichtet und das j durch ein i ersetzt. Statt Gott schrieb er also Got, statt Gewehr Gewer, aus jetzt wurde iezt und vieles Schrullige mehr. (Zur Erleichterung der Lektüre werden aber auf den folgenden Seiten die Zitate behutsam modernisiert.)

Von der Orthographie abgesehen war aber alles an dem kleinen Roman den Vorbildern nachempfunden, die der Verfasser in seiner Nachrede auch benennt. Autobiographisches ist wenig in ihm zu finden, sieht man von den oben schon erwähnten Bemerkungen über Lehrer und Schüler ab. Für den Erzähler Jean Paul hatte dieser missglückte Erstling kaum eine Bedeutung.

Schon sieben Monate nach seiner Fertigstellung fiel sein Urteil über ihn vernichtend aus. *»Dieses ganze Romängen ist ohne Plan gemacht, die Verwicklung fehlt gänzlich und ist alltäglich und uninteressant. Die Charaktere sind nicht so wohl übel geschildert, als gar nicht geschildert. Man sieht von Abelard und von der Heloise nichts als das Herz: man weiss nichts von ihrem Verstande; es ist keine ihrer Neigungen ausgemalt; nicht einmal die Empfindung der Liebe ist wahr dargestellt. Überdies ist alles überspannt ...«*

Geschrieben wurde der »Abelard« für den Freund Oerthel im Januar 1781, als Richter für drei Monate zu Mutter und Brüdern nach Schwarzenbach zurückgekehrt war. Da er die Schulzeit beendet, das Studium aber noch nicht begonnen hatte, war er jetzt das, was man damals, nach dem lateinischen Wort für Maultier, einen Mulus nannte, also weder Pferd noch Esel, weder Schüler noch Student. Er hatte also ein Vierteljahr Ferien und nutzte sie zu seinem Vergnügen, was für ihn hieß: er las und schrieb. Seine Lektüre waren weiterhin vor allem philosophische und theologische Werke, die er aus der Bibliothek des Pfarrers Vogel in Rehau entleihen konnte, und neben Exzerpten, die er als Hilfen für künftige Arbeiten aufbewahrte, schrieb er Aufsätze über unterschiedliche Themen, wie den Gottesbegriff, die Religionen der Welt, das Perpetuum mobile oder Narren und Weise, die er dann zu Bänden zusammenfasste und ihnen den Titel »Übungen im Denken« gab. In einem Vorwort, Anzeige genannt, machte er deutlich, dass es sich dabei für ihn tatsächlich nur um Übungen handelte. *»Diese Versuche sind*

Übungen

nur für mich«, heißt es da. *»Sie sind nicht gemacht, um andere etwas Neues zu lehren. Sie sollen mich bloß üben, um's einmal zu können. Sie sind nicht Endzweck, sondern Mittel – nicht neue Wahrheit selbst, sondern der Weg, sie zu erfinden.«*

Und diese »Übungen«, zu denen dann noch die »Rhapsodien« kamen, nahmen so schnell kein Ende. Ehe aus dem schreibfleißigen jungen Mann, der seine Stoffe nicht aus dem Leben, sondern aus Büchern schöpfte, der Meistererzähler Jean Paul wurde, sollten noch etwa zehn Jahre vergehen.

REITERSTÜCK UND HUNGERTUCH

Falls der erste und letzte Ritt Fritz Richters sich so zugetragen haben sollte, wie es Jean Paul im Kapitel »Reiterstück« seiner »Flegeljahre« beschreibt, war es noch früh am Morgen, als der Mulus, in seinen besten Rock gekleidet, den Hut auf dem Kopf und die Reitgerte in der Hand, unter den Augen der Nachbarn dem alten Schimmel näher trat. Obwohl er sich am Vortag schon eingeprägt hatte, von welcher Seite er aufsteigen musste, um reitend nach vorn blicken zu können, misslangen mehrere Versuche hinaufzukommen, und als er endlich saß, die Rockschöße glattgestrichen, die Füße in die Steigbügel geschoben und den Zügel ergriffen hatte, war das Pferd nicht zu bewegen, auch nur einen Schritt vorwärtszugehen. Hiebe mit der Gerte halfen so wenig wie Handschläge der Mutter. Erst als einer der Brüder mit dem Stiel der Heugabel zuschlug, bequemte sich das Tier zu einigen Schritten, blieb aber unter dem Gelächter der Zuschauer am Bach wieder stehen.

Dieser Ritt, der Richter sauer wurde, hatte ihn von Schwarzenbach zum Konsistorium nach Bayreuth zu bringen, wo er sich die Erlaubnis erwirken wollte, statt sein Studium an der Landesuniversität in Erlangen zu beginnen, ins Ausland, nämlich nach Leipzig zu gehen. Alten feudalen Bräuchen entsprechend musste zum Konsistorium geritten werden, was für den lebenslang bürgerlich Denkenden, der danach nie wieder ein Pferd besteigen sollte, eine Zumutung war. Er wurde ein leidenschaftlicher Fußgänger, der die Anstrengungen tagelanger Märsche besser ertrug als die Strapazen des Reitens oder die der Postkutschen, in denen man den Tücken ungepflasterter Straßen ausgesetzt war. Mühsam mussten sich die Kutschenpferde durch tiefen Sand und aufgeweichten Lehm quälen oder Strecken von Geröll überwinden. Oft ging es so langsam, dass man nebenher gehen konnte. Auf den Poststationen, wo die Pferde gefüttert oder ausgewechselt wurden, musste oft stundenlang gewartet werden, bis die Fahrt in den un-

Abb. 7: Bayreuth, Ansicht von Westen 1809. Gezeichnet von Johann Gottfried Koeppel, gestochen von Paul Wolfgang Schwarz

gefederten Wagen, die auch dem Lastentransport dienten, wieder weiterging. Auf den oft tagelangen Fahrten saß man eingequetscht zwischen Paketen und Briefsäcken und war dem Staub, der Kälte oder der Hitze ausgesetzt. War man wohlhabend genug, reiste man deshalb lieber mit Extrapost oder der Lohnkutsche – was aber für den Mulus Richter, als er im Mai 1781 zum Studium nach Leipzig reiste, nicht in Frage kam.

Fünfzehn Jahre vor ihm war Johann Wolfgang Goethe, einen ansehnlichen Wechsel in der Tasche, in einer bequemen Mietkutsche von Frankfurt am Main zum Studium nach Leipzig gefahren, hatte keine Studentenbude, sondern gleich mehrere Zimmer gemietet, sich der neuesten Mode entsprechend eingekleidet, durch Empfehlungsschreiben Zutritt zur besseren Gesellschaft gefunden und mehr als die Wissenschaften das Leben studiert. In der reichen Handelsstadt mit ihren modernen Gebäuden fühlte er sich schnell heimisch, Richter dagegen, der am Wohlstand der Stadt keinen Anteil hatte und in ihrer Umgebung die heimatlichen Berge vermisste, wurde unglücklich in ihr.

Er war arm und hatte das in Latein auch schriftlich. Das Testimonium Paupertatis, das Armutszeugnis, das ihm der Gymnasialdirektor in Hof ausgestellt hatte, lautete übersetzt so: »*Da Armut niemandem zur Unehre gereicht, der nach Reichtum an Tugend trachtet, braucht der wahrlich nicht zu erröten, der um dieses Zeugnis gebeten hat, der vortreffliche Jüngling J. P. Fr. Richter, ein Sohn des ehemaligen Schwarzenbacher Pastors, ein armer, ja ärmster Mensch. Vor einigen Jahren hat ihm der Tod den Vater geraubt, und wenn es nicht sündhaft wäre, Gottes Ratschlüsse zu tadeln, so dürfte man es beklagen, dass gerade dieser und nicht lieber ein anderer den Vater verlieren musste, dem, wenn er länger gelebt hätte, der Sohn gewiss alle Hoffnungen erfüllt haben würde. Denn dieser Jüngling brennt dermaßen von Lernbegierde, dass wir dafür bürgen können, jeder, der Richters Kenntnisse prüfen will, werde sich mit Vergnügen davon überzeugen, dass derselbe nicht nur in Sprachen, sondern vornehmlich in der Philosophie für sein Alter sehr fortgeschritten ist. Er ist also im höchsten Grade würdig, jedem, der dies liest, und besonders den wohllöblichen Professoren der berühmten Universität Leipzig aufs wärmste empfohlen zu werden. Auch wird er ohne Zweifel alle ihm erwiesenen Wohltaten nicht nur dankbaren Sinnes anerkennen, sondern, wenn sich das Glück ihm einmal freundlicher zeigen sollte, auch gebührend erstatten.«*

Das Armutszeugnis bewirkte, dass Richter zu den Theologiestudenten gehörte, denen die Zahlung der Einschreibe- und Studiengebühren erlassen war. Für Miete und Essen aber musste er selbst aufkommen, und dafür reichten die wenigen Taler, die seine Mutter für ihn erübrigen konnte, nie aus. Er musste bei den Kaufleuten borgen, und auch Freund Oerthel, der mit ihm nach Leipzig gekommen war und neben ihm im »Haus zu den drei Rosen« in der Peterstraße Nr. 2 wohnte, half ihm oft aus. Als dann die Mutter immer weniger und unregelmäßiger zahlen konnte und seine Schulden immer größer wurden, ging es in seinen Briefen nach Hause fast nur noch ums Geld. *»Ich hab' Ihnen neulich um Geld geschrieben, und da hab' ich schon viel geborgt* *gehabt«*, heißt es zum Beispiel am 1. Dezember 1781. *»Jetzt hab' ich noch immer keines, ich borg' also immer fort. Aber auf was soll ich denn endlich warten? Seien Sie so gütig und verschaffen Sie mir Rat. Ich muss doch essen und kann nicht unaufhörlich beim Trakteur borgen. Ich muss einheizen, wo soll ich aber Holz bekommen ohne Geld? Ich kann ja nicht erfrieren. Für meine Gesundheit kann ich überhaupt nicht sorgen, ich habe weder morgens noch abends etwas Warmes.«* Und so oder so ähnlich ging es in fast jedem Brief.

Aber die Pfarrerswitwe Rosine Richter, die auch die jüngeren Söhne durchzubringen hatte, war selbst in Nöten, seit ihr Vater, der Hofer Tuchmachermeister Johann Kuhn, der sie immer etwas unterstützt hatte, im Vorjahr gestorben war. Zwar hatte er ihr ein Haus in der Klostergasse hinterlassen, aber die Verwandtschaft hatte die Rechtmäßigkeit des Erbes angefochten, und die Kosten der darum geführten Prozesse zehrten die Erbschaft fast auf. Um die Schulden ihres verstorbenen Mannes abzutragen und ihren Ältesten in Leipzig unterstützen zu können, verschuldete sie sich selbst. Auch wurde ihr das Pfarrhaus in Schwarzenbach gekündigt, und sie musste nach Hof übersiedeln in das umstrittene, fast schon baufällige Haus. Die zarte, oft kränkelnde Frau, die in ihrer Ehe nur Armut erlebt hatte, versuchte vergeblich, ihre finanzielle Misere durch Spinnen zu bessern. In ein Heft mit der Aufschrift »Was ich ersponnen« trug sie die Spinnpfennige ein.

Richters Studienjahre in Leipzig waren also von Anfang bis Ende von Hunger und Schulden begleitet, was seine Studien kaum behinderte, sein Denken aber

*Abb. 8: Gasthof zu den Drei Rosen in Leipzig.
Lithographie von A. Bausch*

diesseitiger, gesellschaftsbezogener werden ließ. In der reichen Handelsstadt in Armut zu leben, also an ihren Reizen und Annehmlichkeiten nicht teilhaben zu können, hieß auch, sich der Armut stärker bewusst zu werden, an sozialer Erkenntnis reicher zu sein. Allen Elends ungeachtet, blieb sein Selbstbewusstsein immer erhalten, denn er wusste, dass der Weg, den er eingeschlagen hatte, der einzig richtige für ihn war. Zum Schutz gegen Minderwertigkeitsgefühle entwickelte er in sich eine Missachtung derer, die das soziale Elend nicht teilen mussten, und diese Verachtung schlug sich wenig später auch schriftlich nieder in Satire und Spott. Die Professoren, einige von ihm verehrte ausgenommen, schienen ihm Narren, die meisten Studenten Kriecher, Schmeichler oder Karrieristen zu sein.

Am meisten verhasst aber waren ihm die Stutzer, über die er schon im September 1781 an den Pfarrer Vogel schrieb: *»Die Mode ist hier der Tyrann, unter dem sich alles beugt. ... Die Stutzer bedecken die Straße, bei schönen Tagen flattern sie herum wie die Schmetterlinge. Einer gleicht dem andern; sie sind wie Puppen im Marionettenspiele, und keiner hat das Herz, er selbst zu sein. Das Herrchen gaukelt hier von Toilette zu Toilette, von Assemblee zu Assemblee, stiehlt überall ein paar Torheiten mit weg, lacht und weint wie's dem andern beliebt, nährt die Gesellschaft von den Unverdaulichkeiten, die er in einer andern eingesammelt hat. Und beschäftigt seinen Körper mit Essen und seine Seele mit Nichtstun, bis er ermüdet einschläft. Wen nicht seine Armut zwingt, klug zu sein, der wird in Leipzig der Narr, den ich geschildert habe. Die meisten reichen Studenten sind dieses.«*

Verächtlich waren ihm auch jene Studenten, denen es nicht wie ihm um Wissenserwerb, sondern um Broterwerb ging. Nicht des Geldes, sondern nur der Wahrheitsfindung wegen müsse man der Wissenschaft leben, *»ihr jede Kraft, jedes Vergnügen, jeden Augenblick aufopfern«*, ließ er den Pfarrer Vogel wissen. Er selbst werde sich nie von einem Gönner einige *»Brosamen erkriechen«*, nie also ein Schmeichler werden, der sich durch die *»Beweglichkeit der Zunge oder des Rückens«* Vorteile erschleicht.

Statt sich in der Anpassung an die verachtete Welt der Reichen zu üben, provozierte er sie durch auffallende Kleidung, trug deshalb sein Hemd auf der Brust offen und entledigte sich des bei Männern üblichen

Zopfes, womit er freilich in der freien Stadtluft Leipzigs weniger provokant wirkte als in seiner ländlichen Heimat, in der die Tradition der alten Kleiderordnungen noch tiefer verwurzelt war. Denn um Rang und Stand auch äußerlich deutlich zu machen, waren Jahrhunderte hindurch Verordnungen über die Kleidung der einzelnen Stände erlassen worden, damit der Edelmann sich vom Landmann, der Kaufmann sich von seinem Gesinde auch schon äußerlich unterschied. Als 1789 in Mecklenburg zum letzten Mal in Deutschland eine Verordnung über die Kleidung erlassen wurde, war sie überall sonst schon abgeschafft worden, aber als sittliche Verpflichtung galt sie auf dem Lande lange noch fort. Sich nicht seinem Stand gemäß zu kleiden, war nicht mehr verboten, aber es gehörte sich nicht.

Der Lehrer und Freund Pfarrer Vogel, mit dem Richter viel korrespondierte, hielt das Provozieren durch Kleidung für töricht, beeindruckte damit aber nicht. Als er in einer Reihe von Gegenargumenten auch die Sprichworte »*Unter den Wölfen muss man mitheulen*« und »*Schwimm nicht gegen den Strom*« anführte, konnte Richter mit der Gegenfrage kommen, ob denn die Forderung, mit den Wölfen zu heulen, auch bedeute, mit ihnen auf Raub auszugehen. Gegen den Strom müsse er schwimmen, um sich selbst zu bewahren, und da er kein Amt brauche, sondern nur wie Diogenes eine Tonne, in der er arbeiten könne, komme es ihm auf die Meinung der Umwelt nicht an. Als sich in Leipzig jemand bei seinem Hauswirt über die unanständige Kleidung des Studenten beschwerte, sprach aus seiner Antwort: »*Sie verachten meinen geringen Na-*

men, aber merken Sie ihn auch«, ein starkes Selbstbewusstsein, das sich noch stärker äußerte, als seine Mutter von ihrer Hoffnung, ihn einst als Prediger in Hof erleben zu können, schrieb. *»Fast musste ich lachen«*, antwortete er ihr, *»da Sie mir den erbaulichen Antrag tun, mich in Hof in der Spitalkirche z. B. vor alten Weibern und armen Schülern mit einer erbaulichen Predigt hören zu lassen. Denken Sie denn, es ist soviel Ehre zu predigen? Diese Ehre kann jeder miserable Student erhalten, und eine Predigt kann einer im Traume machen. Ein Buch zu machen ist doch wohl zehnmal schwerer.«* Und im nächsten Brief musste die Mutter des Theologiestudenten voller Enttäuschung lesen: *»Ich verachte die Geistlichen nicht – allein ich verachte auch die Leineweber nicht und mag doch keiner werden.«*

Richters Studium der Theologie war schnell zu einem allgemeinen geworden, in dem die Philosophie im Vordergrund stand. Mehr als Apostelgeschichte und Exegese hörte er Metaphysik, Logik und Ästhetik, zeigte für Trigonometrie Interesse, und um die Aufklärer aus Frankreich und England lesen zu können, machte er sich mit deren Sprachen besser vertraut. Mehr als in Hörsälen saß er in seiner Stube und las. Nur einer der Professoren konnte ihn begeistern, der Mediziner, Anthropologe und Philosoph Ernst Platner nämlich, ein ausgezeichneter Redner, der als Philosoph aber mehr Aphoristiker als Systematiker war. Seine Ästhetik-Vorlesungen, die nie gedruckt wurden, aber später durch Mitschriften eines Studenten bekannt wurden, scheinen nicht ohne Einfluss auf Richter gewesen zu sein. Eindruck machte ihm aber auch die Tatsache, dass der eigenständige Platner oft Ärger mit dem Konsistorium in Dresden hatte, das den sächsischen Hochschulen vorgesetzt war. Natürlich bezichtigte man Platner nicht des selbständigen Denkens, sondern der Religionsfeindschaft und des Materialismus, was Richter unsinnig fand. »*Doch es war ein Konsistorium, und dieses hat recht, mit mehr Ehre dumm und mit mehr Heiligkeit boshaft zu sein, als andere Menschen*«, vertraute er Pfarrer Vogel an.

Dass auch andere Studenten von Platner begeistert waren, wird aus Karamsins »Briefen eines russischen Reisenden« deutlich, der den Professor als »*langen, hageren Mann von ungefähr vierzig Jahren, mit durchdringendem Blick, einer gelehrten Miene und erhabenem Anstand*« beschreibt. »*Heute morgen wohnte ich den ästhetischen Vorlesungen Platners bei*«, erzählt Karamsin weiter. »*Ein großer Saal war so vollgestopft mit Zuhörern, dass kein Apfel zur Erde fallen konnte. Ich fand kaum noch Platz unter der Tür. Platner stand schon auf dem Katheder und sprach. Alles war still und aufmerksam. ... Er sprach vom Genie ... so freimütig und unbefangen, als wäre er in seinem Kabinette, und eben deswegen gefällt er so. ... Auch sagt man, dass kein Professor in Leipzig von den Studenten so geliebt und geehrt wird als er. Als er das Katheder verließ, machten sie ihm wie einem Könige einen geräumigen Weg bis zur Tür frei.*«

Nähere Berührung mit Platner hatte Richter aber so wenig wie mit anderen Professoren, und da er weder einer studentischen Verbindung beitrat oder an Vergnügungen und Ausschweifungen teilnahm, blieb er auch unter den Kommilitonen allein. Er saß vorwiegend in seiner Stube, las, exzerpierte, schrieb Briefe und Aufsätze, so dass der Berg von Aufzeichnungen, die als Hilfe für spätere Arbeiten gedacht waren, immer mehr wuchs. In den Jahren 1778 bis 1782 füllten sich 20 Hefte mit Auszügen aus Büchern und Zeitschriften, in denen er mehr und mehr vom reinen Abschreiben zu Anmerkungen, Verweisen und Stellungnahmen überging. Hinzu kamen ein »Arbeitsbuch« von 1780 und 1781, in dem neben Briefkonzepten, Französischübungen und Mathematikaufgaben auch eigne kleine Aufsätze standen, ein »Tagebuch meiner Arbeiten« mit verschiedenartigen Gedankensplittern, die Aufsatzsammlungen »Übungen im Denken« und »Rhapsodien«, der missglückte Roman »Abelard und Heloise« und seine erste größere Satire, die »Das Lob der Dummheit« hieß.

Sein Elend aber wurde dabei immer größer und die Schulden drückender. »*Wenn Sie nur wüssten, wie ungern ich daran gehe, Sie mit Geldbitten zu belästigen*«, schrieb er der Mutter. »*Ich will gar nicht viel, weil ich Ihren Geldmangel kenne und weiß, wie viele Unterstützung meine Brüder noch brauchen. – Ich will nicht von Ihnen Geld, um meinen Speiswirt zu bezahlen, dem ich 24 rtl. schuldig bin oder meinen Hauswirt, dem ich 10 rtl. schulde oder andere Schulden, die über 6 rtl. ausmachen – zu allen diesen Posten verlang' ich von Ihnen kein Geld; ich will sie stehen lassen bis Michael, wo ich diese Schulden und die noch künftig zu machenden unfehlbar zu bezahlen in Stand gesetzt sein werde. – Also zu dieser großen Summe verlange ich von Ihnen keine Beihülfe –*

aber zu folgenden müssen Sie mir ihre Hülfe nicht abschlagen. Ich muss alle Woche die Wäscherin bezahlen, die nicht borgt, ich muss früh Milch trinken, ich muss meine Stiefel vom Schuster besohlen lassen, der ebenfalls nicht borgt, muss meinen zerrissenen Biber ausbessern lassen vom Schneider, der gar nicht borgt, muss der Aufwärterin ihren Lohn geben, die natürlich auch nicht borgt, und dies muss ich nun jetzt alles bezahlen und bis auf Michael noch weit mehr. ... Ich wüsste gar nicht, was ich anfangen sollte, wenn Sie mich stecken ließen.«

Bald wollte niemand mehr borgen, auch die Hauswirtin nicht, die jeden Morgen an die Stubentür klopfte, um böse zu fragen, ob das Geldschiff noch immer nicht angekommen sei. Vergeblich war das Betteln um Stipendien oder Freitische, vergeblich auch die Suche nach einer Stelle als Hauslehrer, da die reichen Leute nur einen Studenten annahmen, der ihnen empfohlen worden war. Aber eine Hoffnung hatte der Hungernde noch, die schon mehrfach in den Briefen an die Mutter angekündigt worden war. *»Vielleicht hilft mir das Mittel, das ich im Kopf habe, zu Gelde«*, hatte er schon im Dezember 1781 geschrieben.

»Wenn nur mein Mittel anschlägt ...«, hatte es im Juli des nächsten Jahres geheißen und wenig später hoffnungsvoller: *»Denn das dürfen Sie nicht glauben, dass mein Mittel, Geld zu erwerben, nichts tauge, weil es noch nicht angeschlagen hat. O nein!«*

Dem Pfarrer Vogel gegenüber aber hatte Richter sein Mittel, die Misere zu beenden, schon verraten: *»Ich will Bücher schreiben, um Bücher kaufen zu können; ich* *will das Publikum belehren, um auf der Akademie lernen zu können; ich will den Endzweck zum Mittel machen und die Pferde hinter den Wagen spannen, um aus dem bösen Hohlweg heraus zu kommen«.* Zu dieser Zeit war der Student neunzehn Jahre alt.

DER STEILE BERG

Den vergeblichen Versuch, allein vom Erlös der schriftstellerischen Arbeit leben zu können, hatte dreißig Jahre vor Jean Paul schon Lessing unternommen, und obwohl sich inzwischen mit der Verbesserung der allgemeinen Schulbildung die Anzahl der Leser erhöht und der Buchmarkt sich bedeutend gestärkt hatte, waren auch für den Studenten Richter, dessen Aufsätze und Satiren breite Leserschichten nicht ansprechen konnten, die Aussichten, mit seinen Texten Geld verdienen zu können, gering. Vergeblich hatte er im Sommer 1781 seinen Aufsatz »Über den Menschen« der Zeitschrift »Deutsches Museum« angeboten, und im April 1782 hatte der Leipziger Verleger Johann Friedrich Weygand, der mit Goethes »Werther« und Millers »Siegwart« große Verkaufserfolge erzielt hatte, Richters »Lob der Dummheit« zu drucken abgelehnt. Statt nun aber zu resignieren, schrieb er in sechs Monaten eine Reihe von Satiren, die er, nachdem sie sein Freund Oerthel sauber abgeschrieben hatte, nach Berlin schickte, an den Verlag von Christian Friedrich Voß, den Freund Lessings, in dem auch das von Richter sehr geschätzte Buch »Über die Ehe« von Hippel erschienen war. Nur die letzten Seiten, in denen er sein jugendliches Alter erwähnt hatte, wurden aus Furcht vor Vorurteilen von ihm zurückgehalten. Dass man dem von Gelehrsamkeit strotzenden Text selbst die Unmündigkeit des Verfassers nicht anmerken würde, vermutete er mit Recht.

Im Dezember 1782 konnte er in einem knapp gehaltenen Schreiben aus Berlin lesen, dass der Verleger *»dem Herrn Verfasser der Satirischen Skizzen«* für das Manuskript 15 Louisd'or *»offeriere«*, die er dann kurz vor Weihnachten auf 16 erhöhte, was etwa 96 Reichstalern entsprach. Gedruckt wurde das Buch in Leipzig, so dass der Verfasser selbst die Korrektur lesen konnte, und Ende Januar war es ohne Verfasserangabe unter dem Titel »Grönländische Prozesse. 1. Bändchen« schon auf dem Markt. Den Titel hatte sich Richter, wie er im Nachwort erläutert, *»der Rarität wegen aus Grönland verschrieben«*, weil dort nämlich, wie er gelesen hatte, *»die Parteien ihre Streitigkeiten in getanzten und gesungenen Satiren«* beilegten, ohne dass ein Advokat zu bezahlen war.

»Gottlob!«, schrieb er im Februar an den Pfarrer Vogel, als er ihm seinen Erstling sandte, *»nun ist der steile Berg erstiegen; ich ziehe den Hut ab und das Schnupftuch heraus und wische mir den Schweiß von der heißen Stirne!«* In einer mit Gleichnissen und Bildern überladenen Selbstkritik, die er der Sendung beifügte, bemängelte er, dass sein Text mit Gleichnissen und Bildern überladen sei. *»Ich könnte aus demselben ohne Mühe ein Regiment von 600 Gleichnissen ausheben, und mein Satir kommandiert mit seiner Geißel lauter Ge-*

danken, von denen jeder sich mit einem Bilde schleppt, wie in den persischen Lagern jeder Soldat eine Hure. ... Du machst es klug, denken Sie vielleicht, um nicht von andern getadelt zu werden, tadelst du dich selbst, wie Missetäter um nicht gehangen zu werden, sich im Gefängnis selbst hängen und statt des Galgens einen Nagel, statt des Stricks ein Strumpfband wählen. ... Ich halte den Überfluss an Gleichnissen wirklich für einen Fehler; aber kann kalte Kritik den Reiz der Unmäßigkeit besiegen? Verkennt dort der Weinsäufer mit der roten Nase die giftigen Kräfte des überflüssigen Weins? Er kennt sie wohl, aber er flieht sie darum nicht.«

Als die »Grönländischen Prozesse« knappe vierzig Jahre später, 1821, in einer zweiten Auflage erschienen, schrieb Jean Paul für sie eine Vorrede, in der er mehr als ihre Gleichnissucht tadelte und ihre Erfolglosigkeit nicht verschwieg. »*Die Rezensenten im Allgemeinen«,* so erinnerte er sich, »*ließen sie schweigend passieren; nur einer in Leipzig warf, als die Erstgeburt unter seinem Baume wegging, auf dem er saß und literarische Wache hielt, der warf, wie Affen es auf den Bäumen gern tun gegen die Vorbeigehenden, viel von seinem Unrat auf sie.«*

Dieser Unrat, der 1784 in dem Leipziger »Allgemeinen Verzeichnis neuer Bücher« gestanden hatte, lautete so: »*Es mag vielleicht vieles, wo nicht alles wahr sein, was hier der Autor in einem bitteren Ton über Schriftstellerei, Theologen, Weiber, Stutzer usw. sagt; allein die Sucht, witzig zu sein, reißt ihn durch das ganze Werkchen zu sehr hin, dass wir nicht zweifeln, die Lektüre desselben werde jedem vernünftigen Leser gleich beim*

Anfang soviel Ekel erregen, dass er sich solches aus der Hand zu legen genötigt sehen wird.«

Dass der Rezensent hier nicht nur vom Überdruss an witzig sein sollenden Bildern, sondern sogar von Ekel redete, mag an dem gelegen haben, was Jean Paul in seiner späten Vorrede »*Derbheit des Ausdrucks besonders in Bezug auf das Geschlecht*« genannt und auf den Einfluss der britischen Satiriker Pope und Swift zurückgeführt hat. Als Hauptfehler der Satiren aber wurde von ihm bezeichnet, dass sie nicht von Lebenskenntnis genährt worden waren, sondern von Belesenheit. »*Eben die Engländer*«, die oft von Huren redeten, »*verführten den guten unschuldigen Friedrich Richter, der erst zwanzig Jahre später in Berlin die erste Öffentliche zu Gesicht bekam*« dazu, die Leser schon »*auf der Schwelle seines ersten Werks*« in einem Gleichnis in »*ein Haus einzuführen, worein er selber noch bis diese Stunde nie geblickt*«.

Gemeint sind mit dieser späten Selbstkritik die folgenden Sätze, mit denen das erste Kapitel der »Grönländischen Prozesse« beginnt: »*Eine Priesterin der Venus, die ihre letzten Reize auf den weichen Altären ihrer Göttin geopfert, und deren Schönheit kein Käufer der Wollust eines verstohlnen Wunsches mehr würdigt, ist darum noch nicht auf dem* Wege, *gegen die alte Schande den Ruhm der Besserung einzutauschen und auf den sichtbaren Wink der neuen Hässlichkeit den Dienst des Vergnügens zu verlassen. Vielmehr wiederholt ihr Geist die Rolle des Körpers: denn sie wird aus einer Schülerin der Liebe die Lehrerin derselben, aus einer Hure eine Kupplerin; sie nährt sich von den Lastern, die sie nur lehren und nicht tun kann, sie beschaut ihr voriges Glück in der gelehrigen Wollust ihrer Eleven und erleichtert sich dadurch das schmerzliche Andenken ihres jetzigen Unwerts.«*

Mit dem Jubel, den das Erscheinen seiner ersten Veröffentlichung bei dem Neunzehnjährigen ausgelöst hatte, war es bald wieder vorbei. Zwar gelang ihm in harter Arbeit bald das zweite Bändchen, in dem er nun auch noch die Genies und die Rezensenten bespöttelte, aber die dafür kassierten 126 Taler waren der inzwischen wieder aufgelaufenen Schulden wegen nicht lange in seinen Händen, und das Hungern und Borgen begann erneut. Dass seine ersten Bücher zu Ladenhütern geworden waren, enttäuschte ihn selbstverständlich, hielt ihn aber nicht vom Schreiben weiterer Satiren ab. Da Voß ein drittes Bändchen nicht wagen wollte, begann nun die Suche nach einem anderen Verleger, die lange erfolglos blieb. Der steile Berg, den der junge Autor erstiegen hatte, erwies sich nur als ein Vorgebirge, hinter dem noch ein tiefes Hungertal lag.

DER HOFMEISTER

Als dem verschuldeten Studenten Friedrich Richter von den Gläubigern mit Schuldhaft gedroht wurde, entschloss er sich, sein Studium, das er der Schriftstellerei wegen sowieso schon vernachlässigt hatte, ohne Abschluss zu beenden und aus der Stadt zu fliehen. Am Abend des 12. November 1784 verwandelte er sich durch einen vom Freund Oerthel geborgten Mantel, einen Hut und einen falschen Zopf in einen braven Bürger, verließ Leipzig in einer Postkutsche und konnte sich an der sächsischen Grenze mit dem Pass seines Freundes Hermann als Medizinstudent ausweisen, der auf dem Weg in die Heimat war. Am 16. November schrieb er aus Hof an Oerthel: »*Ich schicke dir hier deinen Mantel, und bloß die kalten Winde, von denen ich mir gar keine Vorstellungen in Leipzig gemacht hatte, sind schuld, dass ich dir für ihn so wie für die Überziehhosen weit mehr danken muss, als ich anfangs nötig zu haben glaubte: ohne beide wäre ich – um ohne Hyperbel zu reden – sicher ganz hart gefroren bei den Meinigen angekommen, statt dass ich jetzt nur die rechte Hand erfroren habe. Ich kann kaum mit ihr mehr schreiben, wie du leicht sehen wirst. Kehret diese Unbeweglich-*

keit derselben, wie es bei allen erfrorenen Gliedern gewöhnlich ist, jeden Winter zurück: so bin ich gezwungen, nur im Sommer Satiren zu machen« — denn diese aufzugeben, war er trotz aller Misserfolge vorläufig noch nicht bereit.

Der Ortswechsel nach Hof änderte nichts an seiner Armut, sie wurde vielmehr noch bedrückender, weil er in dem Zusammenleben mit der Familie wenig Ruhe zum Schreiben fand. Seine Mutter hatte ihr marodes Elternhaus aufgeben müssen und wohnte nun mit ihren Söhnen sehr beengt. Ihr zweitältester Sohn Adam hatte sich aus Verzweiflung über das häusliche Elend als Soldat anwerben lassen, er diente in der Armee Ansbach-Bayreuths. Trotz dieser armseligen Lebensverhältnisse, die später in heiterer Verfremdung im Roman »Siebenkäs« vorkommen sollten, entstanden in Hof weitere Satiren, und es wurden viele Briefe an Verleger in Leipzig, Dresden, Berlin und Riga geschrieben, die alle eine absagende Antwort bekamen, bis schließlich eine kleine Verlagsbuchhandlung in Gera Interesse bekundete und die Satiren gegen ein dürftiges Honorar in geringer Auflage zu drucken versprach. Da aber die brieflichen Verhandlungen über den Titel der Sammlung sich lange hinzogen, erschien der Band, zu dem sich Richter das Pseudonym J. P. F. Hasus gegeben hatte, erst im Mai 1789 mit vielen Druckfehlern bei Beckmann in Gera unter dem Titel »Auswahl aus des Teufels Papieren« in einer Auflage von 750 Stück. Zuvor schon waren einzelne Satiren in Zeitschriften erschienen, hatten ihren Verfasser aber nicht bekannter gemacht. Der Herausgeber der Dresdner Vierteljahrszeitschrift »Für ältere Literatur und neuere Lektüre«, August Gottlieb Meißner, ließ zwar eine Satire in sein Blatt einrücken, schrieb ihrem Autor aber, dass niemand sie hatte lesen wollen, und nur Johann Wilhelm von Archenholz, der einige Satiren in seiner Zeitschrift »Literatur und Völkerkunde« veröffentlichte, war an weiteren interessiert. Aber auch er, dem die Gesellschaftskritik der Satiren zusagte, war unzufrieden mit ihrer leserunfreundlichen Form. *»Wäre dieser Aufwand von Witz und Laune in Romanform gebracht«*, schrieb er im Februar 1790 an Richter, *»so bin ich gewiss, die Buchhändler würden sich danach reißen. Warum in aller Welt tun Sie das nicht mit Ihren Produkten? Die Kunsthandlung zu fingieren, kann doch einem Manne nicht schwer werden, der die ungleich größere Kunst versteht, witzig und launicht zu sein.«*

Archenholz, der den Siebenjährigen Krieg als preußischer Hauptmann mitgemacht und später auch ein bedeutendes Werk über ihn verfasst hatte, war danach lange in England gewesen und hatte 1785 sein dreibändiges Werk »Über England und Italien« veröffentlicht, auf das sich Richter bezog, als er ihm 1789 schrieb: Er, Archenholz, habe die Deutschen *»durch das Beispiel eines Volkes, das sich frei bewegt«*, aus ihren *»monarchischen Ketten und Bandagen«* aufgerüttelt und ihr *»Freiheitsgefühl (das wie Gewächse unter Steinen unter Thronen kränkelt) durch lebendige Beispiele«* gestärkt.

Als 1789 endlich die »Teufelspapiere« erschienen waren und kaum Beachtung fanden, war trotz des engen Zusammenlebens mit Mutter und Brüdern schon ein dritter Band mit Satiren fertig geworden, der »Abrakadabra oder die Baierische Kreutzerkomödie« heißen sollte, aber nie einen Verleger fand. Einzelne dieser Satiren versuchte Jean Paul später durch Einfügung in seine Romane den Lesern doch noch schmackhaft zu machen, was aber wohl nur selten gelang. Abgesehen von Literaturwissenschaftlern, die in dieser Art von Resteverwertung Sinnvolles zu entdecken versuchten, sind wohl die meisten Romanleser über die die Handlung unterbrechenden satirischen Einschübe wenig erfreut.

Zwei harte Jahre lebte Richter mit Mutter und Brüdern zusammen, konnte einige Groschen mit Nachhilfestunden für Kinder der Honoratioren verdienen, lernte den Spott der Hofer zu ertragen, die in ihm nur den närrischen und erfolglosen Studenten sahen, und gab doch die Hoffnung, einmal als freier Schriftsteller leben zu können, nicht auf. Als sich ihm aber durch seinen Freund Oerthel die Aussicht auf ein zwar mäßiges, aber regelmäßiges Einkommen als Hofmeister eröffnete, war er froh, die Stadt verlassen zu können, die er später als Reichsmarktflecken Kuhschnappel im Roman wieder aufleben ließ. Es war der letzte von vielen Freundschaftsdiensten, die ihm Oerthel erwiesen hatte. Krankheitshalber war auch er nicht lange nach Richters Flucht aus Leipzig in die Heimat zurückgekommen, hatte seinen Vater noch von Richters Eignung als Hofmeister überzeugen können, dann hatte ihn im Oktober 1786 der Tod ereilt. Im Januar 1787 wurde Richter auf dem Rittergut Töpen als Hofmeister des jüngeren Bruders seines verstorbenen Freundes von der Familie von Oerthel angestellt.

Mit dem Schicksal, nach dem Studium einige Jahre irgendwo auf dem Lande als Hofmeister dienen zu müssen, mussten sich in diesen Jahrzehnten viele mittellose Studierte abfinden, ehe sich ihnen eine besser besoldete Stellung in Staat oder Kirche bot. Die Universitäten der deutschen Länder und Ländchen, die ihr Entstehen oft nur der Prestigesucht der Fürsten dankten, bildeten mehr Studenten aus als gebraucht wurden, und für viele von ihnen war ein Hofmeisterposten die einzige Erwerbsmöglichkeit. Da die Arbeitssuchenden sich dabei notgedrungen in Anspruchslosigkeit überboten, konnten sich auch wohlhabende Bürger oft solche leisten, bei denen der Hofmeister dann Informator oder Hauslehrer hieß. Alle diese Stellungen aber waren nur durch Empfehlungen zu haben, die häufig von Professoren ausgestellt wurden, weshalb die Kriecherei vor ihnen, die Richter in Leipzig beobachtet hatte, üblich war. Um überleben zu können, haben im 18. Jahrhundert viele bedeutende Männer, wie beispielsweise Herder und Hölderlin, Fichte und Schleiermacher, zeitweilig als Hofmeister tätig sein müssen, haben manchmal unter der dienenden Stellung, die sie dem Gesinde gleichmachte, gelitten, sie manchmal aber auch als Erweiterung ihrer Erfahrung schätzen können oder sie der pädagogischen Erfolge wegen, die sie bei ihren Zöglingen erzielen konnten, begrüßt. Auch an Friedrich Richter gingen die fünfzehn Monate, die er im Herrenhaus von Töpen verbrachte, nicht ohne Gewinn vorbei. Zwar musste er in ständigem Zwist mit dem Gutsherrn leben, aber an seinem gelehrigen Schüler konnte er Freude haben, und er hatte wieder eine

Stube zum Lesen und Schreiben für sich allein. Als er aus nichtigem Anlass entlassen wurde, war es mit dem Glanz, den eine Gutsherrschaft in den Augen des Pastorensohns einst gehabt hatte, endgültig vorbei. Die pädagogischen Erfahrungen aber, die er in diesen Monaten gemacht hatte, erwiesen sich bald als wertvoll für ihn.

Nachdem er ein weiteres Jahr bei der Mutter in Hof hatte verbringen müssen, siedelte er für vier Jahre nach Schwarzenbach über, wo er an einer von befreundeten Familien finanzierten Schule wieder als Lehrer tätig war. Sieben bis zehn Kinder unterschiedlichen Alters aus mehreren bürgerlichen Familien hatte er hier zu unterrichten, und da er dabei seine selbst erdachte didaktische Methode, in der es sehr jeanpaulisch zuging, erfolgreich anwenden konnte, erinnerte er sich noch Jahre später gern daran. In seinem 1807 entstandenen Werk »Levana oder Erziehlehre« gedachte er nicht ohne Stolz jener Schwarzenbacher »Winkelschule«, in der er die Schüler nicht nur die alten Sprachen gelehrt hatte, sondern auch besorgt um ihre Allgemeinbildung gewesen war. Um ihren sprachlichen Ausdruck zu schulen und ihnen die Zusammenhänge der Wissenschaften klarzumachen, regte er sie, als wollte er aus ihnen kleine Jean Pauls machen, zur Erfindung witziger Gleichnisse an. Diese wurden von ihm in einem *»Schreibbuch, betitelt: Bonmots-Anthologie meiner Eleven«* festgehalten, in dem beispielsweise zu lesen war: *»Die Luftröhre, die intoleranten Spanier und die Ameisen dulden nichts Fremdes, sondern stoßen es aus Die lutherische Religion und die Rentiere vertragen die Wär-*

me des Südens nicht. In meiner Schule ists wie in einer Quäkerkirche, wo jeder reden darf.« In diesem Zusammenhang kann man in der »Levana« über die Rolle des Lehrers, wie er sie verstand, auch Folgendes lesen: *»Sklaverei trübt und verscharrt alle Salzquellen des Witzes; daher Erzieher, die wie schwache Fürsten sich nur durch Zensur und Preßzwang auf ihrem Thron- und Lehrsitze erhalten, vielleicht besser Spaziergänge erwählen, um die Kleinen freizulassen und witzig zu machen. Der Verfasser der Bonmots-Anthologie erlaubte der Schule sogar Einfälle auf (nicht gern) ihn selber.«*

Wie an diesen Übungen zu merken, war an der Lehrtätigkeit Richters auch der Autor Richter nicht unbeteiligt, der jede freie Minute, die ihm die Unterrichtsstunden ließen, schreibend zu nutzen verstand. Wenn *»seine Lehrstunden, die er gewissenhaft abwartete, vorbei waren«*, so konnte sich eine seiner Schülerinnen, die Tochter des Eisenhammerbesitzers Cloeter, später erinnern, *»eilte er ins Freie, am liebsten in den Wald, legte sich hier unter den ersten besten Baum, starrte unverwandt Wald und Himmel an, zog dann und wann ein weißes Blatt Papier aus der Tasche, schrieb darauf einzelne Worte und eilte nicht selten gleich nach dem Schreiben fort, um zu Hause Gedanken und Bilder, die er sich dort nur angedeutet hatte, weiter auszuführen«.*

Unter all diesem Auf und Ab von Hungern, Lesen und Schreiben war seine Jugend vergangen, und als wollte er das demonstrieren, gab der hagere, blonde, schmalgesichtige Siebenundzwanzigjährige, der so mittellos war, dass er an Heirat nie hatte denken können, es endlich auch auf, mit ungewöhnlichem Äußeren gegen

Der Hofmeister

*Abb. 9: Johann Gottfried Cloeter.
Lithographie*

die Umwelt zu protestieren, kleidete sich also fortan wie die Menschen seiner Umgebung und gab das den Freunden im September 1789 brieflich bekannt. *»Endes Unterschriebener steht nicht an, bekannt zu machen, dass, da die abgeschnittenen Haare so viele Feinde haben wie die roten, und da die nämlichen Feinde zugleich es von der Person sind, worauf sie wachsen; da ferner so eine Tracht in keiner Rücksicht christlich ist, weil sonst Personen, die Christen sind, sie haben würden; und da besonders dem Endes Unterschriebenen seine Haare so viel geschadet wie dem Absalon die seinigen, wiewohl aus umgekehrten Gründen; und da ihm unter der Hand berichtet worden, dass man ihn ins Grab zu bringen suchte, weil da die Haare unter keiner Schere wüchsen: so macht er bekannt, dass er freiwillig so lange nicht passen will. Es wird daher einem gnädigen hochedel-*

geborenen Publikum gemeldet, dass Endes Unterzeichneter gesonnen ist, am nächsten Sonntage in verschiedenen wichtigen Gassen mit einem kurzen falschen Zopfe zu erscheinen und mit diesem Zopfe gleichsam wie mit einem Magneten und Seile der Liebe und Zauberstabe sich in den Besitz der Liebe eines jeden, er heiße wie er wolle, gewaltsam zu setzen.«

Wie seine Satiren beweisen, war diese Anpassung im Äußeren nicht Ausdruck einer inneren, sondern einer gewachsenen Selbstsicherheit. Sein Werk, das bereits etwa tausend Seiten füllte, bewies ihm sein Können, und da es von seinen Freunden anerkannt wurde, ertrug er auch die Missachtung der Öffentlichkeit. Die Zensur, die den Satiriker noch mehrfach beschäftigen sollte, hätte dieser Erfolglosigkeit durch Verbote abhelfen können, aber auch sie nahm von den Satiren keine Notiz. Vielleicht hing diese Nichtbeachtung damit zusammen, dass die Satiren, die auf Politisches zielten, keine Namen, Daten und Fakten nannten, so dass die Entschlüsselung jeder Anspielung dem Leser überlassen blieb. In scheinbarer Ernsthaftigkeit wird zum Beispiel in den »Teufelspapieren« die häufig angewandte Todesstrafe für Verbrecher damit verteidigt, dass der Staat doch unmöglich alle Missetäter ernähren könne. Es sei deshalb humaner, sie hinzurichten, statt sie qualvoll verhungern zu lassen, was dann auch Grund für den Soldatenhandel der Fürsten gewesen sei. Mancher Fürst, heißt es da, würde seine Untertanen doch auch dadurch vor dem Verhungern bewahren, dass er sie *»der ersten besten Macht, die Krieg führt und nicht ohne Geld ist, oder beiden kämpfenden Mächten zugleich vor-*

schiesset und durch das feindliche Schwert den armen Untertan auf immer vor dem Verhungern sichert.«

Das war auf den letzten Markgrafen von Ansbach-Bayreuth, Karl Alexander, bezogen, dessen leere Kasse durch den Handel mit Soldaten wieder gefüllt worden war. Er hatte mit England, das frische Truppen für den Krieg in Nordamerika gebraucht hatte, im Januar 1777, also im 15. Lebensjahr Fritz Richters, einen Vertrag über die Lieferung von 1 285 Soldaten geschlossen, in dem auch eine Sonderprämie für Verwundete und Tote vorgesehen worden war. Das Aufsehen, das dieser Sklavenhandel im Lande erregt hatte, war noch dadurch verstärkt worden, dass eine Rebellion der Truppe, als diese in Ochsenfurt am Main auf Schiffe geladen wurde, grausam niedergeschlagen worden war.

Neben den vielen politisch harmlosen Satiren auf Autoren, Rezensenten, Ärzte, Spieler, Damenmoden und Perücken ist da noch manch aufrührerischer Gedanke zu finden, wie der über den Wiesenhobel, den eine Fußnote als Gerät zum Einebnen der Maulwurfshaufen auf Wiesen erklärt. Um das Unglück der Menschheit zu wenden, kann man da lesen, müsste man einen *»großen Wiesenhobel«* haben, mit dem man die Throne, die die *»regierenden Maulwürfe aufgeworfen«* haben, alle einebnen kann.

Von den Fürsten, die Gegenstand der Satire wurden, war Friedrich II. von Preußen ausgenommen, weil ihm, dem aufgeklärten Monarchen, der die Folter abgeschafft und den Soldatenhandel verurteilt hatte, Richters nicht unkritische Hochachtung galt. Im »Siebenkäs«, dessen Handlung 1786, also in Friedrichs Todesjahr abläuft, regt die Nachricht vom Tode des Königs den Erzähler zu Urteilen über ihn an. Der Thron, kann man da lesen, habe Friedrich nicht erhöht, sondern eher erniedrigt, und die Krone habe seinen Kopf nicht geschmückt, sondern eingezwängt. Sein großer Geist sei immer um die Ausdehnung des Reiches der Wahrheit bemüht gewesen, doch habe er die Wahrheiten für sich behalten und nicht wie Franklin, der der Welt »*Gewitterableiter, Harmonika und Freiheit*« gegeben habe, mit ihnen der Menschheit gedient. Glücklich habe er nie werden können, da er den Glauben an Gott und das Jenseits verloren hatte, und innere Ruhe gefunden habe er erst im Tod. Während dieser Betrachtung will es dem Erzähler erscheinen, als werfe aus der aufgehenden Sonne »*Friedrichs Auge Morgenfeuer über die Erde*«, und: »*Beim Himmel! man schämt sich des Lebens, wenn es die größten Männer nicht mehr haben*«, heißt es am Schluss.

Da »*die rechte Satire so wenig aus dem Herzen kommt als die rechte Empfindung aus dem Kopfe*«, war der alte Jean Paul beim Rückblick auf die neun Jahre des Satireschreibens in seiner Jugend über die sich in ihnen ausdrückende Kälte entsetzt. Es schien ihm unverständlich, dass er damals nur seinen Verstand bemüht hatte, sein Gefühl von ihm aber unterdrückt worden war. Besonders unangenehm war ihm nachträglich sein Lästern über die Frauen. Das hatte der in dieser Hinsicht Unerfahrene sich nur angelesen. In Wahrheit hatte er damals alle Frauen, die ihm zu Gesicht gekommen waren, geliebt.

DIE EROTISCHE AKADEMIE

Dass zu Richters verunglücktem Jugendroman »Abelard und Heloise« nicht ein eignes Liebeserlebnis, sondern das eines Freundes den Anstoß gegeben hatte, ist bezeichnend für das Leben dieses jungen Mannes, das mit hartnäckiger Strenge dem Lesen, Lernen und Schreiben gewidmet war. Sieht man ab von seiner Mutter, die dem Junggesellen dann auch in seinem Eheroman als Vorbild für Frau Siebenkäs dienen musste, war kein weibliches Wesen in seinem Umkreis zu finden, denn die schwatzhaften, gefallsüchtigen Weiber, über die in seinen Satiren gelästert wurde, waren ihm nur aus der Literatur bekannt. Hätte die Öffentlichkeit von dem jungen Autor Notiz genommen, wäre er ihr als kalt und gefühllos erschienen, was er aber nur als Satiriker war. Seine Briefe an Schulfreunde nämlich waren reich an Gefühlen, wie später auch seine Romane, in denen er wieder und wieder auch von gefühlvollen und sogar tränenreichen Männerfreundschaften erzählt. Die drei Freunde aus Hof, die die Jahre der Arbeit an den Satiren begleiteten, wurden, jeder in seiner Weise, für den Schreibbesessenen bedeutsam, sowohl der zarte, schwärmerische

*Abb. 10: Jean Paul 1798.
Gemälde von Heinrich Pfenniger*

Oerthel, der Richter verehrte und ihm half, wo und wann er nur konnte, als auch der nüchterne Christian Otto, der lebenslang seine Arbeiten kritisch begleitete, und der genialische Hermann, an dem er mit den intensivsten Gefühlen hing.

Die Sprache der Liebe, die von Richter und seinen Zeitgenossen auch zum Ausdruck von Freundschaftsgefühlen gebraucht wurde, war sicher nicht immer mit Homoerotik verbunden, schloss diese aber, vielleicht nur unbewusst vorhanden, nicht aus. In Richters Briefen und später in den Romanen reden Freunde oft miteinander wie Liebespaare, und auch wenn sie sich küssen und umarmen, muss Erotisches dabei nicht gemeint sein. Zu den Freundschaften in Jean Pauls Romanen gehört neben der geistigen und gefühlsmäßigen Übereinstimmung auch die körperliche Zärtlichkeit. »*Stumm gingen die Wirbel der Liebe um beide und zogen sie näher – sie öffneten die Arme füreinander und sanken ohne Laut zusammen, zwischen den verbrüderten Seelen lagen bloß zwei sterbende Körper, hoch vom Strome der Liebe und Wonne überdeckt*«, heißt es zum Beispiel im »Hesperus«, und die Unbedenklichkeit, mit der hier in einer Zeit von körperlicher Zärtlichkeit zwischen Freunden gesprochen wird, in der die gleichgeschlechtliche Liebe nicht nur verpönt war, sondern auch als widerlich empfunden wurde, schließt aus, dass sie hier gemeint war. Gemeint war vielmehr eine Stärke des Gefühls, die man im Gegensatz zur aristokratischen Kälte und Frivolität als bürgerliche Tugend schätzte und in einer Weise kultivierte, die uns heute übertrieben erscheint.

Dass Richters Freundschaft zu Johann Bernhard Hermann aber auch sinnliche Aspekte hatte, war ihm durchaus bewusst. Er möchte sich einmal, schrieb er an Oerthel, mit Hermann »*verloben*« und spielte dabei auf die »*Gewohnheit der Morlakken an, bei denen ein Paar Freunde sich ordentlich kopulieren und feierlich einsegnen lässet*«. Er erinnerte auch an die Griechen, bei denen »*die Freundschaft der Männer oft im eigentlichen Sinne eine Ehe*« war, und fuhr dann so fort: »*An etwas Körperliches müssen alle unsere Empfindungen sich halten, und das griechische Feuer der Freundschaft würde gewiss bei uns noch häufiger sein, wenn es sich von der körperlichen Schönheit mit nährte. ... Dass sich dieses Feuer zuletzt mit einem Sinnenkützel und -triller endigt, kann nur dem anstößig sein, der das Geschlechtsvergnügen an sich für etwas Niedriges hält*«.

In dem Briefwechsel mit Hermann war Richter der Werbende. Sätze wie: »*Ich habe Dir noch 100 Sachen zu schreiben, die 101te ist, dass ich niemand so sehr liebe als Dich und mich*«, kommen bei Hermann nicht vor. Während Richter seine Gefühle benennt, versteckt Hermann die seinen und überspielt die Erschütterungen seines leicht verwundbaren Gemüts mit Derbheit und Zynismus, die Richter seine »*Zotenmanie*« nennt. Als der bitterarme Medizinstudent von schon 27 Jahren sich in Erlangen für einen kostbaren Gulden die Teilnahme an einem Kursus für Geburtshilfe erkauft hatte, schrieb er 1788 an Richter: »*Du weißt, dass ich noch so rein und unschuldig als ein Kind von 2 Monaten bin in Ansehung des weiblichen Geschlechts ... Ich bin noch immer der unwissende Mensch, für den du dich selbst auszugeben pflegst und der du es vielleicht auch wirklich bist. ... Kurz merke dir den Tag, da ich das erste Mal das Vergnügen hatte, es war Dienstag, den 6. Mai, abends zwischen 4 und 5 Uhr, als ich, sagte ich, als ich zum erstenmal meinen rechten Zeigefinger in eine lebendige Votze steckte. – Ja, du hättest mich sehen sollen, wie mir hierbei zu Mute war, wie ich es gern für Scham und aus einer gewissen Art von Ekel noch länger aufgeschoben hätte, aber ich dürfte mich es vor den Kommilitonen nicht einmal merken lassen, dass ich ganz unwissend hierinnen wäre, und was halfs, mit feuerrotem Gesicht wagte ichs, und es gelang mir besser als ich gewünscht haben würde, wenn mir so viel Zeit dazu übrig gelassen worden wäre. Wie wird mirs gehen, wenn ich einmal bei meiner Frau mit dem eilften Finger touchieren soll.*«

Aber dazu kam es nie. Ernsthaft an Heirat zu denken, war dem stets verschuldeten Studenten nicht möglich. Sein Elend und die Scham darüber verboten ihm, sich Mädchen auch nur zu nähern. Seine Sexualnot, die Träume von »*lauter entblößten Busen*« erzeugt und zu »*Onans Sünde*« verführt, war Folge der materiellen, und da diese sich nie minderte, verging jene nie. Während der ganz auf sein hohes Ziel orientierte Freund Richter aus dieser Not eine Tugend zu machen verstand und sich so über sein Schicksal erheben konnte, kam Hermann in ihm um. Liest man die klagenden und anklagenden, schamerfüllten und verzweifelten Briefe dieses um Unabhängigkeit ringenden jungen Mannes, kann einem sein früher Tod als ein freiwillig gewählter erscheinen, und tatsächlich kommt dieser Gedanke in einem Brief auch vor. Wenn er bedenke, schrieb er ein Jahr vor seinem Tode, dass, wie »*bei vielen Jünglingen die Onanie*«, bei ihm die »*Hypochondrie und widrige Schicksale*« den Körper zerstört hätten, »*wäre es kein Wunder, ich beginge die Raserei und käme den letzten Folgen des blind scheinenden Schicksals durch einen vorsätzlich freiwilligen Streich zuvor*«.

Begonnen hatte sein Leben zwei Jahre vor dem Richters in Hof. Als einziges von acht Kindern eines armen Tuchmachers hatte er die lebensgefährlichen Kindheitsjahre überstanden, und obwohl er zu Hause ständig mitarbeiten musste, kam er in der Schule gut voran. Besonders liebte er die Naturwissenschaften und wollte Arzt werden, doch hatte er für das kostspielige Medizinstudium kein Geld. Nachdem er bei einer Apothekerlehre gescheitert war, folgte er den Freunden Richter und Oerthel nach Leipzig, angeblich um Theologie zu studieren, doch gab er diese zugunsten der Medizin nach zwei Semestern auf. Selten konnte er von Freitischen und privaten Stipendien leben, musste also dazuverdienen, brachte aber die Kosten für ein vollständiges Medizinstudium nie auf. Chirurgie konnte er nicht hören, weil ihn das 10 Reichstaler jährlich gekostet hätte. Zwei Gulden waren für das Zuschauen bei einer Geburt zu zahlen, sieben für die praktische Geburtshilfe, und da für die abschließende Promotion noch viel mehr verlangt wurde, war die Hoffnung, wirklich einmal als Arzt arbeiten zu können, für ihn nicht sehr groß.

Trotz der Krankheiten, die ihn immer wieder plagten, schrieb er zwei Bücher, die »Über die Mehrzahl der Elemente« und »Über Licht, Feuer und Wärme« hießen und in Berlin tatsächlich einen Verleger fanden, doch war das Honorar, das sie einbrachten, nur gering. In der Annahme, anderswo billiger leben zu können, wechselte er mehrmals die Universitäten und unternahm lange Fußwanderungen, von denen der Freund Richter in Briefen kulturhistorisch interessante Berichte erhielt. Von den schönen Töchtern der französischen Einwohner Potsdams war darin genauso zu lesen, wie über die ekelerregende Wurstherstellung in einem Dorfgasthaus, die Hinrichtung eines Diebes, den Auftritt eines angeblichen Goldmachers oder über die damals in Jena aufkommende studentische Sitte, Beifall durch Pochen auszudrücken und mit den Füßen zu scharren, wenn etwas missfällt. Um überleben zu können, musste Hermann in Göttingen einem französischen Grafen als Lateinlehrer dienen, bei dem er auch wohnen und essen konnte, aber als eine Art Gesellschafter immer gebunden war. Er erwog, sich als Matrose anheuern, sich als Soldat anwerben zu lassen oder zum *»Naturmenschen«* zu werden, der zwar gezwungen ist, *»Eicheln und Wurzeln zu fressen«*, aber doch wenigstens frei sein kann. Er ließ sich von den witzigen und kritischen Vorlesungen Lichtenbergs begeistern und hoffte auf eine philosophische Neuorientierung, die sich *»auf die Grundkenntnisse von der Natur und ihrer Gesetze«* stützen sollte, doch diese Gedanken weiterzuführen, verwehrte ihm sein früher Tod. *»Johann Bernhard Hermann, Studiosus Medicinae aus Hof im Bayreuthisch*en«, so steht es im Sterberegister der Göttinger Johanniskirche, *»starb am 3. Februar 1790 an Gicht und Ausfluss, begraben am 5. Februar 1790, Alter 29 Jahre.«*

Im Jahr zuvor hatte er an Richter geschrieben: *»Ich und du sind ein Paar Genies, dies beweist unser gleiches elendes Schicksal«*, damit aber nicht recht behalten. Denn während Richter alles, was er sich vorgenommen hatte, erreichte, verstarb der Freund namenlos.

Dass die homoerotischen Elemente dieser Freundschaften vorwiegend eine Ersatzfunktion hatten, wird in Jean Pauls Erinnerungen deutlich, in denen er von seinen auf Weibliches gerichteten Sehnsüchten in dieser asketisch verbrachten Zeit erzählt. Als Student damals, so kann man da lesen, hätte er alle Frauen seines Umkreises geliebt und geheiratet, wenn er ihnen nicht gleichgültig gewesen wäre, weil er nicht nur arm war und hungerte, sondern auch ohne Aussicht auf eine auskömmliche Stellung war. Auch nach dem Studium bewegte er sich in Kreisen, für die er, der Außenseiter ohne Willen zur Anpassung, als ernsthafter Bewerber nicht in Frage kam. Sein literarischer Ehrgeiz hatte ihm eine Enthaltsamkeit aufgenötigt, die zur Folge hatte, dass ihm jede Frau schön und liebenswert schien. Dadurch wurden dann die Frauengestalten in seinen Erzählungen und Romanen zu Wesen von fast überirdischer Schönheit und Reinheit, und er hatte Grund, seine Zwangsenthaltsamkeit zu verlängern, damit die Sehnsucht nach diesen idealen Geschöpfen nicht an der Realität zerbrach.

Im Fragment seiner Autobiographie wird von der Liebe des Schuljungen zu einem Mädchen berichtet, das ihn in Schwarzenbach allein dadurch schon glücklich machte, dass er es täglich vom Fenster des Pfarrhauses aus beobachten konnte, wenn es in weißem Schürzchen und Häubchen vorüberging. »*Ferne*«, sagt er dazu, »*schadet der rechten Liebe weniger als Nähe. Wäre mir auf der Venus eine Venus zu Gesicht gekommen: ich hätte das himmlische Wesen mit seinen in solcher Ferne so sehr bezaubernden Reizen warm geliebt und es ohne Umstände zu meinem Morgen- und Abendstern erwählt zum Verehren.*«

Wie seine späteren Briefwechsel mit Frauen zeigen, waren ihm Fernlieben, die er auch »*telegraphische*« nannte, immer sehr lieb. Das begann schon in der Kindheit in Joditz, wo der kleine Fritz sich in eine blatternarbige Augustina verliebte, die abends die Kühe am Pfarrhaus vorbeitrieb, sonntags in der Kirche weit von ihm entfernt auf der Weiberseite ihren Platz hatte und wie die Katharina, die er in Schwarzenbach verehrte, die ganze Kindheit über in *»dieser Brennweite der Liebe«* blieb. Alle Mädchen, die mit ihm zusammen die heilige Handlung des ersten Abendmahls vollzogen, wurden von ihm in sein *»weites reines Lieben«* einbezogen, mit der Magd seiner Eltern aber, die er nicht liebte, war das anders: als er die küsste, *»brauseten nämlich Seele und Körper unbewusst und schuldlos miteinander auf«.*

Da die »Selberlebensbeschreibung« mit dem Abschied von Schwarzenbach abbricht, ist über seine Beziehung zu Frauen in seiner späteren Jugend nur wenig bekannt. Seine Arbeit, so ist anzunehmen, zwang ihn dazu, Frauen zu meiden, denn im Gegensatz zu den Freunden, die sein Schreiben kritisch oder verehrend begleiteten, hatten weibliche Wesen damit nichts zu tun. Eine Ausnahme von dieser Regel aber gab es, die Sophie Ellrodt hieß. Sie wohnte in dem zwischen Hof und Kulmbach gelegenen Städtchen Helmbrechts und war vier Jahre älter als der zwanzigjährige Student. Da von diesem schnell entstandenen und schnell vergangenen Verhältnis einige Briefe von ihr und Briefkonzepte von ihm erhalten blieben, weiß man, dass er sie während der Semesterferien im Sommer 1783 kennenlernte, sich mit ihr im *»Leupoldsgrüner Wäldchen«* verabredete, sie wohl auch in Helmbrechts besuchte, wobei auch Ringe getauscht wurden, und er dann wieder nach Leipzig fuhr. Ihr erster Brief an ihn war mit *»Hochedler, insonders Hochgeehrtester Herr Candidat«* überschrieben, der zweite wurde schon mit *»Theurer Geliebter«* eingeleitet, aber im dritten, in dem er mit *»Zärtlichster Geliebter«* angeredet wurde, forderte sie schon mit einer fadenscheinigen Begründung ihren Ring zurück. Diese Episode, deren rasche Beendigung Richter sicher erleichterte, wurde dem Freund Oerthel nur mit der bezeichnenden Bemerkung angedeutet, er sei drei Tage und drei Nächte an einem dem Freunde *»unbekannten Orte«* gewesen, und habe dort *»drei Tage wenigstens nichts gedacht«.*

Als er nach der Rückkehr aus Leipzig in Töpen und Schwarzenbach durch die Kinder, die er unterrichtete, auch mit deren Familien bekannt wurde, hatte er bald einige Mädchen um sich, die Witz und Sensibilität an ihm schätzten und Vertrauen zu ihm fassten, weil er frei von männlichem Besitzstreben war. Da sie mit ihm in erhabenen Gefühlen schwelgen konnten, ohne vor ihm auf der Hut sein zu müssen, entstand zwischen ihm und ihnen ein zart-erotisches Verhältnis, dessen Leichtigkeit auch darin gründete, dass der arme Kandidat für die Honoratiorentöchter als Ehemann kaum in Frage kam. Folgerichtig wurde auch sein Verlöbnis, das er mit einer von ihnen einging, schnell wieder beendet, und eine ernsthafte Verliebtheit in eine Amöne endete dann auch damit, dass nicht er, sondern sein besser situierter Freund Otto sie heiratete, während er in dem Kreis der Renaten und Helenen der allseits beliebte Einzelgänger blieb. Unter ihnen lernte er seine Gefühle aus der Verspannung zu lösen und sie zu äußern; er konnte Sicherheit im geselligen Umgang gewinnen, Einblick in die zweitrangige Stellung der Frauen erhalten und, weil er keine von ihnen intimer kannte, das Idealbild, das er von Frauen hatte, bestätigt sehen.

TODESVISION

»*Wichtigster Abend meines Lebens*«, schrieb Richter am 15. November 1790 in sein kurzzeitig geführtes Tagebuch, »*denn ich empfand den Gedanken des Todes, dass es schlechterdings kein Unterschied ist, ob ich morgen oder in 30 Jahren sterbe, dass alle Plane und alles mir davonschwindet und dass ich die armen Menschen lieben soll, die so bald mit ihrem bisgen Leben niedersinken – der Gedanke ging mir bis zur Gleichgültigkeit an allen Geschäften.*«

Da die Menschen damals, auch bedingt durch die hohe Kindersterblichkeit, im Durchschnitt nur 30 Jahre alt wurden und nicht in Kliniken, sondern zu Hause starben, wurde der Alltag stärker als heute vom Tode bestimmt. Durch ihn hatte Richter nicht nur die früh verstorbenen Schwestern und die Freunde Oerthel und Hermann verloren, sondern auch Heinrich, einen der Brüder. Dieser hatte sich aus Verzweiflung über die nicht endende Not der Familie in der Saale ertränkt. Aber auch schon vor dieser Depression im traurigen Monat November hatte Richter die ständige Nähe des Todes beschäftigt, wovon Aufsätze wie »Für und wider den Selbstmord«, »Das Leben nach dem Tode«, »Meine lebendige Begrabung« und andere zeugen; so dass man die Tagebuchnotiz, in der er sich vornimmt, über die Menschen nicht mehr nur zu lästern, sondern sie auch zu lieben, als Abschluss einer längeren Entwicklung begreifen kann. Und tatsächlich markiert die Todesvision eine Wende, und zwar nicht nur eine seines Denkens, sondern auch eine seines Werks. Indem sich der kalte Blick des Lebensunerfahrenen und Vorurteilsvollen in den verständnisvollen Blick eines Mitleidenden und Mitliebenden wandelte, wurde aus dem satirischen Betrachter menschlicher Mängel ein Erzähler, der die Freuden und Leiden seiner Gestalten teilt.

Dass die Depressionen auch noch andere Ursachen hatten, ist anzunehmen. Die Erfolglosigkeit seiner Schriften wird dabei eine Rolle gespielt haben, mehr aber wohl die philosophische und theologische Krise, in die er geraten war. Der Sohn des strenggläubigen Pfarrers, der von Jugend an die kirchlichen Dogmen angezweifelt und auf der Suche nach Wahrheit die Theologie und Philosophie der Aufklärung durchstudiert hatte, war zeitweilig nahe daran gewesen, seinen vom Rationalismus gefärbten christlichen Glauben dem Atheismus zu opfern, war aber vor der Vorstellung einer gottlosen Welt, die ihn wahnsinnig zu machen drohte, immer wieder zurückgeschreckt. Erst die Todesvision scheint den Kampf der Vernunft gegen den tröstenden Glauben zugunsten des Letzteren beendet zu haben, und da dieser Sieg über das Grauen vor einer gottlosen und damit auch sinnlosen Welt nach Gestaltung verlangte, entstand seine Schreckensvision der

Todesvision

Gottlosigkeit, die den Titel führt: »Rede des toten Christus vom Weltgebäude herab, dass kein Gott sei«.

In diesem sprachmächtigen kleinen Werk, das später weltbekannt wurde, wird eindringlich der Schrecken des Atheismus beschworen und dem Trost des Glaubens gegenübergestellt. Während da Nebel den sonnenlosen Himmel verhüllen, ziffern- und zeigerlose Uhren vom Ende der Zeiten künden und sich Augenlider vor leeren Augenhöhlen heben, lassen Misstöne die Erde schwanken und ein Chaos entstehen, in dem Christus den Toten, die angstvoll nach Gott rufen, antwortet, dass keiner sei. *»Ich ging durch die Welten, ich stieg in die Sonnen und flog mit den Milchstraßen durch die Wüsten des Himmels, aber es ist kein Gott. ... Starres, stummes Nichts! Kalte, ewige Notwendigkeit! ... Wie ist jeder so allein in der weiten Leichengruft des All!«* Aber wenn dann das Weltall zermalmt wird und ein Glockenhammer die letzte Stunde der Zeit schlägt, wird der Albtraum dadurch beendet, dass der Erzähler erwacht. *»Meine Seele weinte vor Freude, dass sie wieder Gott anbeten konnte. ... Und als ich aufstand, glimmte die Sonne tiefer hinter den vollen purpurnen Kornähren ... und zwischen dem Himmel und der Erde streckte eine frohe vergängliche Welt ihre kurzen Flügel aus und lebte, wie ich, vor dem unendlichen Vater, und von der ganzen Natur um mich flossen friedliche Töne aus wie von fernen Abendglocken«.*

Und diesen Glauben konnte sich Richter, der jetzt bald zu Jean Paul wurde, immer bewahren, obwohl er sein Leben lang Vertreter der Aufklärung blieb. Mit dem Halt, den er durch die Rückkehr zum Glauben an

*Abb. 11: »Die Rede des toten Christus vom
Weltgebäude IV«. Collage von Karlheinz Bauer*

Gott und die Unsterblichkeit gefunden hatte, war auch das Erwachen seiner dichterischen Kräfte verbunden, mit denen er nun statt der *»satirischen Giftblasen und Giftstacheln«* Erzählungen von den Leiden und Freuden seiner Mitmenschen schuf. *»Ein ganzes horazisches Jahrneun hindurch«*, schrieb er rückblickend 1821, *»wurde des Jünglings Herz von der Satire zugesperrt und musste alles verschlossen sehen, was in ihm selig war und schlug, was wogte und liebte und weinte. Als es sich nun endlich im achtundzwanzigsten Jahre öffnen und lüften durfte: da ergoss es sich leicht und mild wie eine warme überschwellende Wolke unter der Sonne – ich brauchte nur zuzulassen und dem Fließen zuzusehen – und kein Gedanke kam nackt, sondern jeder brachte sein Wort mit und stand in seinem richtigen Wuchse da ohne die Schere der Kunst.«*

Todesvision

Einige Wochen nach der Todesvision, im Dezember 1790, begann dieses von Gefühlen gesättigte Fließen und formte sich unter Verwendung von Kindheitserinnerungen zu einer Erzählung, deren Anfangssätze so schön sind, dass man sie auswendig lernen sollte wie ein Gedicht. *»Wie war dein Leben und Sterben so sanft und meerstille, du vergnügtes Schulmeisterlein Wutz! Der stille laue Himmel eines Nachsommer ging nicht mit Gewölk, sondern mit Duft um dein Leben herum: deine Epochen waren die Schwankungen und dein Sterben war das Umlegen einer Lilie, deren Blätter auf stehende Blumen flattern – und schon außer dem Grabe schliefest du sanft.«*

DREI WEGE

Während sich der erfolglose Satiriker, von der knappen Besoldung als Winkelschullehrer lebend, zum Erzähler von ausgeprägter Eigenart wandelte, war in Frankreich die Revolution ausgebrochen und hatte das politische und geistige Europa in Unruhe gebracht. Auch in Hof und Umgebung, wo Richter und sein Freund Christian Otto in regem Austausch miteinander und mit einigen jungen Frauen standen, wird man die Pariser Ereignisse mit Interesse verfolgt und in Gesprächen kommentiert haben, doch lässt sich das nicht belegen, denn in dem recht gut erhaltenen Briefwechsel der Freunde und Freundinnen steht jahrelang darüber kein Wort. Anzunehmen ist aber, dass die Reaktion Richters etwa die der meisten deutschen Literaten und Philosophen war. Sie alle waren wie Klopstock, Wieland, Kant und Fichte anfangs von der Revolution begeistert, sahen in ihr den Auftakt zu einer gerechteren staatlichen Ordnung, und einer von ihnen, der Schriftsteller und Weltreisende Georg Forster, wurde sogar politisch tätig und wagte in Mainz das zum Scheitern verurteilte Experiment einer deutschen Republik. Die Gegner der Revolution, wie Nicolai und Goethe, die die bewährte alte Ordnung nicht gestört wissen wollten, standen anfangs ziemlich allein. Als aber im Verlauf der revolutionären Ereignisse die gemäßigten Girondisten entmachtet wurden, der Terror der Jakobiner wütete und der König enthauptet wurde, wandten sich die meisten der Sympathisanten mit Entsetzen und Abscheu von den blutigen Ereignissen ab. Im Freiheitsrausch der ersten Phase der Revolution hatten sie diese als praktische Umsetzung der Forderungen der Aufklärungsphilosophie verstanden, von ihr also den Beginn eines Zeitalters der Humanität erwartet, nicht aber ein Blutbad, dem auch mancher der idealistischen Aufrührer selbst zum Opfer fiel. Das anfangs Bejubelte wurde in Deutschland nun zum abschreckenden Beispiel, so dass der Gedanke an behutsame Veränderungen durch Bildungsanstrengungen und Reformen an Boden gewann.

Dass Richter zu den Autoren gehörte, die auf Veränderung der Verhältnisse hofften, ließen schon seine Satiren erkennen, die doch von der Kritik am Bestehenden lebten, und der aufmerksame Leser konnte in ihrem Wust von Metaphern und Vergleichen vereinzelt auch Revolutionäres aufblitzen sehen. In seiner satirischen Betrachtung »Meine Überzeugung, dass ich tot bin«, die in der zweiten Hälfte des Revolutionsjahres geschrieben wurde, gibt es eine Bemerkung über die *»Rückkehr«* der Franzosen *»aus der babylonischen Gefangenschaft«*, die auf Sympathien für die Revolutionäre schließen lässt. Da er jedoch in der gleichen Passage neben den Pariser Ereignissen auch das Auftreten Friedrichs II. von Preußen zu den Großtaten des

18. Jahrhunderts rechnet, wird daran deutlich, dass es ihm auf die Durchsetzung der Aufklärung ankam, nicht unbedingt auf Revolution. Ein politischer Autor im Wortsinne ist Jean Paul nie gewesen, wohl aber ein Mann der Aufklärung, dem es unbeirrt von allen Änderungen des Zeitgeistes um Humanität und Freiheit ging.

Im Briefwechsel Richters mit Christan Otto ist erst im März 1793 unter kritischen Anmerkungen zu einer historischen Arbeit des Freundes eine Erwähnung der Pariser Ereignisse zu finden, die er als *»Tertianfieber der Weltrevolution«* bezeichnet, aber auf Frankreich begrenzt sieht, da das übrige Europa kein *»gepresstes, abgefressenes Gallien«* sei. Bei *»uns«* müsse *»noch weit mehr Licht unter unsere Hirnschalen und weit mehr Tortur-Schwefeltropfen an unser Herz geworfen werden, ehe sich die liegende Welt ermannt«.*

Trotzdem findet er es *»in diesen Frosttagen der Kleinigkeiten, wo unsere ganze Freiheitsfahne in einem Federkiel besteht«* erwärmend, dass man die Hoffnung auf *»einen Mai des Menschengeschlechts«* haben kann. Keine Predigt, sondern nur *»das Schütteln«,* so heißt es weiter, bringe die Fürsten *»von ihren Throngipfeln herab«.*

In diesen Jahren entstanden seine ersten beiden Romane, die man zwar nicht, wie schon geschehen, Romane der Revolution nennen sollte, weil sie viel mehr als von dieser von Bildung, Liebe und Freundschaft handeln, in denen aber der Gedanke an Revolution eine Rolle spielt. Da wird im ersten Roman, der Fragment gebliebenen »Unsichtbaren Loge«, von kommenden Zeiten geträumt, in denen man die krassen sozialen Unterschiede beseitigen werde, und im zweiten, dem »Hesperus«, wird von Flamin, einem der idealen Helden, eine Rede entworfen, die wie eine Vorwegnahme Georg Büchners klingt. *»Da will ich Flammen über das Volk werfen, die den Thron einäschern sollen. ... Ihr könntet ein Leben voll Freiheit erbeuten oder einen Tod voll Ruhm. Sind denn die tausend aufgerissenen Augen um mich alle starblind, die Arme alle gelähmt, dass keiner den langen Blutegel sehen und wegschleudern will, der über euch alle hinkriecht und dem der Schwanz abgeschnitten ist, damit wieder der Hofstaat und die Kollegien daran saugen? Seht, ich war sonst mit dabei und sah, wie man euch schindet – und die Herren vom Hofe haben eure Häute an. Seht einmal in die Stadt: Gehören die Paläste euch oder die Hundshütten? Die langen Gärten, in denen sie zur Lust herumgehen, oder die steinigen Äcker, in denen ihr euch totbücken müsset? Ihr arbeitet wohl, aber ihr habt nichts, ihr seid nichts, ihr werdet nichts – hingegen der faulenzende tote Kammerherr da neben mir.«*

Und im »Titan«, dem dritten der sogenannten heroischen Romane, will der Haupttheld Albano in die französische Revolutionsarmee eintreten, um für die Freiheit zu kämpfen und *»früher zu fallen als sie«.* Denn *»der gallische Rausch ... ist doch wahrlich kein zufälliger, sondern ein Enthusiasmus in der Menschheit und Zeit zugleich begründet. ... Durch ein rotes Meer des Bluts und Kriegs watet die Menschheit dem gelobten Lande entgegen.«*

Aber da die Romane in Deutschland spielen, hält

Flamin keine revolutionäre Rede, und Albano geht nicht zu den Revolutionstruppen, sondern wählt als Fürst des Ländchens den Weg unblutiger Reformen, und Jean Paul musste nach Napoleons Kaiserkrönung im Juni 1804 bekennen: »*Goethe war weitsichtiger als die ganze Welt, da er schon den Anfang der Revolution so verachtete als wir das Ende.*«

Diese Einsicht hatte sich aber lange schon vorbereitet. Bereits im »Hesperus« war sie von Victor, dem verstandesklareren der Freunde, zur Sprache gekommen, als er im revolutionären Klub klarmachte, dass die Beseitigung von Unterdrückung und Krieg durch Unterdrückung und Krieg moralisch fragwürdig sei. Dem kurzen Weg des blutigen Umsturzes sei der langsamere, aber gerechtere der Reform vorzuziehen. »*Die wilden Eingriffe ins Zifferblattrad der Zeit, das tausend kleine Räder drehen, verrücken es mehr als sie es beschleunigen, oft brechen sie ihm Zähne ab. Hänge dich ans Gewicht des Uhrwerks, das alle Räder treibt: d. h. sei weise und tugendhaft, dann bist du groß und unschuldig zugleich und bauest an der Stadt Gottes ohne den Mörtel des Bluts und die Quader der Totenköpfe.*«

Der revolutionäre Aktivismus wird also in den drei Romanen nicht propagiert, sondern problematisiert. Der »Hesperus« endet mit der Aussicht auf Reformen; im Bildungsprozess des »Titan« wandelt sich jugendliches Aufbegehren in weisen Reformwillen, und die »Unsichtbare Loge« bleibt, unfertig wie sie ist, die Antwort schuldig, nicht einmal ihr Titel wird in ihr erklärt. Als kurz vor dem Tode des Autors eine zweite Auflage gedruckt wurde, entschuldigte er sich in einer

Vorrede für die *»geborene Ruine«* und weicht der Frage nach dem möglichen oder gedachten Ende aus. *»Wenn man nun fragt, warum ein Werk nicht vollendet worden, so ist es noch gut, wenn man nur nicht fragt, warum es angefangen. Welches Leben in der Welt sehen wir denn nicht unterbrochen? Und wenn wir uns beklagen, dass ein unvollendet gebliebener Roman uns gar nicht berichtet, was aus Kunzens zweiter Liebschaft und Elsens Verzweiflung darüber geworden, und wie sich Hans aus den Klauen des Landrichters und Faust sich aus den Klauen des Mephistopheles gerettet hat, so tröste man sich damit, dass der Mensch rundherum in seiner Gegenwart nichts sieht als Knoten, und erst hinter seinem Grabe liegen die Auflösungen; und die Weltgeschichte ist ihm ein unvollendeter Roman.«* Aber der Roman blieb nicht deshalb unvollendet, weil Menschenleben und Weltgeschichte es bleiben, sondern weil der Autor aus dem einen Roman in den andern, einen ähnlichen, floh. Vielleicht konnte er die vielen Fäden, die er geknüpft hatte, nicht mehr entwirren, vielleicht fand er den geplanten Schluss unrealistisch, oder der Weg schien ihm wichtiger als das Ziel zu sein. Jedenfalls ließ er Gustav, den er vorher Freundschaft und Liebe, Eifersucht und Naturschwärmerei, Unterdrückung und Unrecht hatte erleben lassen, nun für immer im Gefängnis des kleinen Fürstentums sitzen, ohne dass der Leser von der unsichtbaren Loge, deretwegen er angeklagt ist, etwas weiß.

Als der Autor im Februar 1792 das Manuskript des Romans an Christian Otto zur Beurteilung schickte, war in dem Begleitbrief von der einjährigen *»konvulsivischen Geburtszeit«* des Romans zu lesen und statt eines Hinweises auf das fehlenden Ende die Ankündigung eines neuen Romans, des »Hesperus« nämlich, dem dann nach einigen Jahren noch der dem gleichen Thema gewidmete »Titan« folgte, in dem der junge Fürst Albano nach Überwindung einer revolutionären Phase zum Reformer seines Landes wird.

Von diesen drei Romanen, die man politische nennen könnte, wurde zu Jean Pauls Lebzeiten nur der »Hesperus« erfolgreich, von der Nachwelt wurden sie zwar geachtet, aber viele Leser fanden sie nicht. Die 40 Seiten des »Schulmeisterlein Wutz« dagegen, die erstmalig als Anhang zur »Unsichtbaren Loge« erschienen, wurden zu jeder Zeit viel gelesen, wodurch der Eindruck entstehen konnte, Jean Paul sei Autor der kleinbürgerlichen Beschränktheit gewesen, der das stille Glück im Winkel verherrlicht hat.

Jeder Blick aufs Gesamtwerk zeigt die Unsinnigkeit dieser Behauptung. Der Entstehung des »Wutz« vorangegangen war die satirische Erzählung »Des Rektors Florian Fälbel und seiner Primaner Reise nach dem Fichtelgebirge«, in der ein Lehrer vorgeführt wird, in dem sich Gelehrtenhochmut mit Pedanterie, Brutalität, Intoleranz und Untertanengeist mischt.

Die französischen Revolutionäre sollten nach ihm wie die aufsässigen Sklaven von den Römern bestraft werden, nämlich mit dem Tod am Kreuz. Die Hinrichtung eines Soldaten, der sich nicht von seinem Fürsten zu Kriegsdiensten nach Amerika hatte verkaufen lassen wollen, begleitete er mit Scherzreden, um bei den Schülern kein Mitleid aufkommen zu lassen, das er nur den von ihm verachteten Frauen erlaubt. Besonders stolz aber ist er darauf, dass in der langen Geschichte seines Gymnasiums noch nie ein Aufruhr gegen den Landesvater vorgekommen ist.

Um sich die Vielgestaltigkeit des Erzählers Jean Paul deutlich zu machen, muss man diesen satirisch gestalteten Schulmeister gegen den des immer vergnügten Wutz halten, in dessen Leben nicht mehr passiert, als dass er geboren wird, heiratet und stirbt. Da wird die kaum merkbare Satire von Humor überlagert, und kritisiert wird nicht der Schulmeister, sondern das Elend, dem Wutz sein Vergnügen abtrotzen muss. Und wenn der Erzähler am Grabe des Lehrers schwört, »*ein so unbedeutendes Leben zu verachten, zu verdienen und zu genießen*«, so wird dabei sowohl auf die Beschränktheit dieses Lebens, als auch seine Redlichkeit und den Mut des Trotzdem angespielt.

Alle Leiden kann Wutz in der Hoffnung auf deren Ende ertragen. »*Im fieberfrostigen Novemberwetter letzte er sich auf der Gasse mit der Vormalung des warmen Ofens und mit der närrischen Freude, dass er eine Hand um die andere unter seinem Mantel wie zu Hause stecken hatte. War der Tag gar zu toll und windig, ... so war das Meisterlein so pfiffig, dass es sich unter das Wetter hinsetzte und sich nichts darum schor; es war nicht Ergebung, die das unvermeidliche Übel aufnimmt, nicht Abhärtung, die das ungefühlte trägt, nicht Philosophie, die das verdünnte verdauet oder Religion, die das belohnte verwindet: sondern der Gedanke ans warme Bett wars. Abends, dachte er, lieg ich auf alle Fälle, sie mögen mich den ganzen Tag zwicken und hetzen, wie sie wollen, unter meiner warmen Zudeck und drücke die Nase ruhig ans*

Kopfkissen, acht Stunden lang. — Und kroch er endlich in der letzten Stunde solchen Leidenstages unter sein Oberbett: so schüttelte er sich darin, krempte sich mit den Knien bis an den Nabel zusammen und sagte zu sich: Siehst du, Wutz, es ist doch vorbei.«

Diese Anleitung zum Überleben in misslichen Situationen wird von einem Erzähler gegeben, der bei allem souveränen Darüberstehen nicht leugnet, dass er auch eignes Erlebnis in das Erzählte verwoben hat. Dieses verfremdete Erinnern, das in dem Wechsel von Distanzierung und Identifizierung immer wieder aufscheint, gibt der Erzählung ihre unnachahmliche, mit Wehmut und leiser Ironie getränkte Heiterkeit.

Als »*Vollglück in der Beschränkung*« hat Jean Paul in seiner »Vorschule der Ästhetik« die Idylle definiert, den »Wutz« aber »*eine Art Idylle*« genannt und ihn damit gegen die üblichen Idyllen des 18. Jahrhunderts, die des Salomon Gessner zum Beispiel, abgegrenzt. In diesen lebten glückliche Hirten und Hirtinnen sorglos mit ihren Schafen und Ziegen, bliesen auf ihren Schalmeien und liebten sich in der schönen Natur. Der »Wutz« aber, wie auch Goethes »Hermann und Dorothea« und die »Luise« von Voß, die im letzten Jahrzehnt des Jahrhunderts entstanden, spielten nicht mehr im erträumten Irgendwann und Irgendwo unter unschuldigen Naturkindern, sondern unter Menschen und Zuständen der Gegenwart. Das Idyllische im »Wutz« ist nicht die natürliche und soziale Umwelt, die katastrophal ist, sondern nur des Schulmeisterleins Methode, sich in ihr zu behaupten und trotz allen Unbilden glücklich zu sein.

Ähnliches gilt auch für die beiden folgenden Schulmeistergeschichten, das »Leben des Quintus Fixlein« von 1796 und »Der Jubelsenior«, der 1797 erschien. Das »Fixlein« wird mit einem »Billett an meine Freunde anstatt der Vorrede« eingeleitet, das dem Leser nicht nur Ratschläge zum Verständnis des folgenden Werkes, sondern auch zur eignen Lebensgestaltung gibt. Drei Wege, um »*glücklicher (nicht glücklich) zu werden*«, meint er zu kennen. Der erste ist der der Genies und Helden, »*die so weit über das Gewölke des Lebens hinaus dringen*«, dass sie »*die ganze äußere Welt mit ihren*

Abb. 12: Titelblatt der ersten Auflage des »Quintus Fixlein«

Abb. 13: Titelblatt zur »Geschichte meiner Vorrede«

Wolfsgruben, Beinhäusern und *Gewitterableitern«* nur »*wie ein eingeschrumpftes Kindergärtchen liegen«* sehen, während der zweite Weg der der kleinen Leute ist, die in einer Furche des Gartens heimisch werden und die kleinen Freuden, wie die »*Wärme ihrer Stuben«* oder die »*heiligen Feste«*, als große anzusehen lernen und an die folgende Forderung gerichtet ist: »*Die nötigste Predigt, die man unserm Jahrhundert halten kann, ist die, zu Hause zu bleiben«.* Der dritte Weg aber ist der schwerste, der nämlich, von einem zum anderen zu wechseln, wie der Sieger, der das Schlachtfeld zum »*Flachs- und Rübenfeld«* umgestaltet, oder auch der Autor selber, der über den Höhenflügen der Romane doch die hungernden Schulmeister seiner Heimat nicht vergessen konnte und der auch »*mitten unter der Schöpfung dieses Billetts doch imstande war, daran zu denken, dass, wenn es fertig ist, die gebackenen Rosen und Holundertrauben auch fertig werden, die man für den Verfasser dieses in Butter siedet«.*

MUMIEN

Karl Philipp Moritz, der sich besonders durch seinen autobiographischen Roman »Anton Reiser« einen Ehrenplatz in der deutschen Literatur des 18. Jahrhunderts gesichert hat, war unter den denkbar schlechtesten, nicht nur armen, sondern auch zerrütteten Familienverhältnissen aufgewachsen, hatte es über die Stationen: Hutmacherlehrling, Schauspieler, Theologiestudent, Hofmeister, Lehrer, Redakteur und Schriftsteller bis zur Aufnahme in die Akademie der Wissenschaften und zu einer Professur an der Berliner Kunstakademie gebracht. Trotz ständiger Krankheiten hatte er viel geschrieben: zwei Romane, ein Schauspiel, Gedichte, Freimauererreden, Sprachlehrbücher, Verslehren, Reisebeschreibungen, Briefsteller, Mythologisches, Ästhetisches, Psychologisches, Pädagogisches, bis sein Körper, der sich von den Entbehrungen der Jugend nie ganz hatte erholen können, versagte und er 1793 im 37. Lebensjahr starb.

Im Juni 1792, also ein Jahr vor seinem Tode, erreichte ihn das Paket eines Unbekannten, das, in schwarzes Wachstuch gewickelt, ein handgeschriebenes Manuskript enthielt. Der beiliegende Brief mutete dem über-

*Abb. 14: Karl Philipp Moritz. Gemälde
von Christian Friedrich Rehberg*

lasteten Mann nicht nur zu, die Hunderte von Seiten zu lesen und zu beurteilen, sondern auch einen Verleger zu finden, der das Werk druckt. Denn der Absender, ein ihm unbekannter Herr Richter aus dem ihm ebenfalls unbekannten Schwarzenbach im Vogtland, misstraue, wie er schrieb, den *»geistigen Sklavenhändlern«* der Buchhändlerbörse und setze alle Hoffnung auf ihn, den Autor des »Anton Reiser«, der ihm wesensverwandt sei.

Und der Professor las das Handgeschriebene tatsächlich und fand es erstaunlich gut. *»Das begreife ich nicht, der ist noch über Goethe, das ist ganz was Neues«*, soll er seinem Bruder gegenüber geäußert haben, und nach Schwarzenbach schrieb er im Juni zwei kurze Briefe, mit denen der Aufstieg Jean Pauls in die Elite der deutschen Literatur begann. Das Werk habe ihn entzückt, schrieb er dem glücklichen Autor. *»Und wenn Sie am Ende der Welt wären«*, für das der Berliner Schwarzenbach offensichtlich hielt, *»und müsst' ich hundert Stürme aushalten, um zu Ihnen zu kommen, so flieg' ich in Ihre Arme! – Wo wohnen Sie? Wie heißen Sie? Wer sind Sie? – Ihr Werk ist ein Juwel, es haftet mir, bis sein Urheber sich mir näher offenbart.«* Und im Juli setzte er als Antwort auf einen Brief Jean Pauls noch hinzu: *»Ihr Buch, mein Theuerster! wird ganz nach Ihrem Wunsche gedruckt. – Es ist unbezahlbar – wir bitten Sie aber, als ein kleines Zeichen unserer Achtung, hundert Dukaten von uns anzunehmen, wovon dreißig hiebei [!] erfolgen, die übrigen siebenzig aber sogleich nach Beendigung des Druckes entrichtet werden sollen. Der Verleger ist der hiesige Buchhändler Herr Matzdorf, mit dessen Schwester ich seit wenigen Wochen verlobt bin und in kurzem auf immer verbunden seyn werde. – Der Wutz' Geschichte verfasst hat, ist nicht sterblich. Wir werden und müssen uns bald sehen! – Ihnen sind hier mehr Herzen eröffnet als Sie wissen und glauben!«*

Mit diesem Geldsegen, den der überglückliche Richter gleich nach Hof brachte, um ihn mit der Mutter zu teilen, war nach einem Jahr harter Arbeit an dem Roman von fast 400 Seiten die Zeit härtester Not für die Familie vorbei. In den Roman waren, wie es nicht anders sein konnte, viele Züge aus des Autors innerem und äußerem Leben eingegangen; seine Freunde und Freundinnen waren zu Vorbildern mancher Gestalten geworden, und die Landschaften seiner Heimat, die er noch mehrfach für seine Geschichten benutzen sollte, bildeten in poetischer Erhöhung den

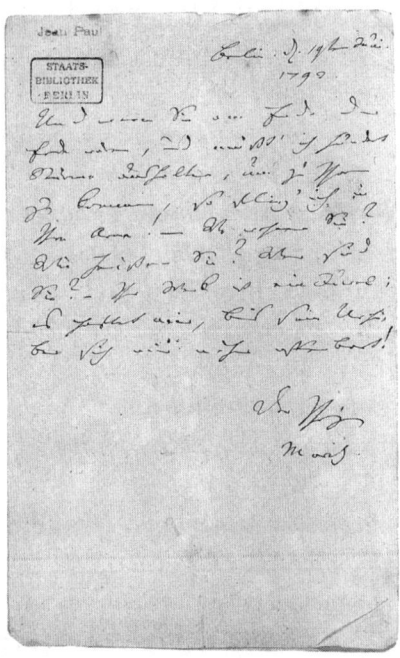

*Abb. 15: Brief von Karl Philipp Moritz
an Jean Paul vom 19. Juni 1792*

Hintergrund einer phantastischen und verrätselten Handlung, die hinter den ausufernden Schilderungen der Innenwelten der Helden manchmal verlorenzugehen droht. Man hat den Eindruck, dass die vielen miteinander verknoteten Handlungsfäden vom Verfasser selbst nicht mehr zu entwirren waren und der Roman auch deshalb eine, wenn auch schöne, Ruine blieb.

Für diesen Roman, dem offensichtlich ein fester Plan nicht zugrunde gelegen hatte, einen Titel zu finden, war nicht leicht gewesen. Seinem Freund Christian Otto hatte Richter schon viele Titelvorschläge wie beispielsweise »Hohe Oper« oder »Markgrafenpulver«, »Abendstern« oder »Galgenpate« zur Beurteilung zukommen lassen, bis er schließlich auf »Die unsichtbare Loge oder die grüne Nachtleiche ohne den 9ten Nussknacker« verfiel. Er folgte damit einer in der Unterhaltungsliteratur beliebten Werbemethode, die den Titel vor allem als Lockmittel für Buchkäufer nutzte, ob er zu dem Buche nun passte oder nicht. Auch der utopische Staatsroman von Wilhelm Friedrich von Meyern, der Jean Pauls »Hesperus« stark beeinflussen sollte, war nach dem gleichen Rezept mit »Dya-Na-Sore« betitelt worden, ohne dass der Leser in dem umfangreichen Roman je erfährt, was das bedeuten soll.

Auch Richter wusste nicht, was die Nachtleiche und der Nussknacker bedeuten sollten, wollte sich in der Vorrede, die zu keinem seiner Bücher fehlen durfte, dazu noch etwas einfallen lassen, ließ den Untertitel dann aber wieder fallen, nannte den Roman nur »Die unsichtbare Loge, eine Lebensbeschreibung« und setzte, um noch mehr Geheimnisvolles anzudeuten, als Untertitel »Mumien« hinzu. Dass aber weder die Loge noch die Mumien im Roman eine Rolle spielen, ist wohl nur dem Umstand anzulasten, dass die »Lebensbeschreibung« nicht bis zum Ende erzählt worden ist.

Mit dem ersten Roman und dem angehängten »Wutz« zusammen wurde auch der Name geboren, unter dem sein Verfasser in die Literaturgeschichte eingegangen ist. Er wählte dazu die französische Form seiner Vornamen Johannes und Paul, und es ist anzunehmen, dass bei dieser Namensgebung auch der von ihm sehr geschätzte Philosoph und Pädagoge Jean-Jacques Rousseau eine Rolle spielte, dessen Bildungsideale und Erziehungsmethoden in die »Unsichtbare Loge« eingegangen sind. Rousseaus Annahme, dass der Mensch an sich gut sei, aber von der verdorbenen Gesellschaft verdorben werde, weshalb der Erzieher das Kind von ihr möglichst isolieren müsse, hat Jean Paul in seinem ersten Roman zu der phantastischen Bildungsgeschichte des Knaben Gustav verleitet, der in engem Kontakt mit seinem Erzieher, einem Genius genannten Lehrer der Herrnhuter Gemeinde, aber völlig isoliert von anderen Menschen unterirdisch aufwächst, bis die humanistisch-christlichen Ideale so fest in ihm haften, dass er, ohne charakterlich Schaden zu nehmen, in die Welt mit ihren moralischen Fallstricken geschickt werden kann. In dieser soll er sich nicht der Gesellschaft anpassen, sondern im Sinne der ihm vermittelten Tugendlehre wirken, die Verhältnisse also zu verändern versuchen, aber so weit bringt es der stark seinem Autor ähnelnde Gustav in dieser abschlusslosen Bildungsgeschichte nicht. Er darf nur nach seiner herrlich geschilderten Auferstehung aus seinem unterirdischen Dasein die Idylle einer dörflichen Kindheit mit erster Liebe erleben, die Zwänge einer Kadettenanstalt erdulden und den sittlichen Versuchungen eines Fürstenhofes erliegen, um schließlich als Mitglied einer geheimen Gesellschaft im Gefängnis zu landen, in dem der Autor, der es im nächsten Roman besser machen zu können meinte, ihn für alle Zeit sitzen ließ.

Gute Leser Jean Pauls, die wie dieser mehr Wert auf

die Innenwelten seiner Figuren als auf den Fortgang der Handlung legen, werden Teile dieses Romans voller unaufgelöster Knoten zu dem Besten zählen, was er geschrieben hat. Sie werden sich dabei zum Beispiel an die Szene erinnern, in der der unterirdisch erzogene Knabe erstmalig die Wonnen eines irdischen Tagesanbruchs erlebt. *»Nun schlugen die hohen Wogen des lebendigen Meers über Gustav zusammen – mit stockendem Atem, mit erdrücktem Auge, mit überschütteter Seele steht er vor dem unübersehlichen Angesicht der Natur und hält sich zitternd fester an seinem Genius. Als er aber*

Abb. 16: Titelblatt der 1. Auflage der »Unsichtbaren Loge«

nach dem ersten Erstarren seinen Geist aufgeschlossen, aufgerissen hatte für diese Ströme – als er die tausend Arme fühlte, womit ihn die hohe Seele des Weltall an sich drückte – als er zu sehen vermochte das grüne taumelnde Blumenleben um sich und die nickenden Lilien, die lebendiger ihm erschienen als seine, und als er die zitternde Blume tot zu treten fürchtete – als sein wieder aufwärts geworfenes Auge in dem tiefen Himmel, der Öffnung der Unendlichkeit versank – und als er sich scheuete vor dem Herunterbrechen der herumziehenden schwarzroten Wolkengebirge und der über seinem Haupt schwimmenden Länder – als er die Berge wie neue Erden auf unserer liegen sah – und als ihn umrang das unendliche Leben, das gefiederte neben der Wolke fliegende Leben, das summende Leben zu seinen Füßen, das goldne kriechende Leben auf allen Blättern, die lebendigen, auf ihn winkenden Arme und Häupter der Riesenbäume – und als der Morgenwind ihm der große Atem eines kommenden Genius schien und als die flatternde Laube sprach und der Apfelbaum seine Wange mit einem kalten Blatt bewarf – als endlich sein belastet-gehendes Auge sich auf den weißen Flügeln eines Sommervogels tragen ließ, der ungehört und einsam über bunte Blumen wogte und ans breite grüne Blatt sich wie eine Ohrrose versilbernd hing ...: so fing der Himmel an zu brennen, der entflohenen Nacht loderte der nachschleifende Saum ihres Mantels weg, und auf dem Rand der Erde lag, wie eine vom göttlichen Throne niedergesunkene Krone Gottes, die Sonne.«

HUNDSPOSTTAGE

In Jean Pauls Erfolgsroman »Hesperus oder fünfundvierzig Hundsposttage« haben Fachleute neben Selbsterlebtem natürlich auch viele Einflüsse aus anderer Literatur entdecken können, nie aber angezweifelt, dass daraus ein völlig eigenständiges Werk entstanden ist. So hat nachgewiesen werden können, dass der Autor formal viel von Laurence Sterne und Theodor von Hippel gelernt hatte und dass mancher Charakter Fielding und Smollett, Wieland, Rousseau und auch Georg Forsters Übersetzung von Kalidasas »Sakontala« nachempfunden worden war. Mehr aber noch war der anonym erschienene 1500-Seiten-Roman »Dya-Na-Sore oder die Wanderer. Eine Geschichte aus dem Sam-skrit übersezt« für ihn wichtig gewesen, weil in ihm von einer Revolution erzählt wird, die zwar in exotischer Verkleidung auftritt, aber Gegenwärtiges meint. Der ungenannte Autor dieses zu lang geratenen, in abgehackten Sätzen geschriebenen Romans hieß Wilhelm Friedrich von Meyern, war gebürtiger Franke und diente in Österreich als Offizier. Die Handlung seines Romans ist im Irgendwann und Irgendwo angesiedelt, vielleicht im tibetischen oder indischen Altertum. Während das Volk unter einer tyrannischen Herrschaft leidet, erzieht ein Vater seine vier Söhne zu Republikanern und schickt sie mit dem Auftrag, den Tyrannen zu stürzen, hinaus in die Welt. Mit Hilfe eine Geheimbundes können die Söhne ihren Auftrag erfüllen, also das Land vom Tyrannen befreien und einen Idealstaat gründen, der uns heute als militaristisch-totalitär erscheint. In ihm gibt es zwar eine Verfassung und eine Volksvertretung, aber das Wahlrecht haben nur die Besitzenden, die Jünglinge werden zwangsweise auf Ordensburgen zu Kriegern erzogen, und auch bei den Tugenden, die unaufhörlich

*Abb. 17: Titelblatt
der 1. Auflage des »Hesperus«*

gepredigt werden, handelt es sich vorwiegend um kriegerische. Frauen kommen in dem Roman kaum vor.

Da Jean Paul die Handlung des »Hesperus« aus dem exotischen Nirgendwo in das gegenwärtige Deutschland verlegte, konnte er den utopischen Staat, in den bei Meyern die Revolution mündet, beiseitelassen und sich mit Revolutionsabsichten begnügen, die ihm teilweise aber unter den Schilderungen von Liebes- und Freundschaftsgefühlen verlorengehen. Aus den republikanischen Brüdern wurden bei ihm illegitime Söhne des Fürsten, die im republikanischen Klub die radikalsten Mitglieder sind. Die Gefühlswelten der Helden werden so schwelgerisch ausgebreitet, dass die reichlich verworrene Haupthandlung, die mit Kindesentführung und -vertauschung stark an Trivialromane erinnert, zeitweilig nur nebenherläuft und auf den letzten Seiten, als sei damit nur eine lästige Pflicht zu erfüllen, hastig zu einem Abschluss kommt. Die Revolution zeigt sich mehr als Wetterleuchten denn als Gewitter, und die spärlichen revolutionären Taten, die nur am Rande behandelt werden, münden realistischerweise in Reformen der Monarchie. Viktor, der bürgerliche Hauptheld, kann am Ende seine Klothilde heiraten, ohne zum politischen Geschehen viel beigetragen zu haben, und eine Gelegenheit, die Volksrede, die zum Krieg gegen die Paläste aufrufen sollte, zu halten, ergibt sich nie.

Die Qualitäten des Romans sind also nicht bei den Haupt- und Staatsaktionen, sondern bei der Gestaltung des Seelenlebens zu finden. Besonders Viktor, der am meisten seinem Urheber ähnelt, hat alle nur denkbaren menschlichen Gefühle zu durchlaufen, von dem Entzücken an der Natur über die Freuden und Leiden von Liebe und Freundschaft bis zur Todesangst. An dem dünnen Faden der Kolportagehandlung und der kaum merkbaren Entwicklungs- und Bildungsgeschichte reihen sich die Höhepunkte der Gefühlsschwelgerei aneinander und machten für das Publikum von damals den Hauptreiz des Buches aus. Viktors Geschichte ist die seines Autors, nämlich die eines mit Geist, Witz und viel Gefühl ausgestatteten jungen Mannes, der sich in einem deutschen Kleinstaat, der hier Flachsenfingen genannt wird, bewähren muss. Die Schauplätze sind dementsprechend das Pfarrhaus, das Dorf, die Kleinstadt und die oberfränkische Landschaft, darüber hinaus aber auch der Fürstenhof eines Kleinstaates, den der Autor noch nicht hatte erleben können. Aber das änderte sich bald.

Erzählt wird der Roman von einem Jean Paul genannten fiktiven Erzähler, der das nächste Kapitel erst schreiben kann, wenn ein Hund es ihm liefert, und der deshalb dem realen Erzähler ähnelt, der nie so recht wusste, wie die Handlung weiterzugehen hatte und sie manchmal auch unter den naturschwärmerischen oder liebesseligen Passagen aus dem Auge verlor. Aber da diese schönen und tugendhaften Seelengemälde besonders gefielen und der Autor in ihnen dem Leser immer nahe bleibt, ihn anspricht, ihn tröstet oder auch bemitleidet, konnte der »Hesperus« zum Modebuch des Jahres 1795 werden, obwohl zur selben Zeit etwa auch Goethes »Wilhelm Meister« erschien. Vor allem die Frauen der gebildeten Kreise konnten in den gefühlsstarken, sittsamen Romangestalten einen Traum von sich selbst entdecken und nahmen, was tatsächlich leicht war, die schwachen politischen Elemente des Romans mit in Kauf.

Mit dem »Hesperus«, dessen großer Erfolg sich bei anderen Werken Jean Pauls nicht wiederholen sollte, wurde sein Ruhm im deutschen Sprachraum begründet, mit einem Schlage zählte er zu den Größen der Literatur. Gleim schickte ihm anonym 60 Taler, ließ ihn auf eigne Kosten von Heinrich Pfenniger malen und räumte dem so entstandenen Porträt einen Ehrenplatz in seinem Halberstädter Ruhmestempel ein. Lavater bat ihn, nach Zürich zu kommen, wo auch Pestalozzi ihn schon erwarte. Herder und Wieland waren beeindruckt, und Goethe machte Schiller brieflich darauf aufmerksam, dass *»gegenwärtig die Hundsposttage«* es seien, *»worauf unser feines Publikum seinen Überfluss an Beifall ergießt«*. Die Fürstin von Anhalt-Zerbst sandte ihm eine seidene Börse mit der Aufschrift: »Dem großen Genius des Hesperus!«. Franz Koch, ein im Roman erwähnter Mundharmonikaspieler, dankte für die Reklame, Modeschöpfer entwarfen Jean-Paul-Überröcke, und ein Blähungspulver, dessen Rezept der Roman verrät, wurde in Apotheken als Hesperus-Pulver verkauft. Daneben gab es eine Fülle von Leserbriefen, die alle verehrungsvoll waren und vorwiegend von Damen kamen, denen der Roman den Eindruck vermittelt hatte, der Autor schließe sich dem Leser ganz auf.

Drei Auflagen des Romans erschienen zu Jean Pauls Lebzeiten, und seine Wirkung hielt auch nach seinem

Tode noch einige Jahre an. Nachdem Fouqué, Eichendorff und Hauff ihn schon bewundert hatten, schätzten ihn auch Keller, Stifter und Raabe, und sie alle, wie auch Stefan George, der ihn um 1900 wieder entdeckte, liebten nicht das Politische in ihm, sondern das Poetische – das schon der Freiherr von Knigge in seiner Rezension der »Unsichtbaren Loge« erkannt, aber getadelt hatte: »*Oft überschreitet die Sprache wirklich die Gränzen der Prosa und artet in die höchste Poesie aus*«.

Die Fachkritik hatte am Erfolg des »Hesperus« nur geringen Anteil. Die Rezensionen zur ersten Auflage

Abb. 18: Titelblatt zur 2. Auflage des »Hesperus«

ließen nicht ahnen, dass sich mit diesem Roman ein bisher unbekannter Autor an die Spitze der deutschen Literatur geschrieben hatte. Der Aufklärer Knigge bemängelte in der »Neuen Deutschen Bibliothek« das Geschwätzige und Gefühlsüberladene, und in der Jenaer »Allgemeinen Literatur Zeitung« entdeckte Friedrich Jacobs zwar einen *»Reichtum von erhabenen und rührenden Ideen, von großen und neuen Bildern, von treffenden, feinen und tiefen Bemerkungen«*, bemängelte aber, dass die *»Veranlassungen zu hohen Gefühlen und Rührungen allzu geflissentlich aufgesucht«* worden sind. *»Es wird doch fast zu viel in diesem Buche geweint«*.

Ermutigender als solche Rezensionen waren die Leserbriefe, von denen einer Jean Paul besonders erfreute, weil er aus der heiligen Stadt der deutschen Literatur, also aus Weimar kam. Die Frau, die ihm darin Bewunderung zollte, war die zwei Jahre ältere Charlotte von Kalb. Die unglücklich verheiratete Mutter dreier Kinder, die schon für Schiller und Hölderlin viel bedeutet hatte, gab ihm in ihrem Brief vom 29. Februar 1796 nicht nur zu erkennen, dass der *»Reiz und Reichtum«* seiner Bücher sie selbst *»innigst beglückt«* hatten, sondern ließ ihn auch wissen, dass Wieland und Herder ihn schätzten und ganz Weimar seine Bücher mit Freuden las. Der Briefwechsel, der diesem ersten Schreiben folgte, wurde Anlass für ihn, eine Reise nach Weimar zu wagen und damit den ersten Schritt aus der abgelegenen Provinz in die große Welt zu vollziehen. *»Wenn ich die hohe Dreieinigkeit der drei größern Weisen, als je aus dem Orient zogen«*, schrieb er an seine Verehrerin in Weimar und dachte dabei an Wieland, Herder und

Goethe, *»hören und sehen werde: so werde ich kaum beides mehr können, sondern vor Liebe und Rührung verstummen«.*

Aber als es im Sommer dann so weit war, sah und hörte er sehr genau.

DIE HEILIGE STADT

Des schlechten Wetters wegen hatte er die Reise noch aufgeschoben, bis Neumond Änderung versprach. Am 9. Juni 1796 ging er dann in aller Herrgottsfrühe los, wie die Jünglinge in seinen Romanen es wieder und wieder tun. Das Wetter war so heiter wie sein Gemüt, und der Freund Christan Otto begleitete ihn noch aus der Stadt hinaus. Am Abend war er in Schleiz, wo der Wirt den armen Wanderer keiner Stube für würdig hielt als der größten, nämlich der Gaststube, was aber den Vorteil hatte, dass die Schlafstelle mit 18 Groschen sehr billig war. Da er über Neustadt an der Orla und Kahla am nächsten Tag schon Jena erreichte, hatte er in zwei Tagen etwa 80 Kilometer zurückgelegt. Um 16 Uhr schrieb er an Otto einen kurzen Brief, in dem er die Schönheiten des Orlagrundes rühmte, sich über die Abscheulichkeit des Jenaer Bieres beklagte und der Hoffnung Ausdruck gab, schon um 19 Uhr in Weimar zu sein. Denn weil er befürchtete, der Wirt des »Erbprinz« könnte auf den armen Fußwanderer wie der in Schleiz reagieren, hatte er sich eine Extrapost bestellt. *»Die Postpferde ... kommen sogleich und ziehen mein froh-banges Herz dem längst ersehnten Eden entgegen«.*

Und die Kutsche bewirkte tatsächlich, dass der Erbprinzwirt ihn eines guten Zimmers für würdig hielt. *»Noch nicht aus der Reisekruste heraus«*, schrieb Jean Paul schon an Frau von Kalb, nannte den Besuch bei ihr seine *»Himmelfahrt«* und bat sie um eine einsame Stunde, weil gerade die erste Begegnung Zuschauer nicht vertrage. *»Endlich, gnädige Frau, hab' ich die Himmelsthore aufgedrückt und stehe mitten in Weimar«.* Aber die Meldung seiner Ankunft war unnötig, weil die Torwache, die nur mit etwa 20 Fremden pro Tag zu rechnen hatte, von der Herzogin Anna Amalia den Auftrag erhalten hatte, gleich Bescheid zu geben, wenn der »Hesperus«-Dichter die Residenzstadt betritt.

Weimar war zu dieser Zeit mit seinen 6500 Einwohnern eine Kleinstadt, die in der Größe aber dem Kleinstaat entsprach. Herzogtum Sachsen-Weimar-Eisenach hieß das zerstückelte Staatsgebilde, das etwa 100 000 Einwohner hatte, 63 Prozent davon Klein- und Mittelbauern, deren Armut vor allem auf die Frondienste, die sie dem Adel zu leisten hatten, zurückzuführen war. Da der Adel keine Steuern zu zahlen hatte und das städtische Bürgertum nur 23 Prozent ausmachte, war das Steueraufkommen nicht groß. Am Hof des Herzogs Karl August und dem seiner Mutter Anna Amalia ging es deshalb nicht sonderlich luxuriös, eher bürgerlich zu. Aus Sparsamkeitsgründen hatte der Herzog auch seine 800 Mann starke Armee auf etwa 200 vermindern müssen, aber da er weiterhin Parks anlegte und Schlösser baute, Mätressen hielt und edle Pferde kaufte, verringerte sich die Schuldenlast kaum. In dieser Hinsicht unterschied sich Karl August nicht von anderen Fürsten, sein Verdienst aber war, dass er Geistesgrößen ins Land geholt hatte, besonders Goethe, der als Minister zu bessern versucht hatte, aber gescheitert war.

Die Stadt, eigentlich nur das Anhängsel des Hofes, hatte noch Häuser, die mit Stroh gedeckt waren, und enge Gassen, in denen es nach Abwässern stank. Die Straßen, durch die noch Viehherden getrieben wurden, waren nachts ohne Beleuchtung. Die Fleischer hatten ihre Stände unter den Bogengängen des Rathauses, und die Bäcker verkauften ihre Waren durch die an der Straße gelegenen Fenster ihrer Wohnungen. Nur am Markt, wo auch die Hotels »Zum Erbprinzen« und »Zum Elephanten« sich befanden, gab es Läden mit Schaufenstern, einen für feine Stoffe, einen für Kosmetik und eine Apotheke. Kunden waren hier also vorwiegend die Leute vom Hof.

Der Reisende aber ließ sich sein Glück durch diese Armseligkeiten nicht mindern. Mit seinem Heimatstädtchen verglichen, war Weimar prächtig, und nicht der Stadt, sondern der Menschen wegen hatte er den weiten Fußweg gemacht. In vollen Zügen konnte er die Gespräche mit so vielen gebildeten Leuten genießen, mehr aber noch die Bewunderung, die ihm von Menschen entgegengebracht wurde, denen seine Verehrung galt. Die eilig an Otto geschriebenen Briefe verraten sowohl den Provinzler, dem vor Staunen der Mund offen steht vor so viel gutem Geschmack, Liberalität und Bildung, als auch den stolzgeschwellten jungen Autor, der jetzt erst merkte, wie groß seine Berühmtheit war. Da er überall seine Bücher loben hörte, hatte er den Eindruck, unter lauter Gleichgesinnten zu sein.

»Lieber Bruder«, schrieb er an Otto, »Gott sah gestern doch einen überglücklichen Sterblichen auf der Erde und der war ich. ... Ach, hier sind Weiber! Auch hab ich sie alle zum Freunde, der ganze Hof bis zum Herzog lieset mich. ... Alle meine männlichen Bekanntschaften hier – ich wollte, diese nicht allein – fingen sich mit den wärmsten Umarmungen an. Du findest hier nichts vom jämmerlich Gezierten in Hof, von der jämmerlichen Sorge für die Mode – ich wollte, ich hätte den grünen Talar behalten oder bloß den blauen Stutzrock noch einmal wenden lassen. ... Gegen 5 gingen wir drei in Knebels Garten. ... Nach einigen Minuten sagte Knebel: wie sich das alles himmlisch fügt, dort kömmt Herder und seine Frau mit den 2 Kindern! Und wir gingen ihm entgegen, und unter dem freien Himmel lag ich endlich an seinem Mund und an seiner Brust, und ich konnte vor erstickter Freude kaum sprechen und nur weinen, und Herder konnte mich nicht satt umarmen. ... Mit Herder bin ich jetzt so bekannt wie mit dir. ... Er lobte fast alles an meinen Werken, sogar die grönländischen Prozesse. ... Das Sprechen von deinem Paul mag etwan, obwohl in Intervallen, 5 Stunden den ganzen Abend gedauert haben. Ich bekäme Sündenbezahlung, sagten alle. ... Ich würde jetzt in Deutschland am meisten gelesen; in Leipzig hätten alle Buchhändler Kommissionen auf mich. ... Herder erzählte, dass der alte Gleim den ganzen Tag und die ganze Nacht fortgelesen. ... Von seinen eignen Werken sprach Herder mit solcher Geringschätzung, die einem das Herz durchschnitt, so dass man kaum das

Die heilige Stadt

Herz hatte, sie zu loben. ... Das Beste ist, was ich ausstreiche, sagt er, weil er nämlich nicht frei schreiben darf, denn er denkt von der christlichen Religion was ich und du. Abends aßen wir alle bei der Ostheim [Charlotte von Kalb, geb. Ostheim] *und tranken 2erlei Wein und Nigges (ein milderer Bischof). Sie sind alle die eifrigsten Republikaner. Denke dir den unter Wein, Ernst, Spott, Witz und Laune verschwelgten Abend und die Vormitternacht; ich machte so viele Satiren auf die Fürsten wie bei Herold* [eine befreundete Familie in Hof] *kurz, ich war so lustig wie bei euch. ... Beim Himmel! jetzt hab ich Mut. ... Ich habe in Weimar zwanzig Jahre in wenigen Tagen verlebt, meine Menschenkenntnis ist wie ein Pilz mannshoch in die Höhe geschossen. Ich werde dir von Meerwundern, von ganz unbegreiflichen, unerhörten*

*Abb. 19: Johann Gottfried Herder 1795.
Gemälde von Friedrich August Tischbein*

Dingen (keinen unangenehmen) zu erzählen haben, aber nur dir allein. ... Ich bin ganz glücklich, Otto, ganz. ... Ich kann hier, wenn ich will, an allen Tafeln essen. Ich kam noch zu keinem Menschen, ohne geladen zu sein. ... Ich lebe fast nur von Wein und englischem Bier. ... Hier sind alle Mädgen schön ... Ach, ich kann mich schon gegenwärtig nach meiner jetzigen Gegenwart innigst sehnen.«

Statt im »Erbprinzen« logierte er bald nach seiner Ankunft im Hause eines Verehrers, wo er prächtiger wohnte als je zuvor. Ihm, der sich in Hof noch immer mit Mutter und Brüdern mit einem Zimmer begnügen musste, standen hier zwei zur Verfügung, »*besser möbliert als eines im Modejournal*«. Der ihm ungewohnte Komfort bestand auch darin, dass jedes Zimmer eine eigne Beleuchtung hatte, ein Nachtstuhl am Bett stand und fertige Briefumschläge zur Hand waren, »*100 Stück zu 10 Groschen*«.

Er lebte wie im Rausch und hatte oft einen, eilte von einer Einladung zur anderen, weil jeder den Dichter erleben wollte, der für drei Wochen beliebter Gesprächsstoff der besseren Gesellschaft war. Man lobte seinen Geist und seinen Witz, besonders aber seine Unbefangenheit und Einfachheit, die so ganz unhöfisch war. »*Milde wie ein Kind und immer heiter*«, nannte ihn Karoline Herder, und die Herzogin Anna Amalia beschrieb ihn Wieland, der in die Schweiz gereist war, als einen »*sehr einfachen Mann, welcher mit vieler Lebhaftigkeit, Wärme und Innigkeit*« spreche und so unschuldig sei wie ein Kind. »*Seines unerschöpflichen Witzes*« wegen sei er ein »*angenehmer Gesellschafter*« und habe

Die heilige Stadt

»*bei allen unseren Genies jeder Art große Sensation gemacht*«.

Ganz so naiv, wie die Weimarer dachten, war er, wie seine Briefe zeigen, nun freilich nicht. Er kannte und genoss die Wirkung, die seine Unschuld ausübte, blieb dabei aber ein scharfer Beobachter, der manche verborgenen Realitäten erkennen konnte, so dass er die heilige Stadt mit dem Mond verglich, der nur aus der Ferne zu glänzen scheint, aus der Nähe betrachtet aber jeden Glanz verliert. »*Kurz, ich bin nicht mehr dumm*«.

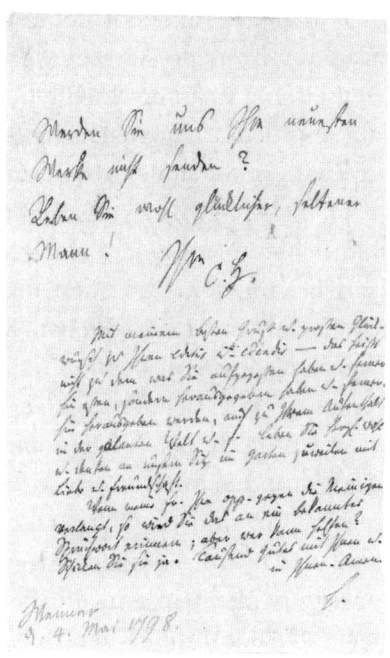

Abb. 20: Brief von Caroline und Gottfried Herder an Jean Paul vom 4. Mai 1798

DER CHINESE IN ROM

Zu Jean Pauls Erkenntnissen seines Besuchs in Weimar gehörte unter anderem, dass die von ihm geglaubte Dreieinigkeit von Wieland, Herder und Goethe gar nicht bestand. Besonders Goethe und Herder, die in jungen Jahren Freunde gewesen waren, verübelten sich gegenseitig die unterschiedlichen Entwicklungen, die sie jeweils durchgemacht hatten, und lebten in einem Zwist miteinander, der zwar selten nur laut wurde, aber, da beide ihre Sympathisanten hatten, der gesellschaftlichen Atmosphäre der kleinen Residenz nicht gut bekam. Die Ursachen dieses Zwistes waren sowohl in den unterschiedlichen Kunstauffassungen zu finden als auch in der Politik. Da Herder Kunst und Poesie aus Wirklichkeit und Gegenwart hervorgehen lassen wollte, musste er den antik getönten Formkult Goethes und Schillers verwerfen, und da er republikanisch dachte und die Französische Revolution begrüßt hatte, war ihm Goethes antirevolutionäres Denken genauso zuwider wie sein mit dem Antikenkult verwobenes Heidentum. Er fand den »Wilhelm Meister« leichtfertig und unsittlich, und als die offenherzigen, ihm frivol dünkenden »Römischen Elegien«

in den »Horen« erschienen, schlug er als neuen Namen der Zeitschrift »Die Huren« vor.

Bei aller Anerkennung, die Jean Paul lebenslang Goethes Größe zollte, war doch Herder, dem er sich geistig verwandt fühlte, immer wichtiger für ihn. Im »Brief über die Philosophie« und in der »Vorschule der Ästhetik« hat er später seiner Herder-Verehrung hymnisch Ausdruck gegeben, und die »Ideen zur Philosophie der Geschichte der Menschheit« waren seine letzte Lektüre auf dem Totenbett. Seit seinem 18. Lebensjahr hatte er Herder mit Gewinn gelesen. *»Seine Werke waren kühle Quellen für meinen Durst in der Sandsteppe von Hof«* gewesen, hatte er Charlotte von Kalb wissen lassen, und da das Ehepaar Herder schon seine Satiren geschätzt hatte, war es nicht nur auf die mit den Herders befreundete Frau von Kalb zurückzuführen, dass er in Weimar sofort zu Herders Freundeskreis stieß. Bei diesem wird er erfahren haben, dass er bei dem geplanten Besuch am Frauenplan einem kalten und majestätischen Goethe begegnen werde, der nur Interesse für Kunst habe, jede menschliche Anteilnahme aber vermissen ließe.

»Ich ging, ohne Wärme, bloß aus Neugierde«, so lautet dann sein Bericht an Freund Otto. *»Sein Haus frappiert, es ist das einzige in Weimar in italienischem Geschmack, mit solchen Treppen, ein Pantheon voll Bilder und Statuen, eine Kühle der Angst presset die Brust – endlich tritt der Gott her, kalt, einsilbig, ohne Akzent. Sagt Knebel z. B., die Franzosen ziehen in Rom ein: Hmm, sagt der Gott. Seine Gestalt ist markig und feurig, sein Auge ein Licht, aber ohne eine angenehme Farbe.*

Aber endlich schürete ihn nicht bloß der Champagner, sondern die Gespräche über Kunst, Publikum etc. sofort an, und – man war bei Goethe. Er spricht nicht so blühend und strömend wie Herder, aber scharf-bestimmt und ruhig. Zuletzt las er uns – d. h. spielte er uns – ein ungedrucktes herrliches Gedicht vor, wodurch sein Herz durch die Eiskruste die Flammen trieb, so dass er dem enthusiastischen Jean Paul ... die Hand drückte. Beim Abschied tat ers wieder und hieß mich wiederkommen. Er hält seine dichterische Laufbahn für beschlossen. Beim Himmel, wir wollen uns doch lieben. Ostheim sagt, er gibt nie ein Zeichen der Liebe. 1 000 000 Sachen hab ich dir von ihm zu sagen. Auch frisset er entsetzlich. Er ist mit dem feinsten Geschmack gekleidet.«

Aller Vorurteile zum Trotz schien eine Annährung der beiden doch möglich, auch von Goethes Seite her. Im Jahr zuvor hatte er den »Hesperus« an Schiller geschickt, welcher ihn einen »*prächtigen Patron*« genannt hatte, mit Imagination und Laune, »*eine lustige Lektüre für lange Nächte*«, nur leider ein »*Tragelaph*«, was Bockshirsch bedeutet, also ein in sich widerspruchsvolles Wesen meint. »*Es ist mir angenehm*«, antwortete Goethe darauf, »*dass Ihnen der neue Tragelaph nicht ganz zuwider ist; es ist doch schade für den Menschen, er scheint sehr isoliert zu leben und kann deswegen bei manchen guten Partien seiner Individualität nicht zur Reinigung seines Geschmacks kommen. Es scheint leider, dass er selbst die beste Gesellschaft ist, mit der er umgeht*«. Und als sich einige Monate später herausstellte, dass der »Hesperus« gut verkauft und viel gelesen wurde, wünschte Goethe dem »*armen Teufel in Hof bei diesen traurigen Wintertagen«* doch etwas Freude an diesem Erfolg.

Gegen Schiller, den Jean Paul nicht zu den Weisen von Weimar rechnete, hatte er unbegründete Vorurteile, die ein Jahr zuvor schon offenkundig geworden waren, als er in Bayreuth ein Bild von ihm gesehen hatte, auf dem er ihm unsympathisch erschien. *»Schillers Porträt oder vielmehr seine Nase daran schlug wie ein Blitz in mich ein: es stellet ein Cherubim mit dem Keime des Abfalls vor, und er scheint sich über alles zu erheben, über die Menschen, über das Unglück und über die Moral. Ich konnte das erhabene Angesicht, dem es einerlei zu sein schien, welches Blut fließe, fremdes oder eignes, gar nicht satt bekommen.«* Nun aber wurde er von ihm *»ungewöhnlich gefällig«* empfangen und von ihm sogar zur Mitarbeit an den »Horen« eingeladen, aber sympathischer wurde er ihm trotzdem nicht. Er bezeichnete ihn als *»felsigt«, »voll scharfer, schneidender Kräfte«* und vor allem *»ohne Liebe«*, während Schiller von seinem Besucher meinte, er sei *»fremd wie einer, der aus dem Mond gefallen ist«*.

Schiller und Goethe hatten vage gehofft, im Autor des »Hesperus« einen Bundesgenossen zu finden, wurden aber aus dem *»wunderlichen Wesen«* nicht recht schlau. Jean Paul hatte zwar das ehrenvolle Angebot, an den »Horen« mitzuarbeiten, angenommen, aber als er nach drei Wochen wieder in Hof war, nichts dafür Passendes schreiben können und dann auch noch brieflich Goethes Ärger erregt. In einem Dankbrief an Knebel, der ihm seine Übersetzung der Liebes-Elegien des Properz geschickt hatte, war der Satz vorgekommen: *»Jetzt*

*Abb. 21: Friedrich Schiller. Zeichnung
von Johann Gottfried Schadow*

indess braucht man einen Tyrtäus [der Schlachtgesänge geschrieben hatte] *mehr als einen Properz«*, was sich eindeutig auf den Krieg zwischen Frankreich und Österreich bezogen hatte, von Goethe aber fälschlich als gegen sich gerichtet verstanden wurde; denn seiner »Römischen Elegien« wegen wurde er auch deutscher Properz genannt. Kurz darauf, nämlich am 10. August 1796, schickte Goethe einen Beitrag für den »Musenalmanach 1797«, der dann als Xenien-Almanach in die Literaturgeschichte eingehen sollte, mit der Bemerkung an Schiller, dass dieser Beitrag durch eine »*arrogante Äußerung des Herrn Richter in einem Brief an Knebel«* entstanden sei. Das Gedicht war mit »Der Chinese in Rom« überschrieben, hätte aber auch heißen können: Der Ungläubige in der Heiligen Stadt oder Der Barbar in der Stadt der Kultur.

Der Chinese in Rom

»Einen Chinesen sah ich in Rom: die gesamten Gebäude
Alter und neuerer Zeit schienen ihm lästig und schwer.
Ach, so seufzt er, die Armen! Ich hoffe, sie sollen begreifen,
Wie erst Säulchen von Holz tragen des Daches Gezelt,
Daß an Latten und Pappen, Geschnitz und bunter
*   Vergoldung*
Sich des gebildeten Auges feinerer Sinn nur erfreut. –
Siehe, da glaubt' ich im Bilde so manchen Schwärmer zu
*   schauen,*
Der sein luftig Gespinst mit der soliden Natur
Ewigen Teppich vergleicht, den echten reinen Gesunden
Krank nennt, dass ja nur Er heiße, der Kranke, gesund.«

Goethe, der zu dieser Zeit ganz auf antike Formenstrenge eingeschworen war, hielt also nur diese für solide, gesunde Natur, alles andere, wie die scheinbare Formlosigkeit des »Hesperus« für etwas Krankes, und Schiller gab seine Zustimmung mit der Bemerkung, das sei die *»wahre Abfertigung für dieses Volk«*.

Auch die Xenien, die etwa die Hälfte des ungewöhnlich starken Almanachs füllten, enthielten ein gegen Jean Paul gerichtetes Epigramm, und später kamen noch zwei hinzu. Alle lassen sie zwar ein wenig Verständnis für ihn ahnen, und doch werden sie kränkend für ihn gewesen sein. Das erste ist mit »Jean Paul Richter« überschrieben und lautet: *»Hieltest du deinen Reichthum nur halb so zu Rathe, wie jener / Seine Armuth, so wärst du unsrer Bewunderung werth«*. Das zweite heißt »Verfasser des Hesperus« und beurteilt ihn so: *»Nicht an Reitz noch an Kraft fehlts deinem Pinsel, das Schöne / Schön uns zu mahlen, du hast leider* *nur Fratzen gesehn«.* Und das dritte, mit »Richter« überschriebene, führt das, was den Klassikern seine Mängel scheinen, auf seine kleinstädtische Herkunft zurück: *»Richter in London! Was wär er geworden! Doch Richter in Hof ist / Halb nur gebildet, ein Mann dessen Talent euch ergötzt!«*

Zu der Zeit etwa, in der Goethe mit dem »Chinesen in Rom« gegen Jean Paul polemisierte, war dieser, ohne von dieser Gleichzeitigkeit zu wissen, mit seiner Abgrenzung vom Griechen-Ideal beschäftigt, aber nicht so kurz und pointiert, wie der Weimarer dergleichen machte, sondern in seiner ausschweifenden und humoristischen Art. Da der im Vorjahr erschienene »Quintus Fixlein« in der zweiten Auflage erscheinen sollte und sein Autor keine Gelegenheit zum Schreiben einer Vorrede auslassen konnte, wurde seine Polemik gegen Weimar, die die Form einer Reiseerzählung annahm, nun in dieser mit behandelt und erschien, weil der Druck der zweiten Auflage verzögert wurde, unter dem Titel »Geschichte meiner Vorrede zur zweiten Auflage des Quintus Fixlein« kurioserweise als selbständiges Büchlein schon im Herbst 1796 auf dem Markt.

Die Personen dieser Geschichte sind neben dem Autor persönlich, eine junge Frau namens Pauline Oehrmann und der Kunstrat Fraischdörfer als karikierte Verkörperung des in Weimar gepflegten Formenkults. Jean Paul, der es gelernt hat, auch im Gehen zu schreiben, ist zu einer Fußwanderung von Hof nach Bayreuth aufgebrochen, um auf ihr die Vorrede zur zweiten Auflage des »Fixlein« zu schreiben und sich an der Landschaft zu erfreuen. In der Hoffnung, an der nächsten Poststation der vor ihm fahrenden Pauline, die er nur von hinten gesehen hat, endlich einmal ins Gesicht blicken zu können, beschleunigt er seine Schritte, ohne aber den Kunstrat abschütteln zu können, dessen langweiliges Gerede über die klassische Ästhetik ihm lästig ist. Statt sich dem Schreiben, der schönen Landschaft oder dem blühenden Leben in Gestalt der Pauline widmen zu können, muss er sich vom Kunstrat sagen lassen, dass die schönen Häuser in den durchwanderten Dörfern durch das Wohnen der Menschen in ihnen als Kunstwerke entweiht werden, dass die Bauern auf den Feldern nur Beachtung verdienen, weil sie als Vorlage der Idyllenmalerei dienen, und dass Kriege für die Schlachtenmalerei notwendig sind. Um einen Prometheus malen zu können, müsse auch das Foltern von Menschen erlaubt sein, und das ganze Universum verdiene nur unsere Achtung, weil es einem Künstler sitzen kann. Am besten aber ließe sich nach Fraischdörfers Meinung die edle Einfalt der Griechen dadurch erreichen, dass auf Gegenwart und Wirklichkeit völlig verzichtet wird.

Mit dieser Überspitzung verteidigte Jean Paul seine Eigenart des Erzählens, zu der zwar auch das Erhabene gehörte, aber auch das Komische und Satirische, das Rührende und Humoristische, und vor allem auch die aus der Gegenwart genommenen Stoffe mit den Freuden und Nöten der kleinen Leute. »*Sage, was du willst, denn ich schreibe, was ich will!*«, entgegnet er dem Kunstrat und wendet sich dem Leben in der Gestalt der schönen Pauline zu, die er noch vor Bayreuth erreicht.

DER ARMENADVOKAT

Einen Tag vor Jean Pauls Abreise nach Weimar war mit der Berliner Post das Manuskript eines Romans abgegangen, das in seinem Entstehen mehrere Stadien hatte durchlaufen müssen und doch wie alle Werke dieser Jahre relativ schnell entstanden war. Nachdem sich schon einige Satiren und Aufsätze mit dem Motiv von Tod und Auferstehung befasst hatten, war ihm dazu eine Geschichte eingefallen, aus der eine Idylle nach Art des »Wutz«, des »Fixlein« oder des »Jubelseniors« hätte entstehen können, in der aber kein Lehrer oder Pastor die Hauptperson sein sollte, sondern ein nicht weniger hungernder Armenadvokat.

Da er diesen aber nicht mit der für die Idyllenrolle nötigen Beschränktheit ausstattete, ihn vielmehr zu einem Mann wachen Geistes machte, der, statt sein armseliges Schicksal mit Ergebenheit zu ertragen, es mit List überwindet, wurde daraus eine andere, weniger idyllische und viel ausführlichere Geschichte, ein Novellenstoff eigentlich, der trotz aller bei Jean Paul üblichen Abschweifungen und Einschübe, überschaubar bleibt: Der schriftstellernde Armenadvokat Siebenkäs heiratet die gutherzige, einfältige, kleinbürgerlich denkende Lenette. Bittere Armut und Wesensungleichheit entfremden die beiden einander. Mit Hilfe seines Freundes Leibgeber befreit Siebenkäs seine Frau und sich durch Schein-Sterben von den Ehefesseln. Sie heiratet den von ihr geliebten philiströsen Schulrat Stiefel. Siebenkäs erwartet ein neues Leben an der Seite der ihm wesensverwandten Natalie. In barocker Manier enthält der Titel die ganze Geschichte: »Blumen-, Frucht- und Dornenstücke, oder Ehestand, Tod und Hochzeit des Armenadvokaten F. St. Siebenkäs im Reichsmarktflecken Kuhschnappel«.

Abb. 22: Titelblatt der 1. Auflage des »Siebenkäs«

Die so phantastisch anmutende Geschichte vom scheinbaren Sterben kam in Zeiten, in denen die Ehescheidungen schwergemacht wurden oder gar nicht möglich waren, durchaus manchmal vor. So kann man in Goethes Briefen an Frau von Stein von einer Ehefrau der Weimarer Gesellschaft lesen, die nach ihrem angeblichen Tode mit ihrem Liebhaber das Weite suchte, und Musäus weiß von einem bankrotten Kaufmann in Schlesien zu berichten, der seinen Tod vortäuschte, um die Heirat seiner zur Witwe gewordenen Frau mit einem alten Krösus zu ermöglichen, nach dessen Tode er dann die nun reiche Erbin wieder zur Ehefrau nahm.

Beim Scheinsterben des Armenadvokaten aber geht es nicht um Geld, sondern um Befreiung, und zwar nicht nur um Befreiung von den Fesseln der Ehe, sondern auch von denen der kleinstädtischen Verhältnisse mit ihren krassen sozialen Unterschieden, die Siebenkäs geistig schon längst vollzogen hat. *»Will Gott es haben«*, sagt Siebenkäs der jammernden Lenette, *»dass ich mit achttausend Löchern im Rocke und ohne Sohlen an Strümpfen und Stiefeln in der Stadt herumziehe ... so soll mich der Teufel holen und mit der Quaste seines Schwanzes totpeitschen, wenn ich nicht dazu lache und singe – und wer mich bejammern will, dem sag' ich ins Gesicht, er ist ein Narr. Beim Himmel! Die Apostel und Diogenes und Epiktet und Sokrates hatten selten einen ganzen Rock am Leibe, ein Hemd gar nicht – und unsereiner soll sich in diesem kleinstädtischen Jahrhundert nur ein graues Haar darüber wachsen lassen?«* Und der Autor, der nie schweigen kann, ergänzt: *»Recht, mein*

Firmian! Verachte das enge Schlauchherz der großen Kleidermotten um dich ... Und ihr armen Teufel, die ihr mich eben leset ..., die ihr vielleicht keinen ganzen, wenigstens keinen schwarzen Hut aufzusetzen habt, richtet euch an der großen griechischen und römischen Zeit auf und verhütet es nur, dass euer Geist nicht mit eurer Lage verarme, und dann hebet stolz euer Haupt in den Himmel, den ein ängstlicher Nordschein überzieht, dessen ewige Sterne aber durch das nahe blutige Gewitter brechen.«

Für Lenette aber, die dergleichen Reden noch nie gehört hat, ist dieser Stolz unheimlich, sie hält ihn für den Ausdruck von Asozialität oder sogar Blasphemie. Sie ist so lieb wie beschränkt und bescheiden, so anspruchslos wie aber auch unerbittlich, wenn die bürgerliche Reputation auf dem Spiele steht. Als fleißige Hausfrau kann sie den Staub auf den Büchern nicht ertragen, und sie kann nicht begreifen, warum ihr ständiges Putzen den schreibenden Siebenkäs stört. Mehr als die Armut selbst quält sie die Vorstellung, dass in der Nachbarschaft jemand von ihr erfahren könnte. Sie ist die ideale kleinbürgerliche Ehefrau, die nur den falschen Mann gewählt hat. Sie ist so unschuldig an der Ehemisere, dass Siebenkäs auch ihres Glückes wegen seinen Tod inszeniert. Mit ihr ist Jean Paul eine realistische weibliche Gestalt gelungen, die trotz aller auf die Nerven gehenden Hausfrauentugenden nicht nur lebenswahr ist, sondern auch liebenswert bleibt. Die ganz und gar ausgedachte Natalie dagegen bleibt ein Schemen, das mit schwarzen Schleiern und klugen Worten den Geist der Befreiung aus Kuhschnappels Enge verkörpern soll. Wie ein Traumbild schwebt sie durch die Szenerie der Parks und Paläste, ist aber auch unverständlicherweise mit dem Freigeist Leibgeber in Freundschaft verbunden, der für Siebenkäs gleichzeitig Freund, Zwillingsbruder und Vorbild ist.

Leibgeber, neben Lenette die kräftigste Nebengestalt der Geschichte, ist ein Freigeist reinster Prägung, keinem Menschen, keinem Land und keiner Religion verpflichtet, nirgendwo zu Hause als in sich selbst. Sein klarer, kalter Verstand, der es ihm gestattet, die ganze Welt und sich selbst satirisch oder humoristisch zu betrachten, ist in Wahrheit nur der Panzer für seine Seele, die leicht verwundbar und oft der Verzweiflung nahe ist. Sein reales Vorbild in Richters Leben war der früh verstorbene Freund Johann Bernhard Hermann, doch ist in ihm auch eine Seite des Autors verborgen, die andere findet man in Siebenkäs.

Das Satirenwerk, an dem der Armenadvokat arbeitet und darin dauernd durch das Fegen, Wischen, Waschen oder Schwatzen Lenettes gestört wird, heißt »Auswahl aus des Teufels Papieren« und wird in den Jahren 1785 und 1786 geschrieben, in denen auch Jean Pauls gleichnamiges Werk entstand. Siebenkäs und Leibgeber, die zum Zeichen ihrer Freundschaft ihre Namen vertauscht haben, sehen sich täuschend ähnlich und schreiben beide Satiren, sind also die zwei Seelen in der Brust des Autors, der aber daneben auch noch selbst zu Worte kommt. In seiner Jugendkrise, in der ihn die Drohung des Todes quälte, hatte er sich zur Rettung seiner empfindsamen Seele zum Glauben an Gott und die Unsterblichkeit durchgerungen, doch lebte der unterdrückte Teil seines Selbst weiter und feierte in Leibgeber seine Auferstehung. Lenette, die den unheimlichen Freund wie den Teufel fürchtet, sieht in ihm den Widersacher der von Gott gewollten Ordnung, Siebenkäs aber, dem es verwehrt ist, so unbehaust wie der Freund zu leben, bewundert ihn.

Zu den Kuriositäten, die Jean Pauls Leben und Werk begleiten, gehört auch, dass er als Junggeselle einen der ersten und schönsten Eheromane schrieb. Die kleinen und großen Zwistigkeiten zwischen den Eheleuten, die ihrer Lebensechtheit wegen köstliche Lesefreuden bieten, lassen sich als ausgedacht gar nicht vorstellen, und tatsächlich sind die Streitereien über die Haushaltsgeräte, die im Leihhaus landen, oder den störenden Lärm beim Putzen und Waschen von Jean Paul selbst erlebt worden, nämlich mit seiner Mutter in der engen Behausung in Hof. Was wir als Eheroman lesen, war für den Autor selbst also Abrechnung mit der ärmlichsten Zeit seines Lebens, die ihm aber, da ein wenig vom Geist eines Wutz in ihm lebte, durchaus heiter geriet.

Den Ruhmestitel eines Anwalts der Armen, der Jean Paul posthum von Ludwig Börne verliehen wurde, hat Jean Paul sich auch durch die Geschichte des Armenadvokaten verdient. Schuld an dessen bitterer Armut sind die regierenden Reichen, die auch die Klage, die der Advokat gegen sie anstrengt, ignorieren können, so dass am Ende die Armen ärmer und die Reichen reicher geworden sind. Beim Aufsetzen des Testaments kurz vor dem Scheinsterben übt Siebenkäs eine so scharfe Kritik an den Herrschenden, dass der Notar sich weigert weiterzuschreiben und aus Angst vor den Folgen der staatsfeindlichen Äußerungen aus dem Fenster springt. Dass sie selig werden, und zwar nicht erst im Jenseits, sondern hier schon auf Erden, wünscht der Erzähler den Gerbern und Buchbindern, den Schuhflickern, Strumpfwirkern und Bettlern, die das Haus und die Gasse in Kuhschnappel bevölkern und nicht weniger arm als Siebenkäs und Lenette sind.

Die Kritik reagierte auf den Roman, von einer Ausnahme abgesehen, wohlwollend bis enthusiastisch, die Zensur im katholischen Österreich aber belegte ihn mit einem Verbot. Die eine kritische Ausnahme war der »Kaiserlich privilegierte Reichs-Anzeiger oder Allgemeines Intelligenz-Blatt zum Behufe der Justiz, der Polizey und der bürgerlichen Gewerbe im Deutschen Reiche wie auch zur öffentlichen Unterhaltung der Leser über allgemeinnützige Gegenstände aller Art«, in dem ein Anonymus unter dem Titel »Rüge eines Schriftsteller-Frevels« das gesetzwidrige Verhalten des Helden verdammte, weil dieser doch mit seinem Scheintod nicht nur die Witwenkasse betrüge, sondern auch das für die Scheidung zuständige kirchliche Konsistorium um die Scheidungsgebühren prelle, ohne dass der Autor das beanstande. Den Deutschen, deren *»Volksruhm vordem die Ehrlichkeit war«*, biete dieser Herr Richter hier doch *»Schelmenstreiche, die den Pranger verdienen«*, und preise sie als *»launige Ausgeburten schöner Seelen«* an.

DIE TITANIDE

»*Zwei Drittel des Frühlings sind vorüber ... Die Bäume stehen noch unbelaubt im schönen Park – die Nachtigall hat noch nicht gesungen – und Sie waren noch nicht hier: Alle Zeichen des Frühlings bleiben aus!*«
Diese Worte, mit denen Charlotte von Kalb einige Wochen vor Jean Pauls Weimar-Reise einen Brief an ihn begonnen hatte, lassen vermuten, dass sie große Erwartungen in den Autor des »Hesperus« setzte, und wie die vielen Briefe beweisen, mit denen sie ihn während seines dreiwöchigen Aufenthalts in Weimar beglückte, wurden diese auch nicht enttäuscht. Nachdem sie ihn am 13. Juni zum Mittagessen eingeladen hatte, gestand sie ihm am 15. in einem morgendlichen Brief, der mit den Worten »*Sie haben doch wohl geschlafen?*« beginnt, unter Eifersucht zu leiden, um dann am 17. wie aus Versehen das vertrauliche Du zu gebrauchen und einen Satz zu schreiben, der wohl als Liebeserklärung zu deuten ist: »*Eine idealische Schilderung liebt die Seele, einen idealischen Menschen liebt das Herz – und will es, und will es, und will ihn*«.

Auch seine Briefe aus diesen drei Wochen, von denen nur Konzepte erhalten blieben, geizten nicht mit

*Abb. 23: Charlotte von Kalb. Gemälde
von Johann Friedrich August Tischbein*

liebevollen Worten, verraten aber, wie auch seine Briefe an andere Frauen, mehr Arbeit als Gefühl. So schrieb er Charlotte von Kalb am 18. Juni von seiner Sehnsucht nach ihr, die ihn bei einem nächtlichen Parkspaziergang angeblich befallen hatte: »*Wenn es schön ist im drückenden Zimmer jede Empfindung aus dem fremden Auge zu trinken und dann gefüllt an das Angesicht zu sinken, das in der Liebe glänzt: so ist es viel schöner, mitten im dröhnenden Zauberkreise der Natur zwischen Bergen und Strömen und Sternen ans geliebte Herz zu fallen und leise zu sagen: du bist das Universum um mich, und ich gebe deinem nahen Herzen alles, was der Geist um uns in meinem erschafft.*«

Da er nach seinem Abschied aus Weimar von Woche zu Woche mehr liebevolle Briefe an Verehrerinnen zu schreiben hatte und eine von diesen sogar in Franzensbad besuchte, blieb ihm für Briefe an die *»Unvergessliche«*, die *»Hochstehende Seele«* nur wenig Zeit. Auch wirkte auf ihn erkaltend, dass Charlotte eigne Meinungen geltend machte, es also beim schmeichelhaften Bewundern nicht beließ. Dem »Siebenkäs« glaubte sie die künstlerische Reife absprechen zu müssen, und nachdem Jean Paul ihr die kleine allegorische Erzählung »Die Mondfinsternis« geschickt hatte, griff sie, was ihn mehr erzürnte, seine religiös getönten Moralfundamente an. Dass diese Erzählung, in der die Teufelsschlange des Paradieses als Verführer und der Genius der Religion als Beschützer der weiblichen Keuschheit auftreten, die erfahrene und freisinnige Frau ärgern musste, wird besonders durch die Mutmaßung verständlich, dass ihr auch sein gelebter moralischer Rigorismus nicht gefiel. Sie war empört über dieses *»Ködern mit dem Verführen! Ach, ich bitte, verschonen Sie die armen Dinger und ängstigen Sie ihr Herz und ihr Gewissen nicht noch mehr! Die Natur ist schon genug gesteinigt. Ich ändere mich nie in meiner Denkart über diesen Gegenstand. Die Stellen in Ihren Schriften über Weiber haben meist einen kleinen Irrthum. Sie werden's auch noch innewerden. ... Liebe bedürfte keines Gesezzes. ... Die Natur will, dass wir Mütter werden sollen, vielleicht nur, damit wir, wie einige meinen, Euer Geschlecht fortpflanzen, dazu dürfen wir nicht warten, bis ein Seraph kommt, sonst ginge die Welt unter. Und was sind unsere stillen, armen, gottesfürchtigen Ehen? Ich sage mit Goethe und mehr als Goethe: Unter Millionen ist nicht einer, der nicht in der Umarmung die Braut bestiehlt.«*

Für solche Lebensweisheiten war Jean Paul taub, und Kritik an seinen reinen Frauengestalten, von deren Körperlichkeit der Leser nur erfährt, wenn Höflinge auf sie lüstern werden, duldete er nicht. Otto gegenüber empörte er sich über dieses ärgerliche *»Einmengen«* in sein *»ästhetisches Leben«*, über das er ihr *»einmal für immer die entschiedenste Meinung«* zu sagen versprach. Aber diese Erkältung der Beziehung, an die bei ihm sicher auch Gefühle für andere Frauen mit hineinspielten, ging vorüber, und als er im Oktober 1798 nach Weimar übersiedelte, stand er bald wieder im Banne der Ostheim, wie er sie immer mit ihrem Geburtsnamen nannte, wenn er an andere über sie schrieb.

Obwohl von ihren Briefen nur Kopien, die möglicherweise bearbeitet wurden, erhalten blieben und wir von den seinen nur Konzepte und gekürzte Kopien kennen, ist ungefähr zu rekonstruieren, wie diese Liebe neu und heftig erstand und in Etappen verging.

Er an sie: *»Gestern kam ich hier an ... geliebte Freundin, nach deren Erscheinung ich mich unter so vielen Zeichen unsers vereinigten Frühlings noch inniger sehne. ... Kommen Sie bald und bringen Sie die alte Gesinnung mit, die ich Ihrem Herzen entgegenbringe.«*

Sie an ihn: *»Heinrich von Kalb* [ihr Ehemann] *ist heute Vormittag angekommen. Kommen Sie diesen Abend nicht! Aber morgen Abend nach 6 Uhr ... Ich fange an zu zittern und Todeskälte umfasst mich. Ich kann nichts thun, bis ich weiß, ob Sie den Abend kommen. ... Kommen sie diesen Vormittag zu mir und bestimmen Sie die Stunde. ... Ach komme, ich beschwöre*

Dich um meine Seligkeit, komme jetzo. Du wirst Ruhe finden. Laß mich nicht in den fürchterlichen Leiden allein! Bis den Abend kann ich's nicht ertragen. Lieber den Tod! Kommen Sie ja, Sie müssen mich hören!«

Er an Christian Otto: »*Durch meinen bisherigen Nachsommer wehen jetzt die Leidenschaften. Jene Frau – künftig heiße sie Titanide ... will mich heiraten und sich scheiden. ... Meine moralischen Einwürfe gegen die Scheidung wurden durch die 10jährige Entfernung des Mannes widerlegt. ... Ich sagte der hohen heißen Seele einige Tage darauf nein! Und da ich eine Größe, Gluth, Beredsamkeit hörte wie nie: so bestand ich eisern darauf, dass sie keinen Schritt für wie ich keinen gegen die Sache thun solle. ... Ich habe endlich Festigkeit des Herzens gelernt – ich bin ganz schuldlos – ich sehe die hohe genialische Liebe ... aber es passet nicht zu meinen Träumen.«*

Er an sie: »*Die Abendröte des gestrigen Abends verbleicht nicht, ich sehe in ihr mit goldenen Worten geschrieben: sie ist am schönsten, wenn sie am sanftesten ist.«*

Sie an ihn: »*Prüfe Dich nur, was Deine Liebe für mich Dir ist. Ob sie Deinem Herzen unentbehrlich ist, ob sie unendlich ist? Es ist mir, als hörte ich nur meine Liebe. Von einem mächtigen Geist vernichtet zu werden, ist viel erhabener als die höchste Ehre, Genuss und Fülle, so die Welt geben kann. O nimm mich auf, damit ich sterben kann, denn ich kann entfernt von Dir nicht leben und nicht sterben. Heiliger Gott, gieb deinem Unsterblichen alles – alle die Seligkeit, die deine Erschaffenen entbehrten, alle die Seligkeit, die sie verkennen! Gieb ihm mein Herz, gieb ihm meine Wonne! Lasse mich nur in seiner Nähe, dass ich sein Antlitz schaue! Lass mir den Schmerz, lass mir die Tränen um ihn!«*

Er an Christian Otto: »*Ich beharre fest auf meinem Stand. ... Sie nahm ... ihre Resignation schon oft und heftig zurück, – die glühenden Briefe werden dir einmal unbegreiflich machen, wie ich mein Nein ohne Orkane wiederholen konnte.*«

Er an sie: »*Wir müssen Geduld haben, unsere Gesinnungen pflegen – das versprechen wir uns. ... Behalte ein stilles und ein warmes Herz ... Mein Herz hat noch die alte Muttersprache für Sie. Solche Festzeiten in der Alltäglichkeit der Menschenzeit bewahre die Seele fest und erquicke sich an einer unvergänglichen Vergangenheit.*«

Sie an ihn: »*Die Kinder fragen, ob Herr Richter nicht heute mit uns essen würde, weil wir Sauerkraut hätten. Die Rose blüht auch noch. ... Ich bin ein sonderbares Wesen. Mit aller Freiheit, mitten in der Fülle des Lebens, mit aller Gewalt über mein eignes Wesen, mächtig über mich selbst nach zerstörendem Schmerz, bin ich mir selbst wert, weil alles in meiner Seele ist und der Zufall und die Lehre und die Meinung anderer mich nicht gebildet hat. Und dennoch sehne ich mich oft nach dem langen Schlaf.*«

Er an Christian Otto: »*Ich kann dir nicht sagen, mit welcher ernsten Berechnung auf meinen TITAN das Geschick mich durch alle diese Feuerproben in und außer mir, durch Weimar und gewisse Weiber führt. Jetzt kann ich ihn machen den TITAN.*«

So unversehrt ging der Autor, dem sich alles Erleben

in Stoff für seine Arbeit umformte, aus dieser Seelentragödie heraus. In der Linda des »Titan« wurde diese Liebe verwertet, dann interessierte Charlotte ihn nicht mehr. Bei dem vergeblichen Versuch, aus der Ruine der Liebe noch die Freundschaft zu bergen, verschmähte sie auch den Umweg über von ihm geliebte Frauen nicht. Als Jean Paul sich in Berlin verlobte, akzeptierte sie die Erwählte als Dritte im gar nicht mehr bestehenden Bunde. Jahrelang richtete sie ihre Briefe an das Ehepaar, doch antwortete bald nur noch die Frau. Ohne sich von dem fehlenden Echo beirren zu lassen, las und beurteilte sie jedes neue Buch von ihm. Ihre Augenkrankheit, die auch in den »Titan« mit einging, verschlimmerte sich mit dem rasch einsetzenden Alter, so dass sie zeitweilig völlig erblindete. Ihr Mann, mit dem sie nie richtig zusammengelebt hatte, aber auch nicht von ihm geschieden wurde, erschoss sich, wie später ihr Sohn. Da auch ihr Vermögen verlorenging, lebte sie mit ihrer Tochter Edda zusammen unter ärmlichen Verhältnissen in Berlin, blieb aber immer an allem Neuen in Literatur, Philosophie und Politik interessiert. Ständig war sie mit Plänen beschäftigt, die ihr aus dem Elend heraushelfen sollten. Sie strickte und stickte, handelte mit Stoffen, wollte Mädchenpensionate gründen, versuchte sich in Finanzgeschäften, hoffte, eine Saline billig pachten und industriell ausbeuten zu können, und sie schriftstellerte, aber alles schlug fehl. Als Krankheit sie völlig mittellos machte, ließ die preußische Prinzessin Marianne, bei der ihre Tochter Edda als Hofdame diente, sie mietfrei in einem Zimmer des Berliner Stadtschlosses wohnen, bis sie mit 82 Jahren ihr Leben beendete und auf dem Dreifaltigkeitsfriedhof II. in der Bergmannstraße begraben wurde, wo ihr Grab bis heute erhalten blieb.

Für Jean Pauls Bildung und für seine ersten Schritte in die Welt der Literaten und der Höfe hatte sie eine große Bedeutung, aber danach wurde sie ihm uninteressant. Damit ging es ihr nicht anders als den anderen Frauen, von denen er sich in den Jahren seiner Reisen durch die große Welt gern verehren, aber nicht binden ließ. Denn keine von ihnen war passend für seine Zukunftsträume, die er 1799 in einem seiner seltsamsten Bücher auch der Öffentlichkeit bekannt werden ließ.

In seiner »Konjektural-Biographie« (d. h. etwa: vermutlicher Lebenslauf), die er zusammen mit Satiren und Aufsätzen unter dem Buchtitel »Jean Pauls Briefe und bevorstehender Lebenslauf« veröffentlichte, sagt er schon im Vorwort, um was es ihm dabei geht: *»Daher hab' ich – kalt gegen die Engherzigkeit eines erbärmlichen Sprödetuns mit den Mysterien eigner Personalien – es geradezu (ohne meine gewöhnlichen biographischen Fiktionen) in die Welt hinausgemalt, wie mein Leben aussehen werde von diesem Jahre an bis zu meinem letzten«.* Und tatsächlich wird dann der Traum seines künftigen Lebens mit den wirklichen Namen seiner Freunde und seiner Heimatorte versehen. Selbstverständlich ist es das Leben eines Schriftstellers, das da erträumt wird, und zwar eines in heimatlicher Enge und in einer Häuslichkeit, der eine dafür geeignete Frau Ordnung und Wärme gibt. Landschaft, Wetter und Jahreszeiten sind immer so, wie die Gemütslagen es erfordern. Damit er nicht vom Schreiben allein leben muss, steht ein kleines Gut mit Personal zur Verfügung. Die Schreibarbeit geht gut voran und wird gewürdigt. Die Enttäuschung, dass er es am Lebensende nicht dazu bringen wird, mit eignen Werken eine große Bibliothek wie die sagenhafte von Alexandria zu füllen, wird verwunden. Kinder sind da, vor allem aber die Frau nach Wunsch, die, seiner Mutter Rosina gedenkend, Rosinette heißt und nicht gelehrt sein soll, sondern herzensgut. Voll munterer Laune soll sie sein, soll leicht lachen, leicht erröten und leicht weinen, und zu allen Wesen soll sie milde sein. Ein offenes Auge *»für den Zauberpalast des Lebens und der Natur«* solle sie haben. Des Mannes Freunde soll sie gern haben und hausfraulich für sie sorgen, wenn sie kommen. *»So sind die guten Weiber; die weiblichen Kraftgenies hingegen sind wie wir.«*

Natürlich aber soll Rosinette auch Jean Pauls Bücher gern lesen. Am Hochzeitstage lesen sie gemeinsam »Jean Pauls Briefe und bevorstehender Lebenslauf«, bis er ihr *»gerührt von der leuchtenden Liebe, ernst an das fromme Herz fällt«.*

SIMULTANLIEBE

Die Frauen, die den Autor des »Hesperus« mehr oder weniger deutlich umwarben, konnten sich zeitweilig zwar Hoffnungen machen, weil der davon Geschmeichelte metaphernreiche Liebesworte für jede hatte, mussten am Ende aber doch erfolglos bleiben, weil keine von ihnen dem Traumbild der Rosinette glich. Die Reize dieser Damen, die auch in Bildung, Weltkenntnis, Reichtum oder einem adligen Namen bestanden, kamen gegen die eines jungen, unschuldigen Mädchens, das nur in der Sehnsucht existierte, nicht an. Zwar ließ der Umworbene sich einmal zu einem Eheversprechen, einmal sogar zu einer offiziellen Verlobung verleiten, schreckte aber in beiden Fällen rechtzeitig vor der Bindung zurück. Keine dieser Liebeleien, die zu großen Teilen brieflich ausgetragen wurden, führte zu einer ernsthaften Liebesbeziehung, und da sie teilweise gleichzeitig verliefen, erfand er für sie die *»Simultan- oder Tuttiliebe«*, die er im »Hesperus« als *»Gesamt- oder Zugleichliebe«* oder auch *»Universalliebe«* bezeichnet, die der Erzähler aber als eine kümmerliche Vorform der wahren Liebe, nämlich der zu einem bestimmten weiblichen Wesen erkennt. Wenn eine solche sich in seinen Werken ereignet, wird die Darstellung ihrer seelischen Freuden und Leiden hymnisch, ihre sinnlichen Aspekte aber, die bei ihm immer negativ besetzt sind, klammert er aus. *»Der stärkste Einwand gegen die Ausmalerei sinnlicher Liebe«*, heißt es in seiner *»Vorschule der Ästhetik«*, *»ist kein sittlicher, sondern ein poetischer. Es gibt nämlich zwei Empfindungen, welche keinen reinen freien Kunstgenuss zulassen, weil sie aus dem Gemälde in den Zuschauer hinabsteigen und das Anschauen in Leiden verkehren, nämlich die des Ekels und die der sinnlichen Liebe.«* Und in seiner umfangreichen Sammlung von Gedankensplittern findet sich auch die Bemerkung: *»Ich wollte, der Teufel holte den sogenannten Geschlechtstrieb: er macht den besten Menschen an sich irre, und er denkt nicht an das Gute in sich selber.«*

Dass Jean Paul Sinnlichkeit zu den negativen menschlichen Empfindungen rechnete und deren Darstellung in seinen Werken immer zu vermeiden wusste, war wohl in erster Linie auf den strengen Protestantismus seines Elternhauses zurückzuführen, dem Sexualität nur in der Ehe und auch in dieser nur zum Zwecke der Zeugung als nicht sündhaft galt. Die andere Quelle, aus der seine antisexuellen Ansichten sich speisten, war seine gelebte Bürgerlichkeit. So wie Pietismus und Empfindsamkeit als bürgerliche Bewegung gegen die Amoralität der aristokratischen Kreise wirkten, hatten Jean Pauls tugendhafte und gefühlsstarke Gestalten einen antifeudalen Zug. Ausschweifung war Sache der Aristokraten, Tugend und seelische Differenziertheit die der Bürger, denen jeder Höfling als Lüstling galt.

Jean Paul selbst soll, wie sein Neffe Spazier behauptet hat, seine ersten sexuellen Erfahrungen erst in der mit 38 Jahren geschlossenen Ehe gemacht haben, und Anlass zum Zweifel daran gibt es nicht. Aber auch die Vermutung des Novalis, in einem Briefe an Caroline Schlegel, dass sich hinter dem empfindsamen Tugendschwärmer »ein geborener voluptuoso«, also ein Wollüstling, verberge, ist nicht von der Hand zu weisen, denn an Sinnlichkeit fehlte es ihm nicht. Er liebte das Umarmen und Küssen, ließ es aber weiter nicht kommen, und zwar nicht nur, weil er Sünde und Bindung scheute, sondern mehr noch, weil er als Autor die Wirklichkeit der Liebe zu fürchten hatte; denn nicht diese war ihm Antrieb zum Schreiben, sondern die Sehnsucht nach ihr. Die Jünglingsgefühle, die er wie kein anderer Autor darzustellen vermochte, lebten ja nicht von den Realitäten der Liebe, sondern vom Traum von ihr.

Waren es in Hof die unerfahrenen Bürgertöchter gewesen, denen seine Sehnsucht gegolten hatte, so traten nach Erscheinen des »Hesperus« nun erfahrene, meist adlige Frauen an deren Stelle, bei denen er nicht mehr der Werbende, sondern der Umworbene war. Während die meisten dieser Verhältnisse brieflich begannen, sprach Juliane von Krüdener im August 1796, also einige Wochen nach seinem ersten Besuch in Weimar, bei ihm persönlich vor. Unangemeldet stand die weltgewandte blonde Dame von zierlicher Schlankheit plötzlich in der ärmlichen Behausung der Mutter und übte durch ihre großen, tiefblauen Augen eine besondere Bezauberung aus. »*Sie kamen wie ein Traum. Sie flohen wie ein Traum, und ich lebe noch in einem Traum«*, schrieb ihr Jean Paul wenige Tage später in seinem ersten Brief an sie.

Einige Jahre zuvor war sie von Angelika Kauffmann in Rom gemalt worden, mit ihrem Söhnchen zur Seite, das sinnigerweise mit Amors Bogen bewaffnet ist. Als sie den dreiunddreißigjährigen Jean Paul besuchte, war sie 32, hatte hinter sich ein in Luxus geführtes bewegtes Leben, und ein nicht weniger bewegtes stand ihr noch bevor. Sie war als Tochter des baltischen Adligen von Vietinghoff im damals russischen Riga geboren

Abb. 24: Juliane von Krüdener im Alter von etwa 35 Jahren. Titelkupfer der 2. Auflage von »Valérie«, Paris 1804

worden, hatte in jungen Jahren den 20 Jahre älteren russischen Diplomaten Burkhard Alexis von Krüdener geheiratet, diesen auf seinen Gesandtenposten in Kopenhagen begleitet, war viel auch allein in Europa unterwegs gewesen und hatte manches Liebesabenteuer erlebt. Jetzt meinte sie, ihr Leben ändern zu müssen. Sie wollte Bücher schreiben, die die Tugend befördern, in der Schweiz ein stilles und naturverbundenes Leben führen, vorher aber den Autor des »Hesperus« gesprochen haben, der ihr Vorbild war.

Bei ihrem Besuch in Hof, der nur wenig mehr als eine Vormittagsstunde dauerte, waren es besonders ihre *»oft in Tränen verklärten«* Augen, die den Autor so beseligten, dass er auf ein weiteres Wiedersehen drang. Schon im Oktober trafen sie in Bayreuth wieder zusammen, und er *»blätterte 2 Abende in ihrem Herzen«*, wie er an einen Freund schrieb. *»Sie hat meine Seele erobert, ich sehe ihre Sonnen- und Sommerflecken des Weltlebens, ihre übertriebene Selbstachtung, ihre weiblichen Niederlagen; – aber ich sehe auch den fliegenden, glühenden Geist.«* Aber dieser verglühte für ihn bald wieder. Nachdem noch einige gefühlvolle Briefe hin und her gegangen waren, blieben seine Antworten aus. In vier Jahren, in denen sie es wieder und wieder versuchte, kam von ihm nur einmal ein schwaches Echo, sogar ihre verlockende Einladung in die Schweiz wurde von ihm ignoriert. *»Ich habe eins der angenehmsten Häuser bei Lausanne, was Aussicht und Lage betrifft. Sie würden mich wirklich erfreuen, wenn Sie ein Zimmer darin annähmen, dort ganz ohne Zwang mit Ihren Büchern unter dem Schatten der Alpen lebten und Ihrer Freundin so* *einige Zeit Ihres Lebens schenken. Mit offenem, wahren Zutrauen, das keinen Prunk kennt, bietet Ihnen mein Herz dieses an, und ich wäre sehr glücklich, wenn Sie ja sagten.«*

Er aber schwieg, arbeitete fleißig wie immer und nährte mit Briefen die Hoffnung anderer Frauen. Seitdem die seelenvollen Augen Frau von Krüdeners nicht mehr auf ihn wirkten, schienen ihm wohl auch ihre philanthropischen Phrasen nicht mehr glaubhaft, vielleicht aber war ihm langsam auch klargeworden, dass sie mit seiner Berühmtheit nur glänzen wollte und dazu auch noch die Hoffnung hegte, später einmal eine seiner Romanheldinnen zu sein.

Angedeutet hatte sie dergleichen schon in ihrem ersten Brief. Da hatte sie sich selbst als eine *»reiche Goldgrube«* bezeichnet, deren Wert der Welt aber leider noch unbekannt sei. Da sie selbst nicht die Fähigkeit habe, diesen Schatz der Menschheit zu präsentieren, hoffe sie auf einen, der das könne, dazu nötig aber sei *»die Hand eines Genies«*. Später äußerte sie die Hoffnung, in dem *»schönen Paradiese«* von Jean Pauls Schöpfungen *»naturalisiert«* zu werden, wurde dann aber bescheidener, indem sie ihn nur darum bat, *»bei einer müßigen Stunde«* für sie aufzuschreiben, welchen Eindruck sie auf ihn gemacht hatte, als er sie zum ersten Mal sah. Das aber lehnte er mit der Bemerkung: *»Der mit Dinte gemalte Widerschein des inneren Feuers hat nicht die Wärme, nur die Farbe des Feuers«*, entschieden ab.

Während er ihr nicht mehr antwortete, verbrachte die ruhelose Dame ihre ländliche Einsamkeit vorwiegend im Kreise französischer Aristokraten, die die Revolution in die Schweiz verschlagen hatte, und reiste viel umher. Bei Lavater in Zürich prahlte sie mit den Briefen, die ihr Jean Paul geschrieben hatte, besuchte München, Dresden, Teplitz und ihr Gut bei Riga und vereinigte sich 1801 wieder mit ihrem Gatten, als dieser russischer Gesandter in Berlin geworden war. Kaum hörte sie, dass auch Jean Paul in Berlin weilte, bat sie ihn brieflich, *»die stilleren Stunden«* ihres *»dem Weltverkehr zu sehr gewidmeten Lebens«* durch seinen Umgang zu veredeln, und obwohl er in Kürze zu heiraten gedachte und von einer Einladung zur andern eilte, kam es wieder zu einer Begegnung, die aber die letzte war. In den Jahren danach schrieb sie ihm noch einige Briefe, brauchte darin aber auf den Wunsch, Vorbild für eine literarische Figur zu werden, nicht mehr zurückzukommen, weil sie das inzwischen selbst erledigt hatte: Die Titelheldin ihres 1804 in Paris erschienenen Romans »Valérie« nämlich war ein Idealporträt von ihr selbst. In ihm steht eine Frau zwischen zwei Männern, von denen einer am Ende die Tugend durch seinen Tod siegen lässt.

Als *»einfach und gut«* beurteilte sie ihr Buch Jean Paul gegenüber, erzählte ihm, wie ihr, *»verloren im Entzücken der Natur«*, die zündende Idee zugeflogen war, wie ihr das Buch *»aus der Seele«* geströmt war und auf dem Buchmarkt einen solchen Erfolg gehabt hatte, dass die Rezensenten es bejubelten, die Leserinnen sie mit Briefen überschütteten und sogar eine Mode à la Valérie entstand. Der Anlass zu ihrem Brief aber war eine erneute Bitte. *»Seien Sie so gut, bester Jean Paul,* *eine kleine Rezensionen über Valérie zu machen«*, und zwar in einer Literaturzeitschrift, die auch in Russland gelesen werde, denn in Frankreich und Deutschland sei ihr Ruhm groß genug. Sie wolle nämlich nun auch in Russland Gutes bewirken und ihren *»Bauern Freiheit verschaffen, wenigstens ihnen nützlich sein«*. Nur dazu wünsche sie, in Russland bekannt zu werden. *»Hätte ich bloß Eitelkeit – o, die ist genug befriedigt worden! Aber mein Herz hat noch mächtigere, noch edlere Bedürfnisse.«* Und deshalb fühlte sie sich auch berechtigt, Jean Paul genau vorzuschreiben, was die Rezension enthalten müsse: die Moralität des Buches solle er hervorheben, Zitate aus positiven Rezensionen, die sie ihm mitlieferte, erwähnen und den Enthusiasmus der Leser schildern, der ihr überall in Frankreich begegnet sei.

Nachdem Jean Paul ihr auf diesen Brief noch geantwortet hatte, ohne ihren Wunsch auch nur zu erwähnen, war es mit diesem Briefwechsel zu Ende, nicht aber mit ihrem Bestreben, bekannt zu werden, das in der zweiten Hälfte ihres Lebens religiös gerichtet war. Nachdem sie das Schriftstellern aufgegeben und ihre Schönheit eingebüßt hatte, zog sie betend und predigend durch die Lande, um eine christliche Wiedererweckung einzuleiten, und konnte schließlich zur Zeit der Befreiungskriege, ohne ihre Bauern befreit zu haben, Einfluss auf den frommen Zaren Alexander I. gewinnen, den sie angeblich zur Gründung der »Heiligen Allianz« veranlasst hat.

Jean Paul gedachte ihrer später nur flüchtig, als er sich mit Vorarbeiten zu dem nicht ausgeführten

»Überchristentum« beschäftigte, Goethe dagegen, der diese Frau verständlicherweise nicht mochte, widmete ihr 1818 sogar Verse, die man in seinem Nachlass fand:

> *»V.........R*
> *Junge Huren, alte Nonnen*
> *Hatten sonst schon viel gewonnen,*
> *Wenn, von Pfaffen wohlberaten,*
> *Sie im Kloster Wunder taten.*
> *Jetzt geht's über Land und Leute*
> *Durch Europens edle Weite!*
> *Hofgemäße Löwen schranzen,*
> *Affen, Hund und Bären tanzen –*
> *Neue leid'ge Zauberflöten –*
> *Hurenpack, zuletzt Propheten!«*

LEIPZIG

Durch den »Hesperus« war Jean Paul zu einem der bekanntesten deutschen Schriftsteller geworden, was unter anderem auch zur Folge hatte, dass die Verleger, die von seinen Satiren nichts hatten wissen wollen, ihm nun verlockende Angebote machten, denen der so lange verschmähte Autor immer wieder erlag. Statt, wie er es vorgehabt hatte, gleich nach Abschluss des »Hesperus« ernsthaft an dem schon angefangenen Riesenprojekt des »Titan« weiterzuschreiben, verlegte er sich auf weniger umfangreiche Arbeiten, deren erste der wunderbare »Siebenkäs« wurde, während man die anderen, die in schneller Folge entstanden, mit seinem eignen Ausdruck als »*literarische Nebengeburten*« bezeichnen kann. 1796 erschienen neben dem »Siebenkäs« auch die »Biographischen Belustigungen unter der Gehirnschale einer Riesin«, 1797 der »Jubelsenior«, der in Stoff und Form dem »Wutz« und dem »Fixlein« ähnelte, deren Qualität aber nicht erreichte, und im gleichen Jahr auch noch die philosophische Erzählung »Das Kampaner Tal«. Im Jahr darauf erschienen unter dem Titel »Palingenesien« alte und neue Satiren und 1799 das Bändchen »Briefe und bevorstehender Lebenslauf«, das Rosinettes wegen schon erwähnt worden ist. Auch wenn man bedenkt, dass diese Titeldichte nur durch die Verwertung älterer Arbeiten möglich wurde, bleibt die Leistung, die hier und da freilich auch die Qualität minderte, bewundernswert. Nimmt man hinzu, dass Jean Paul in diesen Jahren auch noch mehrfach reiste, seine Wohnorte wechselte und seine Korrespondenz mit Verlegern, Freunden, Schriftstellerkollegen und Frauen erweiterte, ist kaum zu glauben, wie das einem einzelnen Menschen möglich war. Allein die etwa 200 Briefe jährlich, zu denen meist erst Konzepte verfertigt wurden, hätten die Arbeitszeit eines anderen Schreibers schon ausgefüllt.

Eine der Frauen, die ihn zeitweilig beschäftigten, war die Schriftstellerin Emilie von Berlepsch, eine Geborene von Oppel aus Gotha, die als Siebzehnjährige geheiratet hatte und Mutter von drei Kindern war. Zu dieser Zeit lebte sie aber schon von ihrem Mann getrennt. Sie war in literarischen Kreisen vor allem durch Gedichte bekannt geworden, erlangte später aber nach erneuter Heirat und einem längeren Aufenthalt in England als Reiseschriftstellerin und Frauenrechtlerin Bedeutung. Als sie im Sommer 1797 in Franzensbad weilte und von dort aus nach brieflicher Ankündigung Jean Paul besuchte, hatte die üppige Zweiundvierzigjährige ihre Scheidung schon zwei Jahre hinter sich.

»Ich wollte, die Berlepsch bliebe einen Abend hier«, schrieb Jean Paul an den Freund Friedrich von Oerthel. *»Ich weiß im voraus, sie wird mich zu sehr einnehmen. Das doppelte Lesegeld gäb ich darum, hätt' ich nur eines*

*Abb. 25: Ansicht von Franzensbad 1799.
Kupferstich von Karl Eduard Hoser*

ihrer Werke gelesen oder wüsste die Titelblätter auswendig«. Aber auch ohne die Kenntnis ihrer damals noch nicht zahlreichen Werke verstanden beide einander und verabredeten ein baldiges Wiedersehen. *»Die Berlepsch«,* schrieb er an Oerthel, *»deren Lob ich erspare, will mich im August nach Leipzig mitnehmen: sie ist moralischer und schöner als die Krüdener und Kalb, aber nicht so genialisch«* – was aber in seinen Augen ein weiterer Vorzug war.

Er war so sehr von ihr eingenommen, dass er ihr trotz schwerer Krankheit seiner Mutter nach Franzensbad folgte, auf die Nachricht vom Tod der Mutter aber wieder nach Hause eilte, um schon eine Woche nach dem Begräbnis wieder für einige Tage bei ihr zu sein. Als sie ihn dann auf dem Rückweg wieder in Hof besuchte, stand seine Entscheidung, wie sie nach Leipzig überzusiedeln, wahrscheinlich schon fest. Neben der Frau von Berlepsch reizte ihn auch die Welt der Gebildeten, in der sie sich in Leipzig bewegte, und da er jetzt in Hof die Mutter, die ihm den Haushalt geführt hatte, vermissen musste und Samuel, sein jüngerer Bruder, in Leipzig sein Studium beginnen sollte, gab es Gründe genug, aus Hof wegzugehen. Sein Leipziger Verleger Johann Gottlob Beygang, der seinen »Jubelsenior« herausbrachte, wurde gebeten, eine billige Mietwohnung für die Brüder zu suchen, *»womöglich außerhalb der Stadt«* mit zwei Zimmern, deren Möbel *»unbedeutend sein können«*, und zwei Bettstellen *»für die mitkommenden Betten«*. *»Das größere Zimmer, worin ich arbeite, darf an kein fremdes lärmendes anstoßen. Es kann 3 Treppen hoch sein«*. Am 2. November 1797 brachen die Brüder, mit Bettzeug, Büchern und Aufzeichnungen beladen, nach Leipzig auf.

Dort wohnten sie erst bei einem Kunsthändler in der Peterstraße 32, dann bei einem Buchbinder direkt neben der Nikolaikirche, und wie in allen seinen künftigen Behausungen waren die wichtigsten Möbel das Brettergestell mit den Exzerpten und der Arbeitstisch. Sein Vorsatz, im fleißigen Schreiben nicht nachzulassen, war in der geschäftigen Stadt mit ihren Theatern und Konzerten besonders während der Messen kaum einzuhalten, und auch die täglich zahlreicher werdenden Bekannten machten ihm die Arbeit am Schreibtisch schwer. Professor Platner, als dessen gelehriger Schüler er einst im Hörsaal gesessen hatte, beehrte ihn mit Einladungen, er lernte Berühmtheiten wie Kotzebue, Thümmel, den Komponisten Reichardt und den Philosophen Schelling kennen, wurde anfangs vom Luxus der Feste und Bälle geblendet, aber bald wurde ihm das alles, weil es ihm kostbare Arbeitszeit raubte, so lästig, dass er sich wieder in die Stille und Vertrautheit Hofs zurücksehnte. Er könne in Leipzig nicht glücklich werden, schrieb er an Otto, die *»Flachheit der Seelen«* störe ihn genauso wie die der Gegend, und *»Lob ist kein Glück, und Zerstreuung auch nicht«.*

Zeitaufwendig war auch sein Verhältnis zu Emilie von Berlepsch, das mehr quälend als beseligend war. Sie, die Ältere und Erfahrenere, die offensichtlich bestrebt war, ihn ganz für sich zu gewinnen, tat alles, um ihm zu gefallen, kam aber trotz zeitweiliger Erfolge letzten Endes gegen seine so ganz anders gearteten Zukunftsträume nicht an. Schon im ersten ihrer erhaltenen Briefe versprach sie ihm ein Verhältnis *»völligster Freiheit«*, schrieb von der *»Übermacht«* seines Geistes, unter dem der ihre sich *»beuge«*, und versicherte ihm, durch ihn ein *»ganz anderes Geschöpf«* geworden zu sein. Mal wollte sie ihm ein Landgut kaufen, um dort mit ihm leben zu können, dann wieder schlug sie ihm vor, ein ihr bekanntes *»schönes reiches höchst moralisches Mädchen«* zur Frau zu nehmen und sie selbst für *»ewig«* bei dem Ehepaar wohnen zu lassen, um ihm dann wieder, als er ihr gegenüber Kälte zeigte, eine Szene mit *»Blutspeien und Ohnmachten«* zu machen, *»die noch keine Feder gemalt«*. Voll schlechten Gewissens darüber, dass er sie nicht so heiß wie sie ihn liebte, gab er ihr nun ein Eheversprechen, das er drei Wochen später widerrief. *»Ich hatte 2 aus der glühendsten Hölle gehobenen Tage, und nun schließet sich ihr zerschnittenes Herz sanft wieder zu und blutet weniger – ich bin frei, frei, frei und selig, geb ihr aber was ich kann«*, nämlich eine freundschaftliche Zuneigung, die sich jedoch bald schon als brüchig erwies. Als sie nach der Frühjahrsmesse, während der er sich vor Besuchern kaum hatte retten können, eine gemeinsame Reise nach Dresden machten, glaubte er plötzlich so *»viel Egoismus und Aristokratie gegen Niedre«* an ihr entdecken zu können, dass sich der Rest seiner Zuneigung auch noch verlor. *»Ich reise künftig«*, schrieb er an Otto, *»nie anders als zu Fuß und allein.«*

Emilie von Berlepsch konnte die Enttäuschung auf einer längeren Reise nach Schottland verwinden, wo ihrer Werbung um einen Geistlichen namens James Macdonald, den sie in Weimar schon kennengelernt hatte, ebenfalls kein Erfolg beschieden war. Erst nach ihrer Rückkehr nach Deutschland konnte sie 1801 einen mecklenburgischen Gutsbesitzer namens Harmes heiraten und diesen zum Verkauf seines Gutes veranlassen, um ein Weingut am Zürich-See erwerben zu können, wo sie bis 1813 als bekannte Schriftstellerin ein offenes Haus führte, dann aber aus finanziellen Gründen nach Deutschland zurückkehrte und 1830 starb. Ihr Hauptwerk war die vierbändige Beschreibung ihrer Reise nach Schottland, die unter dem Titel »Caledonia« 1802 bis 1804 in Hamburg erschien und als Besonder-

*Abb. 26: Emilie von Berlepsch.
Gemälde*

heit auch Nachrichten über die englische Frauenrechtlerin Mary Wollstonecraft enthielt.

Als Jean Paul aus Dresden nach Leipzig zurückkehrte, war mit dem Bruder zusammen auch seine Kasse mit allem Ersparten verschwunden. Der wahrscheinlich nach einem Duell Entflohene hatte das Geld zur Tilgung von Spielschulden verbraucht. In der ungeliebten Handelsstadt hielt es Jean Paul nun nicht länger. Tatsächlich zu Fuß und allein machte er sich im Sommer auf, um einen besseren Wohnort zu suchen, fand ihn aber weder beim Vielschreiber Lafontaine in Halle noch beim Komponisten Reichardt und seinen singenden Töchtern in Giebichenstein. In Halberstadt, das ihm schon wegen der Nähe des Harz-Gebirges gefiel, wurde er vom alten Gleim so herzlich empfangen wie *»noch von keinem Gelehrten«*, erfreute sich an dessen *»preußischem Vaterlandseifer«*, war aber doch von dessen *»einäugiger Vollherzigkeit«*, mit der er seine monarchische Haltung vertrat, etwas enttäuscht. So wohl er sich dort auch fühlte, schien ihm, die Freundschaft mit dem Ehepaar Herder bedenkend, doch Weimar für ihn das wahre *»gelobte Land«* zu sein. Ende August ging er also, *»bloß im Sommerrock und mit Taschen voll Schuhen und Wäsche, ohne Mantelsack und ohne alles«* über Weißenfels, wo er Gast bei den Eltern von Novalis war, und über Jena, wo er mit Fichte speiste und Schiller, der krank war, ihn nicht empfing, nach Weimar, wo ein rührendes Wiedersehen mit den Herders gefeierte wurde, er Goethe besuchte und auch zu Wieland geladen wurde, dessen Frau und Töchtern sein besonderes Interesse galt. *»Gott schenke jedem Dichter«*, schrieb er an Otto, *»eine so anstellige, weichanfassende, feste, nachsehende und nachlaufende, biedere, klare Frau. ... In seinen ...Töchtern liegen schöne Herzen, aber mit den Gesichtern wills nicht fort. ... Sie sagte ihm mittags den Vorschlag (und er behauptete, ihn schon am Morgen gedacht zu haben), dass ich im entgegengesetzten Hause wohnen (von Leipzig wegziehen) und bei ihnen essen sollte (für Geld) – er sagte, er bekomme neues Leben durch mich – und alle liebten mich; – natürlich weil ich sie immer lachen mache, und weil man die ganze Familie lieben muss. Ich verhieß, in Weimar nachzusinnen. Allein das geht nicht, weil zwei Dichter nicht ewig zusammenpassen – weil ich keine Kette, und wäre sie aus Duft an der blassen Mondsglut geschmiedet, haben will – und weil ich gewiss weiß, dass ich in der Einsamkeit und in der Gesellschaft darauf am*

Ende eine von seinen Töchtern heiraten würde, welches gegen meinen Plan ist.«

Er mietete sich also eine Wohnung in der Stadt, an der Westseite des Marktes, Ecke Windischengasse, beim Sattlermeister Kühnoldt. Ende Oktober 1798 zog er dort ein. Am 3. November schrieb er an Otto: *»Gestern vor 8 Tagen fuhr ich durch die Pforten meines neuen Jerusalems. Denn letzteres hab' ich wirklich. Kein Stiefgenius beschied mir zur Aufwartung die Hausfrau selber, meine Stubentürnachbarin, die für mich wie eine Mutter sorgt – die in meiner Abwesenheit eine zweite Tür in mein Zimmer hat und alles herrlich legt und aufträgt – für mich handelt – mich um 6 Uhr zur warmen und erleuchteten Stube und Kaffeekanne aufklopft – und der ich stets 1 Laubtaler gebe, wovon sie ohne Rechnung auszahlt bis sie einen neuen braucht – und der ich oft ein Glas Wein verehre. ... Nie war ich so stubenglücklich. Ich will nur etwas von unserem Verhältnis anführen: ein an sich geräumiger Nachttopf wollte doch nicht zulangen, wenn ich gerade schrieb, weil er und das Dintenfass wie natürlich in umgekehrtem Verhältnis voll und leer werden. Die Frau sah, dass ich oft die Treppe in der Kälte hinab musste. Sie brachte mir also einen ganz neuen bowlenmäßigen getragen, bei dem ich 8 Seiten schreiben kann. ... Wahrlich ich bin glücklich.«*

WEIMAR

Von Charlotte von Kalb abgesehen, über deren Verhältnis zu Jean Paul schon im Kapitel »Die Titanide« berichtet wurde, waren Herder und sein Frau Karoline seine besten Freunde in Weimar, mit denen er, wie er an Otto schrieb, »*immer tiefer*« zusammenwuchs. »*Vor ihm und seinem Weib öffn' ich mein ganzes Herz mit allen kühnen Urteilen; in Leipzig hatt' ich keinen solchen Vertrauten. Gewöhnlich abends nach dem Arbeiten vor 7 Uhr komm ich zur Frau, dann gehen wir oder ich hinauf zu ihm, und bis zum Essen glüht Auge und Mund, und so fort bis 10 ½ Uhr*«. Dass Herder ihm das Manuskript seiner gegen Kant gerichteten »Metakritik« zur Durchsicht gegeben und seine Einwände auch teilweise berücksichtigt hatte, erfüllte ihn natürlich mit Stolz.

Das Unangepasste und damit auch Unhöfische, das sich in seinem ungezwungenen Auftreten, seinen freizügigen Urteilen und seinem Humor zeigte, berührte einige der Weimarer, die mit ihm zusammenkamen, sympathisch, während es anderen missfiel. Für Herder war er »*ein Liebling des Glücks, ein Günstling der Menschen voll Geistes und Witzes und ein Kind an*

Gemüt«, für Christiane Vulpius dagegen *»ein Narr«*. Wieland, der sich zwar über Jean Pauls harsche Ablehnung des Griechen-Ideals ärgerte, meinte doch, dass das, was ihn an ihm *»bisweilen toll machen möchte, von vielem Hohen und Vortrefflichen mehr als ersetzt«* werde, er also die *»göttliche Beglaubigung«* habe, *»er selbst zu sein«*. Fand mancher seine Ungezwungenheit in einer von der Etikette bestimmten Umgebung erfrischend, so hielt ein anderer es für ungehörig, dass er, von vornehmen Leuten zum Tee geladen, diesen verschmähte und Bier verlangte, das nicht im Hause war.

Zu den Glücksgefühlen, von denen Jean Pauls Briefe der ersten Wochen in Weimar vor allem berichteten, gesellte sich nach und nach aber auch Kritik. So musste er feststellen, dass die kleinen Leute im Herzogtum Karl Augusts so ärmlich lebten wie die in Hof und Umgebung, dass bei den Aristokraten Sittenlosigkeit herrsche, über die er nur mündlich erzählen könne, und dass die großen Autoren nur geringe Literaturkenntnisse hätten, was, an seinem eigenen Lektürekonsum gemessen, sicher der Wahrheit entsprach. Zwar konnte er über den Kreis der Schöngeister um Anna Amalia, der Mutter des Herzogs, lobende Worte finden, weil er dort als Gleichrangiger gesehen wurde, zum Hof des Herzogs aber wahrte er Distanz. Rang und Stand konnten ihn nicht beeindrucken. Macht und Reichtum störten ihn so wenig, wie sie ihm imponierten, und wenn er einen der Herrschenden verehrte, dann nicht wegen, sondern trotz seiner Macht. Auch waren die von ihm Verehrten aus höheren Kreisen meist jene Frauen, die auch ihn verehrten, so dass er das Empfinden haben konnte, ihnen als ein Großer aus dem Reich des Geistes gleichberechtigt gegenüberzustehen.

Otto, der dem Freund vorgeworfen hatte, sich aus Eitelkeit den hohen Herrschaften anzudienen, bekam zu erfahren, dass es sich anders verhielt. Als bei einem Hofkonzert in Weimar, bei dem die Bürgerlichen auf den schlechten Plätzen der Galerie zu sitzen hatten, dem Dichter bedeutet wurde, er dürfe im Parkett bei den Edelleuten sitzen, wenn er sich, um nicht Ärgernis zu erregen, einen Degen umschnalle, lehnte Jean Paul das mit der Begründung ab: »*Andere werden durch Degenabnehmen degradiert, ich würd' es durchs Gegenteil.*«

Zwar sei er oft eitel, »*aber frank und frei und spielend, weil ich immer etwas in mir habe, was sich um keinen Beifall schiert. In meinem 10. Jahr erhob ich mich ohne Muster und Nachahmer schon über Stand und Kleider und war ein Republikaner im 18., und finde noch jetzt hier einen Mut und eine Denkungsart gegen Fürsten in mir, die ich bei den großen Männern hier eben nicht so finde. Überhaupt steig ich ja in die Nester der höhern Stände nur der Weiber wegen hinauf, die da wie bei den Raubvögeln größer sind als die Männgen*«.

Eines der angeblich größeren Weiber, die von ihm wohl deshalb für größer gehalten wurden, weil sie sich im Gegensatz zu ihren Ehemännern für den »Hesperus« begeistern konnten, war die Herzogin Charlotte von Sachsen-Hildburghausen, die neben ihrer Schönheit und ihrer Jean-Paul-Verehrung auch noch den Vorzug besaß, Schwester der preußischen Königin Luise zu sein. Am Hof dieser Herzogin begann für Jean Paul ein neues Kapitel in der Chronik seiner halbherzigen Liebesverhältnisse, diesmal aber mit einer jüngeren und noch unverheirateten Frau. Ein Brief von ihr war Anlass zu seinem Besuch in Hildburghausen gewesen, wo er sie Ende Mai 1799 zum ersten Mal traf. Obwohl er gerade dabei war, sein Verhältnis mit Charlotte von Kalb zu lösen und ein neues, bisher nur briefliches, mit einer Josephine von Sydow zu beginnen, fand er an ihr so viel Gefallen, dass er einige Tage länger als vorgesehen in Hildburghausen blieb. Sie war fünfundzwanzig Jahre alt, hieß Karoline von Feuchtersleben, musizierte, malte, schrieb gefühlvolle Gedichte und diente zeitweilig als Hofdame bei der Herzogin. Ende Juli machte er ihr brieflich eine Liebeserklärung, und als er ihr im Oktober zum zweiten Mal begegnete, kam es zu einer heimlichen Verlobung, die, als sie Wochen später bekannt wurde, ihre Familie empörte, wobei man wohl weniger an dem bürgerlichen Herkommen des Heiratskandidaten als an seiner Besitzlosigkeit Anstoß nahm.

Abgesehen von ihrer älteren, schon verheirateten Halbschwester, die auch zur Gemeinde der Jean-Paul-Verehrerinnen zählte, hatte die arme Karoline, die fest auf ihrem Vorsatz zur Heirat beharrte, sowohl ihre verwitwete Mutter als auch ihre älteren Brüder und ihren Onkel, der ihr Vormund war, gegen sich. Als Fürsprecherin aber hatte sie die Herzogin Charlotte, die dem Dichter, vielleicht um ihn der Familie Feuchtersleben angenehmer zu machen, schon im August den amt- und gehaltlosen Titel eines Legationsrates verlie-

Abb. 27: Karoline von Feuchtersleben.
Aquarell-Miniatur

hen hatte, und das Ehepaar Herder, dessen Eintreten für den Heiratskandidaten für dessen Solidität zu bürgen schien. Da Karoline auch noch nach einem halben Jahr der seelischen Folter tapfer auf ihrem Standpunkt beharrte und Jean Paul mit Herders Unterstützung seine finanziellen Möglichkeiten zur Ernährung einer Familie glaubhaft machen konnte, stimmte die Mutter schließlich unter der Bedingung, dass der Bräutigam ihr vorläufig nicht ins Haus komme, im Februar 1800 der Heirat zu.

Da der Brief, in dem Jean Paul dem in Krakau lebenden Bruder Karolines, Ernst von Feuchtersleben, seine zu erwartenden Einkünfte aufzählte, nicht erhalten ist, weiß man nur aus einem Brief Karolines, wie optimistisch er seine künftige finanzielle Lage sah oder zu sehen vorgab. *»Er bekommt für jeden Bogen*

5 — 6 Louisd'or schwer Geld, was nach unserem ungefähr 32 Rrthlr beträgt, und er schreibt bei der größten Muße wöchentlich einen Bogen. — Kapital hat er jetzt nur 2100 Rthlr, etwas mehr also als ich. Rechne nun selbst. Sein Stand und seine Unabhängigkeit machen ihn von allen Anforderungen des leeren, aber teuren Lebens frei, und wir können uns nach Willkür einschränken, ohnerachtet die Madame Richter reicher sein wird als das Fräulein von Feuchtersleben. — Man wendet ein, dass er mir kein Wittum geben könne, dagegen hab' ich das Versprechen des edeln wahrhaften Mannes, dass mir einst die traurige Unterstützung von einer Summe zukomme, die er in 5 — 6 Jahren für die sämtliche Ausgabe seiner Werke erhalten wird und welche sich auf 12 — 16 000 Rthlr beläuft.«

Aber nicht die kühne Behauptung, er könne einen Bogen pro Woche schreiben, oder die vage Aussicht auf die Sämtlichen Werke, die in Wahrheit noch ein Vierteljahrhundert auf sich warten ließen, werden die Sache entschieden haben, sondern der Einfluss der Herzogin Charlotte, der an der Bindung des berühmten Dichters an ihren Hof gelegen war.

Gefeiert werden sollte das gute Ende der monatelangen Auseinandersetzungen bei einer dritten Begegnung der Liebenden am 21. März 1800, dem 37. Geburtstag des Dichters, aber nicht in Hildburghausen, sondern der verärgerten Mutter wegen in Ilmenau. Doch der Bräutigam sagte ab, weil das Wetter schlecht war und er sich unpässlich fühlte, reiste wenig später aber nach Gotha, so dass das Treffen in Ilmenau, auf der die Hochzeit besprochen werden sollte, sich auf

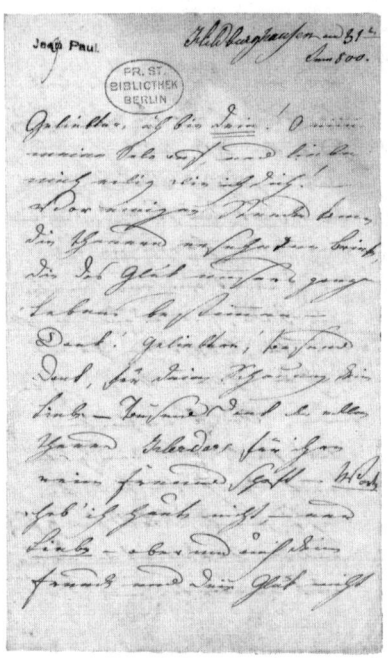

Abb. 28: Brief von Karoline von Feuchtersleben an Jean Paul vom 31. Januar 1800

den Mai verschob. Am 24. April richtete der Verlobte einen Brief an Josephine von Sydow, in dem er ein baldiges Treffen mit ihr in Berlin verabredete und mit den Worten endete: »*Reise glücklich, liebe Josephine, ich schreibe dir nun nicht mehr, und das erste Wort, das du von mir hören wirst, kommt nicht aus der Feder, sondern von den Lippen, und ich ruh' an deinem Herzen, wenn ich dir meines zeige.*« Eine Woche später sah er seine Verlobte in Ilmenau wieder. Des Anstands wegen wurde er vom Ehepaar Herder begleitet, die Braut von ihrer Halbschwester Ernestine von Beck. Drei Frühlingstage verbrachte man miteinander, als man sich wieder trennte, war das Verlöbnis gelöst.

Was genau zu dieser Trennung führte, ist aus den Briefen der Beteiligten nicht klar ersichtlich, doch kann man mit Sicherheit annehmen, dass Jean Paul es war, der sie vollzog. In seinen Briefen nennt er einmal die Ilmenauer Geschehnisse ein »*langes Rätsel, in dem nur moralische Charaktere spielen*«, dann aber schreibt er, dass nicht der »*Stand*« des Fräuleins, sondern »*moralische Unähnlichkeiten*« entscheidend gewesen seien, und später schrieb er dem Freund Otto etwas von »*moralischen kleinen Ecken*«, an denen eine Ehe leicht scheitern kann. »*Wir sind gleichförmig im höhern Streben*«, heißt es in einem der Abschiedsbriefe an Karoline, »*wir spielen dieselbe höhere Melodie, aber jedes trägt sie in einer anderen Tonart d. i. Individualität vor und dadurch wird das Ähnlichste das Unähnlichste; die Sekunde ist der größte Misston. Die heftigsten Gefühle springen am leichtesten in ihr Gegenteil um, und die höchste Liebe verwundet sich tödlich am kleinsten Unterschied*«.

Karoline, die sich ergeben in ihr Schicksal fügte, ohne dem Ungetreuen zu zürnen, schrieb ihm noch lange herzzerreißende Briefe, in denen man zum Beispiel im September 1800, als Jean Paul schon die nächste Verlobung im Auge hat, Folgendes lesen kann: »*Der Mann regiert die Zügel seines Geschicks, und wenn sie reißen oder gerissen werden, so hat er Kraft und Macht sie wieder zu knüpfen. Das arme ohnmächtige Weib kann und darf dies nicht. Geht des Mannes Pfad durch eine Wüste: er hat doch freie Wahl, offene Wege vor sich.*

Unser Gartenleben ist von Mauern umschränkt wie unsere Wege und unsere Blicke in die Welt ... Wir sehen nichts als Liebe und Tod – das eine erhalten wir selten, das andere spät.« Lange trauerte die Verlassene um ihn, verbrachte ihre besten Jahre als Hofdame, heiratete schließlich mit 42 Jahren und vergaß doch die große Liebe ihres Lebens nie. Ihm dagegen wurde sie wohl bald gleichgültig. Als er 1820 in München auf seine Erlebnisse in Hildburghausen angesprochen wurde, entsann er sich des Namens seiner Verlobten nicht mehr.

Seine Entscheidung hatte auch zur Folge, dass das Ehepaar Herder, das sich für Karolines Glück so sehr eingesetzt hatte, sich von ihm enttäuscht zeigte und die Freundschaft mit ihm zwar nicht abbrach, aber erkalten ließ. Da auch die Beziehung zu Charlotte von Kalb gelöst war und sein Verhältnis zu Goethe und dem inzwischen nach Weimar übergesiedelten Schiller immer frostiger wurde, hatte die Stadt an Reiz für ihn viel verloren, so dass der Besuch Berlins, den er noch im Mai machte, wieder zur Suche nach einem neuen Wohnort geriet. Zwei Frauen hoffte er dort zu treffen: Josephine von Sydow, Gutsbesitzerin aus Hinterpommern, und Luise, die Königin von Preußen, von der er durch ihre Schwester in Hildburghausen wusste, das auch sie eine »Hesperus«-Leserin war.

WEIBER DIE MENGE

Für Jean Paul, dessen geistige Entwicklung ganz im Banne der Aufklärung gestanden hatte, war Berlin auch schon von Bedeutung gewesen, ehe er 1792 durch das Ende der Selbständigkeit Ansbach-Bayreuths zum Preußen geworden war. Schon in jungen Jahren war Friedrich Nicolais »Allgemeine Deutsche Bibliothek«, die die Aufklärung in Deutschland von Berlin aus entscheidend geprägt hatte, seine Lektüre gewesen. König Friedrich II. war von ihm als Philosoph und toleranter Herrscher, nicht aber als Eroberer verehrt worden. Durch Karl Philipp Moritz und den Berliner Verleger Carl Matzdorff hatte er seine ersten Bucherfolge erzielen können. Eine Berlinerin sollte seine Ehefrau werden, und auch am Ende seines Lebens war sein Schaffen eng mit Berlin verbunden, weil die erste Ausgabe seiner Gesammelten Werke in 65 Bänden im Berliner Verlag von Georg Andreas Reimer erschien.

Als er Berlin vom 23. Mai bis zum 24. Juni 1800 erstmalig besuchte, wurde er so viel gefeiert wie nie zuvor oder danach. Da jeder ihn sehen wollte, überhäufte man ihn mit Einladungen, so dass er kaum Zeit finden konnte, wie gewohnt lange Briefe zu schreiben, und die wenigen, die er schrieb, wirken so atemlos und so glücklich, wie jeder Tag dieser vier Wochen für ihn war. Über Berlin wusste er nur Gutes zu sagen. Hier schien ihm, im Gegensatz zu den kleineren Residenzen in Weimar und Hildburghausen, die Verbindung von Adel und Bürgertum enger, der Umgangston freier zu sein. Da man überall seine Bücher lobte und die Frauen ihn anhimmelten, schien ihm die Stadt von Jean-Paul-Lesern bevölkert. Als er wieder abreiste, war er entschlossen, sie zeitweilig zu seinem Wohnort zu machen; als ständiger Wohnsitz aber schien sie ihm nicht geeignet, weil ihrer Umgebung die Berge fehlten und ihm das heimische Bier. Schon in Weimar war in seinen Briefen an Otto oft der Wunsch nach einer Biersendung zu lesen gewesen. Das Bier hatte nämlich als Anregungsmittel für seine ernorme Arbeitsleistung den schlechter bekömmlichen starken Kaffee verdrängt. Dem starken Bierkonsum war es vermutlich zuzuschreiben, das seine hagere Gestalt von Jahr zu Jahr mehr in die Breite ging.

Der erste Band des »Titan«, an dem er in Weimar fieberhaft gearbeitet hatte, war gerade erschienen. In Hildburghausen, wo er die drei Schwestern der Königin Luise erlebt hatte, war die Widmung des Romans entstanden, die »Den vier schönen und edeln Schwestern auf dem Thron« lautet und durch die kleine Erzählung »Der Traum der Wahrheit« ergänzt wird, in der Aphrodite, Aglaja, Euphrosyne und Thalia vom Olymp herabsteigen und zu Sterblichen werden, die man nun Luise, Charlotte, Therese und Friederike nennt.

Gleich nach seiner Ankunft in Berlin ließ Jean Paul den »Titan« der Königin zukommen und hatte schon am nächsten Tag eine Einladung von ihr. Aus Sanssouci schrieb sie ihm am 29. Mai 1800: *»Ich habe Ihren Titan erhalten und daraus mit Vergnügen ersehn, dass Sie noch immer fortfahren, ihre Zeitgenossen mit Wahrheiten zu unterhalten, die in dem Gewande romantischer Dichtkunst, mit welchem Sie sie zu bekleiden wissen, ihre Wirkung gewiss nicht verfehlen werden. Ihr Zweck, die Menschheit von mancher trüben Wolke zu befreien, ist zu schön, als dass Sie ihn nicht erreichen sollten, und es wird Mir daher auch eine Freude sein, Sie während Ihres Hierseins zu sehen und Ihnen zu zeigen, wie sehr ich bin Ihre wohlaffektionierte Luise.«*

Schon am nächsten Tag gab sie für ihn ein Essen, bei dem er sich fragte, warum sie denn zwei Throne habe,

Abb. 29: Luise, Königin von Preußen.
Zeichnung von Johann Gottfried Schadow 1810

denn zum Herrschen sei der *»Thron der Schönheit«* doch schon genug. *»Ich sprach und aß in Sanssouci mit der gekrönten Aphrodite, deren Sprache und Umgang eben so reizend ist als ihre Musengestalt«*, schrieb er an Gleim nach Halberstadt. *»Sie stieg mit mir überall auf der heiligen Stätte herum, wo der große Geist des Erbauers sich und Europa beherrscht hatte. Geheiligt und gerührt stand ich in diesem Tempel des aufgeflogenen Adlers. Die Königin selber verehrt Friedrich so sehr, dass sie sagte, durch ihre Gegenwart würde diese Stelle entweiht, was wohl niemand zugibt, der Augen hat – für ihre. Sie nahm meine Dedikation und den Brief dabei mit vieler Freude auf. An der Tafel herrschte Unbefangenheit und Scherz.«*

Er wohnte bei seinem Verleger Matzdorff an der Stechbahn, also direkt am Schloss. Vier Zimmer hatte er da zur Verfügung, *»köstlich – seidene Stühle – Wachslichter – Erforschen jeden Wunsches«*. Dass Matzdorff ihm zu Ehren ein *»Pack Gelehrte«* zum Essen eingeladen hatte, verdross ihn. Angenehmer dagegen, weil auch Frauen anwesend waren, fand er die extra für ihn angesetzten Theateraufführungen, die Essen bei den Familien von Ministern und einen Festempfang in der Freimaurerloge. *»Ich besuchte keinen Gelehrtenklub, so oft ich auch dazu geladen worden, aber Weiber die Menge. Ich wurde angebetet von den Mädgen, die ich früher angebetet hätte. Himmel! welche Einfachheit, Offenheit, Bildung und Schönheit. Auf der herrlichen Insel Pickelswerder* [gemeint ist: Pichelswerder] *(2 ½ Meilen von Berlin) fand ich so viele Freundinnen auf einmal, dass es einen – ärgerte, weil jeder Anteil den andern*

*Abb. 30: Verleger Carl August Matzdorff um 1810.
Lithographie von Gustav Adolph Knoll nach
Friedrich Wilhelm Herbig*

*Abb. 31: An der Stechbahn. Foto von 1865.
Der Verleger Matzdorff wohnte rechts, Nr. 4*

aufhob ... Viele Haare erbeutete ich (eine ganze Uhrkette von 3 Schwestern Haaren) und viele gab mein eigner Scheitel her, so dass ich eben so wohl von dem leben wollte – wenn ich's verhandelte – was auf meiner Hirnschale wächset als was unter ihr.« Doch neben den in Scharen auftretenden Frauen beschäftigten ihn auch einzelne, wie Josephine von Sydow aus Hinterpommern, deren Briefe ihm die Entlobung erleichtert hatten und die nun allein seinetwegen tatsächlich für drei Tage nach Berlin kam.

Sie war in Südfrankreich geboren, hatte früh geheiratet und war mit ihrem Mann und zwei Söhnen nach Preußen gekommen, hatte sich scheiden lassen und den preußischen Offizier Hans-Friedrich Joachim von Sydow geheiratet, auf dessen Gütern in Hinterpommern sie lebte und unter dem Namen ihres ersten

Abb. 32: Josephine von Sydow.
Pastellgemälde

Mannes, de Montbart, Bücher in französischer Sprache schrieb. Die Lektüre des »Hesperus« hatte sie veranlasst, an Jean Paul zu schreiben. Der erste ihrer langen französisch geschriebenen Briefe beginnt mit dem schönen Satz: »*Wäre ich Königin, so würde ich den Schöpfer des Hesperus zu meinem Premierminister küren. Wäre ich fünfzehn Jahre alt und könnte mich der Hoffnung hingeben, seine Klotilde* [Gestalt aus dem »Hesperus«] *zu sein, so wähnte ich mich glücklicher als eine Königin.*« Aber auch die Einundvierzigjährige war von Jean Pauls liebevollen Antworten beseligt gewesen, so dass sich ein Liebesbriefwechsel entwickelt hatte, der die Zärtlichkeiten, die in Berlin getauscht werden sollten, schon vorweggenommen hatte, doch fiel die persönliche Begegnung dann enttäuschend aus. Josephine konnte nur drei Tage bleiben, weil ihr Mann, von dem sie erst im Jahr darauf geschieden wurde, von ihrem Ausflug nach Berlin nicht wissen durfte, und Jean Paul hatte im Trubel des Gefeiertwerdens für sie wenig Zeit. Es kam nicht zum Bruch, aber die Wirklichkeit wirkte auf beide Gemüter erkältend, so dass sich wie bei Charlotte, Emilie und Karoline der Briefwechsel zwar fortsetzte, aber sachlicher wurde und schließlich erstarb. In seiner moralisierenden Erzählung »Das heimliches Klaglied der jetzigen Männer« wurden Wesenszüge der Frau von Sydow verwertet, dann erging es ihr wie ihren Vorläuferinnen und denen, die noch nach ihr kamen und seiner Keuschheit gefährlicher wurden: einer Esther Bernard und einer Gräfin von Schlabrendorff.

Die jüngste seiner Verehrerinnen, eine äußerlich

reizvolle Siebzehnjährige dagegen, beeindruckte ihn ihrer frühreifen Eitelkeit wegen sicher nur wenig. Sie hieß Wilhelmine, nannte sich aber Helmina, war eine Geborene von Klencke, hatte mit 16 Jahren den Freiherrn Karl Gustav von Hastfer geheiratet, war aber gerade dabei, sich wieder scheiden zu lassen. Wie ihre Großmutter, die berühmte Karschin, und ihre Mutter, Karoline Luise von Klencke, geborene Karsch, schrieb auch sie von Kindesbeinen an Gedichte und erlangte nach einer zweiten Heirat als Helmina von Chézy eine gewisse Berühmtheit, die aber weniger auf ihren zahlreichen Werken als auf ihren Freundschaften mit berühmten Leuten beruht. Ihr größter Erfolg wurde das Libretto, das sie für Carl Maria von Webers Oper »Euryanthe« schrieb. Als Vierzehnjährige hatte sie bei Daniel Chodowiecki, dem Freund ihrer Großmutter, die »Unsichtbare Loge« gelesen und den Plan gehabt, einen Roman in gleicher Manier zu verfassen, es aber dann doch unterlassen und sich damit begnügt, einen Brief an Jean Paul zu schreiben, in dem sie ihn mit Du anredete, die Absendung aber unterließ. Im Mai 1799 ließ sie dann Jean Paul diesen umformulierten langen Brief mit dem Bekenntnis, dass ihre Seele die seine suche und liebe, durch seinen Freund Ahlefeldt zukommen, so dass sie dem Verehrten also schon bekannt war, als er ein Jahr später nach Berlin kam. Eifrig war sie bemüht, sein Interesse zu erregen, schrieb ihm mehrere mit eignen Gedichten geschmückte Briefe, lud ihn zu Ausflügen ein und zum Essen in die Gipsgasse Nr. 12, wohin sie nach ihrem kurzen Ausflug in eine unglückliche Ehe wieder zu ihrer Mutter zurückgekehrt war. Er solle aber, schrieb sie ihm, eine schon verjährte galante Sitte des Adels aufgreifend, schon um 10 Uhr morgens kommen, »*damit Sie sehen, wie ich an meiner Toilette die letzte Hand anlege*«. Aber solche koketten und von der eignen Wichtigkeit überzeugten jungen Frauen rührten den Leichtzurührenden wenig. Und auch auf die vielen späteren Annäherungsversuche, die sie in Briefen ihr ganzes bewegtes Leben lang fortsetzte, ging er nur der Höflichkeit halber oder auch gar nicht ein.

Anders verhielt es sich mit der Schriftstellerin Esther Bernard, geb. Gad, einer aus Schlesien stammenden Jüdin, die er schon in Franzensbad persönlich kennengelernt hatte und nun, nachdem mehrere Briefe gewechselt worden waren, in Berlin wieder traf. Sie war eine geschiedene Frau mit drei Kindern, und obwohl sie nie eine Schule hatte besuchen können, war sie sehr gebildet und setzte sich in ihren Werken für das Recht der Frauen auf Bildung ein. Ihre Briefe an Jean Paul waren nicht weniger werbend als die anderer Frauen, wohl aber weniger sentimental. Über den Besuch bei ihr bekam Freund Otto, etwas rätselhaft, nur zu erfahren: »*Im Tiergarten blieb ich bei der Bernard geborene v. Gad eine Nacht und rauchte meine Pfeife und ging rein von dannen und Gott sei Dank, aber nicht mir.*«

Die schlimmste Versuchung aber, die der Junggeselle noch zu überstehen hatte, wartete nach seiner Berlin-Reise in Weimar auf ihn, und zwar in Gestalt der Henriette Gräfin von Schlabrendorff, die zehn Jahre jünger war als er. Theodor Fontane hat später, ohne von ihrer Beziehung zu Jean Paul zu wissen, in den »Wanderungen durch die Mark Brandenburg« über die in dem südlich von Berlin gelegenen Gröben begüterte Familie von Schlabrendorff berichtet und dabei auch kurz über das Leben der Gräfin erzählt. Das berühmteste Mitglied der Familie war ein Gustav, der in Paris lebte, als Girondist von den Jakobinern zum Tode verurteilt wurde, diesem aber entgehen konnte, weil er, als er zum Schafott gefahren werden sollte, seine Stiefel nicht finden konnte, später vergessen wurde und durch den Sturz Robespierres schließlich befreit worden war. Dessen Bruder Heinrich, der zu Hause geblieben war, machte, wie Fontane berichtet, *»als junger Offizier die Bekanntschaft eines durch Schönheit, Geist und Wissen ausgezeichneten Fräulein von Mütschephal, deren Vater in demselben Husarenregiment ein oberes Kommando bekleidete. Die Bekanntschaft führte bald zu Verlobung und Vermählung«*. Eine Tochter und ein Sohn wurden geboren, aber da es sich vonseiten des Fräuleins um keine »Neigungsheirat« gehandelt hatte, führten »Geschmacks- und Meinungsverschiedenheiten« bald zum Zerwürfnis. *»Man mied sich, und wenn der Graf in Gröben war, war die Gräfin in Berlin und umgekehrt. Aber auch in diesem Sich-Meiden empfanden beide Teile noch immer einen Zwang, und ihre Wünsche sahen sich erst erfüllt, als gegen Ende des Jahrhunderts aus der bloß örtlichen Trennung auch eine gesetzliche geworden war. Der Sohn verblieb dem Vater, die Tochter folgte der Mutter, welche letztere, noch eine schöne Frau, bald danach einem thüringischen Herrn von Schwendler ihre Hand reichte.«* Das aber erst, nachdem Jean Paul ihr entgangen war.

*Abb. 33: Henriette von Schlabrendorff.
Ölgemälde*

Wie das geschah, bekam Freund Otto nach den sich ständig wiederholenden Klagen über die noch andauernde Ehelosigkeit ungewöhnlich genau zu erfahren, und zwar so: *»Es ist freilich komisch, dass meine Treppe zum Ehebette (nach dir) unendlich-lang sein soll. Ich sorg' indes, in Berlin spring' ich hinein. Aber es muss bloß ein sanftes Mädgen darin liegen, das mir etwas kochen kann und das mit mir lacht und weint. Mehr begehr' ich gar nicht. Das Schicksal wird mich doch nicht in Goethes Pferdefuß-Stapfen jagen wollen, oft überleg' ich's freilich, aber es ist nicht daran zu denken; sogar in einer solchen Un-Ehe sänn' ich wieder auf Ehe. Ich muss und werde ein Mädgen heiraten, dessen ganze Sippschaft ein Freudenfest feiert, dass ich mich herabgelassen. Und doch spekulier' ich seit einiger Zeit fast mit auf Eingebrachtes; eine bemittelte Gräfin oder so etwas, denk' ich* *oft, kann sich in dich verschießen, und dann hieltest du dir ein Reitpferd − wenigstens den Reitknecht − und sprengtest nach Bayreuth, und überhaupt das Fett wüchse fort, das sich jetzt ansetzt.«*

Das wurde am 26. August 1800 geschrieben, am 30. kam die Mitteilung, dass die junge schöne geschiedene Gräfin von Schlabrendorff mit ihm nach Gotha reisen wolle und er sich als Hasen sehe, *»den der Jäger in immer näheren Kreisen umschleicht. Wir sind jetzt bei dem Händeanfassen mit eingemischten leichten Drucken. Ich halte mich passiv, und dabei kann keine Partei sehr riskieren«.* Und als der Ausflug nach Gotha vorbei war, bekam der Freund am 11. September *»mehr Süßsaures als Sauersüßes«* zu lesen, darunter auch, dass der Dichter am Sonntagabend nach dem Essen mit der Gräfin das Kanapee *»bewohnte − die schöne lange Gestalt, die durchaus harmonischen Teile, die gerade Nase und der feine zu besonnene gespannte, der Berlepsch ähnliche Mund, aus dem aber, zumal in der Liebesminutenzeit eine so ins Herz einsickernde Stimme bricht, dass ich sie in Gotha bat, mir es zu sagen, wo ich ihr nicht glauben dürfte, weil ich sonst der Stimme wegen nie wüsste, woran ich wäre − das alles neigte sich an meine Lippen. Unser Weg ging bergunter, d. h. schnell, wir legten in Sekunden Wochen zurück. Sie hatte noch die Hof-Brillanten an Fingern und am Halse; und als ich wahrlich an dem letzteren nicht weiter rückte als ein Rasiermesser an unserem − vergib meine Ungebundenheit, da ich heute toll bin − so schnallte sie das Kollier ab und machte ungebeten die tiefern schönen Spitzen auf. ... Ein vornehmes Wesen hat leichter ein Herz als ein Schnee-*

Weltgen darüber (sogar das erriet ich im Hesperus). Ihr Globulus hatte die Farbe und – Weichheit von Wolkenflocken. ... Dabei blieb die Doppelglut, aber aus ihrem Anwinden und aus ihrem Wunsche, an mir zu schlafen und aus der Klage bei der letzten Umarmung, dass ich sie damit wieder aus der Ruhe gebracht, war leicht auf die Zukunft zu schließen. Ich sagte zu ihr: Du (denn das war bald da) weißt den Teufel, wie oft Männern ist. Und so ging ich – Ich hatte in meinem schlafenden Kopf fast das ganze schlagende Herz droben. Morgen Abend im gothaischen Gasthofe ist eine Sache entschieden (dacht ich die ganze Nacht), die es beinahe schon heute war. Einmal war ich fast dem Absagen der höllischen Himmelfahrt (oder der himmlischen Höllenfahrt) nahe. Aber ich fuhr doch mit ...« Aber trotz der nebeneinanderliegenden Zimmer mit Durchgangstüre erlag der Jüngling auch dieser Versuchung nicht. *»Ich bin physisch-kalt und moralisch-heiss gegen Freundinnen«*, war sein Erklärungsversuch.

Von Weimar hatte er in diesen Septembertagen schon innerlich Abschied genommen. Er nannte es eine *»abgebrannte Stadt, auf deren heißer Asche ich noch schlafe. Jede Stadt scheint mir vor dem Auszug ebenso verkohlt. Die Poesie erbeutet bei dieser Völkerwanderung durch Örter und Herzen, aber das Herz wird ein armer Emigré; ich wollt' ich wär' ein Refugie in meiner Hochzeitsstube.«* Den Winter wollte er in Berlin verbringen, diesem *»glänzenden Juwel«* unter den ihm bekannten Städten, dem aber leider die schöne Umgebung fehlte, worunter er eine mit Bergen verstand. Denn wie fast alle seine Zeitgenossen hatte er für die Schönheiten der

Mark Brandenburg, von der man nur die sandigen Wege kannte, keinen Sinn. *»Ja, Berlin ist eine Sandwüste, aber wo sonst findet man Oasen«*, soll er zu Helmina von Chézy gesagt haben, und Fontane benutzte 80 Jahre später diese Metapher zur Charakterisierung von Jean Pauls Werken: *»Sahara, aber welche Oasen darin!«*

Aus Kostengründen wollte er in Berlin mit dem langjährigen Freund Hans Georg von Ahlefeldt zusammen wohnen, der also den Auftrag bekam, seine Stube dort einzurichten, deren wichtigstes Möbelstück neben dem Schreibtisch das *»Repositorium (mehr ein Papier- als Bücherbrett)«* war. *»Mache überhaupt meine Einrichtung nicht kostbar; denn der Ehe, des Alters und der Gesundheit und der Literatur wegen muss ich sparen«.* Seine Adresse war: die Hausnummer 22 der Neuen Friedrichstraße, die sich damals innerhalb der alten Befestigungen halbkreisförmig von der Friedrichbrücke bis zur Jannowitzbrücke hinzog und deren trauriger Rest heute Littenstraße heißt. Das Gartenhaus, in dem Jean Paul und Ahlefeldt wohnten, befand sich an der Kreuzung der Königsstraße, der heutigen Rathausstraße. Im Vorderhaus wohnten Henriette und Marcus Herz.

EIN WINTER IN BERLIN

Jean Pauls Aufenthalt in Berlin, der im Oktober 1800 begann und im Juni 1801 endete, war der Scheitelpunkt seines Lebens, an dem er diesem nach dem Erreichen seiner ehrgeizigen literarischen Ziele eine andere Wendung gab. Durch harte Arbeit war der arme Provinzler in die große Welt aufgestiegen, um nun zu merken, dass Ruhm weder glücklich machte, noch beständig war. Die Gesellschaft der Literaten und Aristokraten, die er sich erobert hatte, war nicht die seine. Mit dem umfangreichsten seiner Romane, dem »Titan«, dessen vier Bände von 1800 bis 1803 erschienen, konnte er den Erfolg des »Hesperus« nicht wiederholen, was ihn mehr schmerzte, als er zugeben wollte, weil er ihn für sein Hauptwerk hielt. Auch um für diesen Roman Kenntnisse zu sammeln, war er in die Kreise des Adels und der Fürstenhöfe eingedrungen, aber den Ehrgeiz, in sie aufgenommen zu werden, hatte er nie. So sehr er auch den Glanz der höheren Stände genossen hatte, so wenig fühlte er sich dort zugehörig, und deshalb veränderte dieser Umgang auch sein Fühlen und Denken nicht. Der Trubel, den besonders die Berliner um ihn machten, förderte nur sein Ruhebedürfnis. Die Bedrückung, die in der Jugend die kleinstädtische Enge erzeugt hatte, wich in der Hektik des Berliner Lebens der Sehnsucht nach ihr. Der jugendliche Drang nach Aufbruch wandelte sich in den nach Heimkehr, und mit der wachsenden Wohlbeleibtheit kündigte sich auch das Alter an.

Genau markiert wurde die Wende durch seine Heirat, die überraschend schnell zustande kam. Zwar hatte er Heiratsabsichten brieflich schon manchmal angekündigt, aber da die vielen Frauen, die dazu gern bereit gewesen wären, ihm nicht passend erschienen waren, glaubten seine Freunde kaum noch daran. In Berlin aber, wo er am 3. Oktober eingetroffen war, wurde fünf Wochen später schon Verlobung gefeiert und diese Ende November auch in den beiden Berliner Zeitungen der Öffentlichkeit bekannt gemacht: »*Der Legationsrat Jean Paul Friedrich Richter meldet seine Verlobung mit der zweiten Tochter Karoline des Herrn Geheimen Ober-Tribunal Rats Mayer.*«

Seine Braut war ihm schon bei seinem Besuch Berlins im Frühsommer aufgefallen, sie war eine der drei Schwestern gewesen, die ihm zum Andenken Haare verehrt hatten, aber namentlich hatte er sie in seinen Briefen nicht erwähnt. Wie viele Frauen war sie seiner Ausstrahlung von Geist und Güte, von Witz und Gefühlsstärke sofort erlegen, und da er in ihr Züge seiner Traumfrau Rosinette (die er in den »Palingenesien« als Hermina noch einmal hatte aufleben lassen) zu erkennen meinte, ging er jetzt, seine Simultan- oder Tuttiliebe beendend, ungewohnt zielgerichtet vor. Dass die dreiundzwanzigjährige Karoline schon verlobt war, und zwar mit einem inzwischen schon nicht mehr geliebten Vetter, war ein Hindernis, das schnell zu beseitigen war. Nachdem sie brieflich dem Dichter sowohl ihre Absicht, die Verlobung aufzulösen, als auch ihr Schwanken zwischen Herzensneigung und Treuepflicht gestanden hatte, rief sie ihn, als den für Moralprobleme Zuständigen, zum Richter auf. Und er antwortete, wie gewünscht, als scheinbar Unbefangener: »*Schöne Seele! So unparteiisch und kalt, als hätt' ich Sie nie gesehen, will ich Ihnen die Antwort meines Gewissens geben. Sie ist: Sie dürfen sich trennen.*« Wenige Tage später, am 4. November, durfte Karoline in einem seiner Briefchen schon lesen: »*Einzige! endlich hat mein Herz sein Herz – endlich ist mein Leben gerade und licht. So bleibt es, und niemand könnt' uns trennen als wir, und wir tun es nicht.*«

Geheim blieb aber die Verlobung nicht lange, denn als Karoline den Erwählten wenige Tage später in einem ihrer vielen durch Boten beförderten Briefchen anflehte, doch bald ihren Vater zu informieren, da dieser der vielen Besuche des Dichters wegen schon das Gerede der Leute fürchtete, war er ohne Zögern dazu bereit. Blumenreich wie immer bat er den Geheimen Obertribunalrat brieflich um die Hand seiner Tochter, womit er nicht nur der Konvention gehorchte, sondern auch dem Gesetz. Denn nach dem Allgemeinen Preußischen Landrecht wurden nur die Söhne bei Volljährigkeit aus der Vormundschaft der Eltern entlassen, die Töchter dagegen nur durch die Ehe, in der dann die Vormundschaft auf den Gatten überging.

Anders als der Titel, der Jean Pauls Namen schmückte, ohne mehr als einen Schmuck zu bedeuten, kennzeichnete der seines Schwiegervaters eine tatsächliche Stellung in der Justizverwaltung, wies ihn also als einen Beamten höheren Ranges aus. Zu den Honoratioren der Stadt gehörig, verkehrte er in den höchsten Kreisen, auch in denen der Hofgesellschaft, war ein eifriger Theatergänger, Mitglied verschiedener literarischer Zirkel und Besucher der philosophischen und physikalischen Vorträge von Marcus Herz. Als typischer Mann der Berliner Aufklärung war er wahrscheinlich von Jean Paul, der der nächsten Generation angehörte und sich in Berlin mit den in geistiger Opposition stehenden jungen Romantikern anfreundete, wenig erbaut. An solchen Denk- und Geschmacksunterschieden aber wollte der vernünftige Mann, obwohl er wahrscheinlich lieber einen Beamten als Schwiegersohn gesehen hätte, das Glück seiner Tochter nicht scheitern lassen, stimmte dem Heiratsgesuch also erst einmal bedingungslos zu. Sein Verhältnis zu Jean Paul blieb immer bestimmt von gegenseitiger Achtung, aber vertraut wurde es nie.

Von der Mutter seiner drei Töchter, die in einem Berliner Vorort lebte, war der Obertribunalrat schon 1782 geschieden worden, und in seiner zweiten Ehe war noch eine Tochter namens Auguste geboren worden, die den Liebenden oft als Briefbotin dienstbar war.

Bei der Scheidung war die seltsame Vereinbarung getroffen worden, dass die Töchter eine Woche beim Vater und die andere bei der Mutter zu wohnen hatten, das Erziehungsrecht aber war beim Vater geblieben, und er hatte es gut genutzt. Durch ihn selbst und durch

Lehrer, die er ins Haus geholt hatte, war den Schwestern eine gute Bildung vermittelt worden, die vielleicht auch zur Folge hatte, dass jede von ihnen ihr Herz an einen Literaten verlor.

Die Älteste, Wilhelmine, genannt Minna, die später selbst Schriftstellerin wurde, hatte schon 1797 den Herausgeber der »Zeitung für die elegante Welt« Karl Spazier geheiratet und ihm den Sohn Richard Otto geboren, den Verfasser der ersten Biographie Jean Pauls. Die zweite Tochter, Karoline, heiratete Jean Paul am 27. Mai 1801, und zwei Wochen später wurde die dritte Schwester, Ernestine, die Frau des Lustspiel- und Liederdichters August Mahlmann, der später auch Zeitungsverleger in Leipzig war.

Im November also hatte der Vater die Heirat Karolines gebilligt, ohne wie üblich danach zu fragen, ob die finanzielle Lage des Bräutigams ausreichend war. Als aber Jean Paul keine Anstalten machte, von sich aus diesen Punkt zu berühren und den Hochzeitstermin festzulegen, fühlte er sich aus Sorge um seine Tochter zur Klärung dieser Sache verpflichtet und teilte dem Dichter das in einem mit *»Mein lieber Herr Sohn!«* überschriebenen Brief mit. Er habe die Absicht, schrieb er, um seine Tochter *»gegen alle Zufälle einer ungewissen Zukunft zu sichern«*, sie in der Preußischen Witwenkasse versichern zu lassen, benötige dazu von ihm aber Auskunft darüber, wann die Hochzeit stattfinden solle, wo das Ehepaar zu leben gedenke und wie es mit seinen Einkünften bestellt sei. Und Jean Paul antwortete, ohne die von väterlicher Sorge diktierte Anfrage zu verübeln, ausführlich, zählte die Taler auf, die auf der Bank Zinsen brachten, die er verliehen hatte und die er auf der Ostermesse erwarten durfte. Auch das Vermögen, das er in acht bis zehn Jahren durch seine Gesammelten Werke erzielen würde, führte er wieder an. Für die Witwenkasse (eben jene, die im »Siebenkäs« betrogen wurde) wollte er gern auch etwas zuschießen. Und als Wohnort legte er Meiningen fest.

Da es ihm diesmal ernst war mit der Familiengründung, plagte auch ihn die Sorge, ob sein stets schwankendes Einkommen durch Buchhonorare für das gutbürgerliche, wenn auch anspruchlose Leben, wie es ihm vorschwebte, ausreichend war. Zwar zahlten ihm die Verleger pro Druckbogen jetzt mehr als früher, und Neuauflagen brachten das halbe Honorar ohne zusätzliche Arbeit, aber durch Frau und Kinder vermehrten sich auch die Ausgaben und seine Arbeitszeit reduzierte sich. Da der aufs Schreiben Versessene nicht daran dachte, ein Amt anzunehmen, konnte er sich Hoffnung auf regelmäßige Einkünfte nur durch eine Leibrente, die sogenannte Präbende machen, die der König wenigen Auserwählten zukommen ließ. Drei Wochen vor der Eheschließung richtete also Jean Paul ein Bittgesuch an Friedrich Wilhelm III., in dem er, nach einem Rückblick auf seine elenden Jugendjahre, auf seine Verdienste zu sprechen kam: *»Erst nach einem langen Verarmen und Misslingen gewann ich mit meinen ästhetischen Werken das kleinere höhere Publikum und später ein größeres; aber da mir ihr Zweck, den sinkenden Glauben an Gottheit und Unsterblichkeit und an alles, was uns adelt und tröstet, zu erheben und die in einer egoistischen und revolutionären Zeit erkaltete*

Menschenliebe wieder zu erwärmen, da mir dieser Zweck wichtiger sein musste als jeder andere Lohn und Erfolg meiner Feder: so opferte ich diesen und Zeit und Gesundheit dem höheren Ziele auf und zog die längere Anstrengung dem reichern Gewinnste vor. Jetzt indessen, da ich in die Ehe trete, wo die eigne Aufopferung nicht bis zur fremden gehen darf, verspricht mir mein Gewissen einige Entschuldigung, wenn ich vor dem Throne, der so viele zu erhören und zu beglücken hat, auch meine Bitte um eine Unterstützung, welche die wachsenden Jahre nötiger machen, die untertänigste Bitte um eine Präbende hoffend niederlege.«

Da die Königin Luise seine Bücher las, ihn persönlich schätzte und in Karoline von Berg eine Freundin hatte, in deren Gesellschaft Jean Paul in Berlin manchen Abend verbracht hatte, glaubte er sich Hoffnungen auf Erhörung seiner Bitte machen zu können, wurde aber enttäuscht. Falls Luise und Frau von Berg tatsächlich beim König als Fürsprecher des Dichters gewirkt haben sollten, wird das wohl eine eher gegenteilige Wirkung gehabt haben, weil der König die intellektuelle Vertraute seiner Frau, die zu fast allen deutschen Geistesgrößen, von den Weimarern bis zum Freiherrn vom Stein, Beziehungen hatte, nicht ausstehen konnte und ihren geistigen Einfluss auf die Königin immer mit Misstrauen sah. Der König, der für Literatur kein Interesse hatte, sich aber an Lust- und Singspielen erfreute, zeichnete lieber August von Kotzebue, der leichte Kost für das Theater verfertigen konnte, und den Schreiber von Unterhaltungsromanen August Heinrich Lafontaine mit der Präbende aus.

Für Jean Pauls Suche nach einem neuen Wohnort war aber die Ablehnung der Unterstützung nicht ausschlaggebend. Er hatte sich schon vorher entschlossen, Berlin zu verlassen, weil er sich nach der Ruhe in kleineren Städten sehnte, wo man billiger leben konnte, Berge in der Umgebung hatte und ein Bier gebraut wurde, das seinem Geschmack entsprach. Letzteres war kurioserweise tatsächlich für ihn eine Bedingung, weil das Bier, das von der Obrigkeit immer billig gehalten wurde, um keine Unruhen aufkommen zu lassen, ihm nicht nur, wie fast allen Kleinbürgern damals, neben reinem Wasser als tägliches Getränk diente, sondern ihm auch Anregungsmittel zur Arbeit war. Als er Halberstadt einmal als Wohnort erwogen hatte, wurde Gleim von ihm ernsthaft um Auskunft darüber gebeten, ob sich nicht *»wenigstens 3, 4, 5 Meilen von Halberstadt recht bitteres Hopfenbier«* finden ließe, denn was er unbedingt brauche, seien *»Berge, Bücher und bitteres, braunes Bier«*.

Seine Frau Karoline hat sich später an den übermäßigen Bierkonsum ihres Mannes erst gewöhnen müssen, was ihr aber nicht schwergefallen sein dürfte, weil sie ihn, den *»göttlichsten Menschen«*, mit einer Ergebenheit liebte, die in vielen ihrer täglichen Billetts zum Ausdruck kam. *»Ich bete Dich an«*, schrieb sie zum Beispiel, *»ich habe endlich in Dir gefunden, was als Ideal mir vorschwebte, wofür ich mich hingeben, aufopfern wollte bis zum Tod«*. Oder: *»Leite mich überhaupt im Leben, ich bedarf eines Führers, eines solchen, dem sich die ganze Seele ergibt, wo der eigne Wille schwindet.«* Oder: *»Ach Du prächtiger Mensch! Ermüde nur nicht,* *das zu hören, und wenn Du es nicht magst, so verbiete es mir scharf und streng, denn ich kann es nicht lassen, mein Herz sagt es ja immer. ... Zu einer Sklavin hättest Du mich machen mögen, ich hätte Dir gedient und wäre für Dich gestorben.«*

Sie war also die Rosinette, die er gesucht hatte, ganz ohne eignes Geltungsbedürfnis, aber doch gebildet genug, um seine Bücher lesen und lieben zu können. Als sie ihn in der Verlobungszeit bat, etwas für ihn arbeiten zu dürfen und dabei an Handarbeiten dachte, trug er ihr auf, seine »Palingenesien« zu lesen, in denen seine Traumfrau in einer Hermina wiedergeboren worden war. Um sein geschriebenes Wunschleben möglichst genau in Wirklichkeit umzusetzen, wurde die Hochzeit der »Konjektural-Biographie« entsprechend auf das Pfingstfest gelegt.

In den Monaten davor aber genoss er noch das gesellige Großstadtleben, soweit die angestrengte Arbeit an den letzten Bänden des »Titan« ihm Zeit dafür ließ. Nur selten von der Verlobten begleitet, besuchte er Schauspiele, Opern und Konzerte, verbrachte die Abende mit Frau von Berg und dem mecklenburgischen Prinzen Georg, dem jüngeren Bruder der Königin, und auch alte Lieben wie Julie von Krüdener und Esther Bernard wurden besucht. Die Gräfin von Schlabrendorff, die angeblich beim Empfang seiner Verlobungsanzeige erkrankte, suchte die Nähe der Braut, um wenigstens noch die Freundschaft zu retten. Und Frau von Berlepsch, die in Mecklenburg eine neue Liebe gefunden hatte, war brieflich darum bemüht, das junge Paar auf das Gut ihres Liebhabers und künftigen Mannes zu locken, eine Wohnung für sie stünde bereit. Karoline aber bewährte sich als die Traumfrau auch darin, dass sie ihren Verlobten nie mit Eifersucht quälte, sie wahrscheinlich auch nicht empfand.

Anders als bei seinem ersten Besuch in Berlin, bei dem er, wie allgemein mit Heiterkeit oder mit Ärger bemerkt wurde, nur Frauen kennenzulernen verlangt hatte, widmete er sich nun auch den Geistesgrößen, vor allem den jungen Anhängern der romantischen Schule, zu denen er sich als notorischer Einzelgänger zwar nie gesellte, sich ihre Anerkennung aber gefallen ließ. Mit Ludwig Tieck, der in seiner satirischen Vision »Das jüngste Gericht« die Prüderie des »Hesperus« ziemlich witzlos verspottet hatte, konnte er freundliche Gespräche führen, und auch mit dessen Schwager, dem Sprachwissenschaftler Bernhardi, der ein enger Freund Fichtes war, verstand er sich gut. Mit Friedrich Schlegel, dem kritischen Haupt der Frühromantiker, ging es ihm ähnlich. Der hatte sich ihm schon in Weimar genähert, nachdem er im »Athenäum« von 1798 als Erster seine Romane umfassend gewürdigt hatte, mit Anerkennung, aber auch mit scharfer Kritik. *»Der große Haufen liebt Friedrich Richters Romane vielleicht nur wegen der anscheinenden Abenteuerlichkeit«*, schrieb er. *»Überhaupt interessiert er wohl auf die verschiedenste Art und aus entgegengesetzten Ursachen. Während der gebildete Ökonom edle Tränen in Menge bei ihm weint und der strenge Künstler ihn als das blutrote Himmelszeichen der vollendeten Unpoesie der Nation und des Zeitalters hasst, kann sich der Mensch von universeller Tendenz an den grotesken Porzellanfiguren seines wie*

Reichstruppen zusammengetrommelten Bilderwitzes ergötzen oder die Willkürlichkeit in ihm vergöttern. Ein eignes Phänomen ist es: ein Autor der die Anfangsgründe der Kunst nicht in der Gewalt hat, nicht ein Bonmot rein auszudrücken, nicht eine Geschichte gut erzählen kann, nur so was man gewöhnlich gut erzählen nennt, und dem man doch schon um eines solchen humoristischen Dithyrambus willen wie der Adamsbrief des trotzigen, kernigen, prallen, herrlichen Leibgeber den Namen eines großen Dichters nicht ohne Ungerechtigkeit absprechen dürfte ... Seine Frauen haben rote Augen und sind Exempel, Gliederfrauen zu psychologisch-moralischen Reflexionen über die Weiblichkeit oder über die Schwärmerei. ... Sein Schmuck besteht in bleiernen Arabesken im Nürnberger Stil. Hier ist die an Armut grenzende Monotonie seiner Phantasie und seines Geistes am auffallendsten, aber hier ist auch seine anziehende Schwerfälligkeit zu Hause und seine pikante Geschmacklosigkeit, an der nur zu tadeln ist, dass er um sie nicht zu wissen scheint. Seine Madonna ist eine empfindsame Küstersfrau, und Christus erscheint wie ein aufgeklärter Kandidat. Je moralischer seine poetischen Rembrandts sind, desto mittelmäßiger und gemeiner; je komischer, je näher dem Bessern; je dithyrambischer und je kleinstädtischer, desto göttlicher: denn seine Ansicht des Kleinstädtischen ist vorzüglich gottesstädtisch.«

Liebenswürdig waren die Romantiker also nicht zu ihm, und was sie an seinen Büchern lobten, war nicht das, was ihm selbst lobenswert dünkte, aber da sie ihn ernst nahmen und alles, was er schrieb, mit Aufmerksamkeit verfolgten, sprach er gern mit ihnen, doch einer der Ihren werden wollte er nicht. Denn er sah bei ihnen einen Ästhetizismus, den er schon in der »Vorrede zur zweiten Auflage des Quintus Fixlein« angegriffen hatte und der dann auch im »Titan« abgeurteilt wird. In der faszinierenden bösen Gestalt des Roquairol gelang es ihm, ein romantisches Genie so porträtähnlich zu zeichnen, dass Clemens Brentano sich darin wiedererkannte, obwohl er Jean Paul nie begegnet war. Im Anhang zum selben Roman aber kann man auch die wunderbare Erzählung vom »Luftschiffer Giannozzo« lesen, der aus seinem Luftschiff die Welt von oben betrachtet, sie klein, kleinlich und verachtenswert findet und nach Art der Frühromantiker besonders das Nützlichkeitsdenken der Berliner Aufklärung mit Spott übergießt.

Ähnlich zwiespältig war Jean Pauls Verhältnis zu Fichte, den er in Berlin mehrmals sah. Sie waren von gleichem Alter, ähnlicher ärmlicher Herkunft und politischer Überzeugung, so dass der frühe Fichte, den man aus Jena vertrieben hatte, dem Dichter durchaus sympathisch gewesen war. Fichtes subjektiven Idealismus seiner »Wissenschaftslehre« aber hatte Jean Paul 1799 in seiner Schrift »Clavis Fichtiana«, dem Schlüssel zu Fichte, scharf angegriffen, und im »Titan« schuf er in Schoppe eine durchaus positive Gestalt, die jedoch durch Fichtes Philosophie in den Wahnsinn verfällt. Da aber Fichte Jean Pauls philosophische Angriffe nicht ernst nehmen wollte, ging es bei ihren Berliner Gesprächen friedlich und freundlich zu. Auch später, als Fichte die Nation für sich entdeckte und Jean Paul das Übertriebene daran kritisierte, fand er doch noch lobende Worte für ihn.

Trotz aller Annäherung an die Romantik blieb Jean Paul der Einzelgänger, der weder der Hinneigung der Klassiker zur Antike noch der der Romantiker zum Mittelalter folgte, sondern immer in der deutschen Gegenwart blieb. Diese aber ließ die Größe der Stoffe, die andere in der Vergangenheit suchten, vermissen, und als er sie im »Titan« zu erzwingen versuchte, verfehlte er dabei weitgehend die Gegebenheiten der deutschen Realität.

DER TITAN

Der auf vier Bände anwachsende Roman, der erst »Das Genie« heißen sollte, hatte eine lange Vorgeschichte, die mit ersten Notizen schon 1792 nach dem Abbruch der »Unsichtbaren Loge« begonnen hatte, sich nach dem »Hesperus« fortsetzte, aber erst richtig vorankam, als Weimar dem Autor Anschauungsmaterial für Genies, Fürsten, Höflinge und emanzipierte Frauen bot. Aber auch Leseerlebnisse, wie Jacobis Genie-Roman »Allwill« und Goethes »Wilhelm Meisters Lehrjahre« wirkten sich im Für und Wider auf die Arbeit aus. In Hof wurde das Riesenwerk begonnen, in Leipzig, Weimar und Berlin weitergeschrieben und erst in Meiningen der Schlusspunkt gesetzt. Seine gesamten Wanderjahre hindurch war Jean Paul mit dem »Titan« beschäftigt. Da in ihnen aber auch noch viele andere bedeutende Werke, wie der »Siebenkäs« und der »Quintus Fixlein« entstanden und auch schon Teile der »Flegeljahre« geschrieben wurden, waren sie seine produktivste Zeit.

Als Erziehungs- und Bildungsroman ist der »Titan« dem 1795 erschienenen »Wilhelm Meister« besonders verpflichtet, versucht in seinem Bildungsideal aber über diesen hinauszugehen. Das Ziel des Bildungsprozesses ist in beiden Romanen die tätige, allseitig gebildete Persönlichkeit, zu der Jean Paul den Begriff der Allkräftigkeit erfindet, dem er die Einkräftigkeit des nur auf Kunst und Intellekt bedachten Genies entgegensetzt. Anstelle von Goethes unpolitischem Bildungsbürger setzt Jean Paul den politischen Menschen, der zur Verbesserung der bestehenden Verhältnisse beitragen soll. Wenn die gar zu blass geratene Idealgestalt der Prinzessin Idoine gegen Schluss des Romans zum Haupthelden Albano sagt: *»Ernste Tätigkeit, glauben Sie mir, söhnet zuletzt immer mit dem Leben aus«*, so klingt das zwar sehr nach Goethe, ist aber als Bekräftigung von Albanos Absicht, in die französische Revolutionsarmee einzutreten, anders gemeint. Albano jedoch, der mehr als mit den politischen Geschäften mit seinem Seelenleben und seinen Liebesgeschichten beschäftigt ist, geht nicht zu den Revolutionstruppen, er besteigt vielmehr einen Thron.

Da der Roman sich fast ausschließlich in Aristokratenkreisen deutscher Kleinstaaten bewegt, die sein Autor zwar besichtigt hatte, in denen er aber nicht zu Hause war, gerieten ihm seine positiven Hauptakteure oft weniger überzeugend als manche der Nebenfiguren, die an ihrer Einkräftigkeit zugrunde gehen. Die an Trivialromane erinnernde dynastische Intrige, die sich so ähnlich 75 Jahre vorher in Ansbach-Bayreuth abgespielt hatte, war für die Jahre der Französischen Revolution, in denen der Roman spielt, nicht so recht passend, so dass er 1803, als sein letzter Band der Öffentlichkeit bekannt wurde, schon veraltet wirkte, denn die Tage der deutschen Kleinstaatfürsten waren zu dieser Zeit schon gezählt. Auch passt das Bildungsideal des tätigen Menschen nicht recht zum Verlauf der fast undurchschaubaren Handlung, die Albano, ohne dass ihm ein Handeln vergönnt wird, nur zum Spielball höherer Mächte macht. Dem Zwang der intriganten Verwicklungen folgend, bleibt sein Entschluss, nach Frankreich aufzubrechen, deshalb ohne Folgen, weil er von seiner Inthronisierung zum Fürsten der beiden sich befehdenden Ländchen Hohenfließ und Haarhaar erfährt. Ohne dass der Verfasser oder sein Held noch ein Wort über das Aufgeben seiner revolutionären Ziele verlieren, tritt er, der eben noch bereit war, den feudalistischen Staat zu bekriegen, nach hastiger Verlobung mit der reformfreudigen Prinzessin Idoine sein Amt als Herrscher in einem solchen an. Das Happy End kann also weder als realistisch noch als republikanisch bezeichnet werden, nimmt aber andeutungsweise Reformen, die etwa ein Jahrzehnt später nicht nur in Preußen durchgeführt werden, vorweg. Es zeigt allerdings auch, dass der Verfasser die girondistische Phase der Revolution in Frankreich noch immer bejahte, denn bevor die Jakobiner die Macht an sich reißen und den blutigen Terror beginnen lassen, schließt der Roman. Was aber Jean Paul über die Jakobiner dachte, kann man in seiner 1801 erschienenen Schrift »Über Charlotte Corday« nachlesen, wo er die Girondisten als die *»letzten Republikaner«* bezeichnet und ihm die *»blutrünstige Bergpartei«* nicht als Verteidigerin, sondern als Zerstörerin der Freiheit erscheint.

Gemessen an der »Unsichtbaren Loge« und dem

»Hesperus«, den beiden anderen auf höherer gesellschaftlicher Ebene spielenden, oft heroisch genannten Romanen, ist der »Titan« harmonischer geraten, weil die Sprache gebändigter ist, die Natur- und Gefühlsschwelgereien sich in Grenzen halten und die Satiren, die auch hier nicht fehlen, die Handlung nicht mehr unterbrechen, sondern in den »Komischen Anhang« verlagert sind. Was aber die vier Bände des »Titan«, aller Schwächen und Längen ungeachtet, so lesenswert macht, ist die Kunst der Charakterisierung, die Jean Paul hier bei einigen seiner Gestalten großartig gelungen ist.

Da gibt es Albanos erste Liebe Liane, die nicht nur unter der Despotie ihres Vaters, des Ministers, sondern auch an übersteigerter Sensibilität leidet, und eine Linda, die wie Charlotte von Kalb halbblind ist, in Zitaten aus ihren Briefen redet und sich als so emanzipiert zeigt, dass sie die Ehe ablehnt und sich ohne deren Legitimation dem Geliebten hingibt, was dann ihren Untergang bewirkt. Denn der Mann, der sich schließlich der Nachtblinden bemächtigt, ist nicht Albano, der Sonnengott oder Titan (mit Betonung der ersten Silbe), sondern sein Freund und Feind, einer der Himmelsstürmer oder Titanen (mit Betonung der zweiten Silbe), die nach Jean Paul alle ihre Hölle finden, und zwar der böseste von ihnen, Roquairol, die faszinierendste Gestalt des Romans. Gegen ihn kann der gute Albano nicht ankommen. Roquairol darf handeln, Albano aber hat nur mit der Reifung seines Seelenlebens zu tun.

Diese treffliche Personifizierung von Gut und Böse hatte sicher auch etwas mit dem Bestreben des Autors nach Objektivierung des eignen Wesens zu tun. Denn neben dem Wunsch nach der Harmonie eines Albano lebten auch in ihm Eigenschaften, die einen Roquairol so unmenschlich machen, vor allem dessen Ästhetizismus, in dem der Künstler über den Menschen triumphiert. Führte doch auch Jean Paul ein Leben, das vorwiegend von der künstlerischen Arbeit bestimmt war, doch war bei ihm wiederum diese von Moral bestimmt. Bei Roquairol dagegen treibt er das sündhafte Ersetzen des Menschlichen durch das Künstlerische auf die Spitze, indem er ihn aus Ekel vor der eigenen inneren Kälte und Leere in den wiederum künstlerisch inszenierten Freitod schickt. Sein Leben und seine Verbrechen werden Inhalt einer von ihm verfassten, inszenierten und dargestellten Tragödie, in deren Schlussakt er sich auf offener Bühne zum Entsetzen der Zuschauer selbst erschießt.

Dem Zwang zur klassischen Harmonie, der diesem Roman eignet, bringt Jean Paul aber auch seinen satirisch-humoristischen Freigeist, der hier nicht Leibgeber, sondern Schoppe heißt, zum Opfer, indem er ihn, der hier auch als Einkräftiger denunziert wird, in den Wahnsinn schickt. Doch die Gewalt, die Jean Paul sich damit selbst antut, um der Romanidee zu genügen, wird heimlich wieder zurückgenommen, indem am Schluss als Ersatz für Schoppe ein Leibgeber zu satirischen Diensten bereitsteht und sich im »Komischen Anhang« nicht nur die unterdrückten Satiren breitmachen, sondern auch ein anderer Schoppe als Giannozzo wieder ersteht. Mit der neuesten Errungenschaft der Technik, dem 1783 erfundenen Ballon, kann der Freigeist sich über die Welt von Gut und Böse erheben und so den ersten der drei im »Quintus Fixlein« beschriebenen Wege »*glücklicher (nicht glücklich) zu werden*«, wahr machen, den nämlich, »*so weit über das Gewölke des Lebens hinauszudringen, dass man die ganze äußere Welt mit ihren Wolfsgruben, Beinhäusern und Gewitterableitern von weitem unter seinen Füßen nur wie ein eingeschrumpftes Kindergärtchen liegen sieht*«. Es ist der Höhenflug des Genies, das sich selbst genügt und hier so lustvoll beschworen wird, dass der Anhang der Moral des »Titan« spottet. Zwar macht ein Blitzschlag

Abb. 34: Emil Preetorius.
Illustration zum »Luftschiffer Giannozzo«

auch dieser Einkräftigkeit ein Ende, aber als der Leichnam zur Erde fällt, steht, um den freien Geist nicht aussterben zu lassen, ein neuer Leibgeber schon bereit.

HEIMKEHR

»Wissen Sie wohl, meine Freundin, dass es eine sehr gefährliche Anmutung ist, die Sie mir da tun? Ich soll Jean Pauls Titan beurteilen? – Der bloße Gedanke, dass man ihn tadeln könne, macht hundert schöne Enthusiastinnen, die bei Richters Schriften vor dunkeln Gefühlen fast in Ohnmacht fallen, erblassen; und ebenso viel schwachsinnige Männer, die gar nichts sein würden, wenn sie nicht immer – berauscht wären, fahren grimmig und mit gesträubtem Haare auf und drohen Krieg, wenn man zu richten wagt, wo sie nur bewundern können. Sie versichern treuherzig, – ohne zu bedenken, was sie da gestehen – seit Richter schriebe, kenneten sie keine Sprache des Gefühls als die seinige ...«

So beginnt Garlieb Merkel den dritten seiner »Briefe an ein Frauenzimmer über die wichtigsten Produkte der schönen Literatur in Teutschland«, mit denen er in seiner Berliner Zeitschrift »Der Freimüthige« im Geiste der Spätaufklärung gegen Klassik, Romantik und auch gegen Jean Paul polemisch zu Felde zog. Nachdem er behauptet hatte, »*Richters Talente, sein lebhaftes, inniges Gefühl, seinen glänzenden Witz, seine flammende Phantasie*« durchaus schätzen zu können, hatte

Abb. 35: Garlieb Merkel. Stahlstich

er nicht nur an den »*Geschmacklosigkeiten*« und dem »*bildernden Bombast*« des Stils etwas auszusetzen, sondern auch an den männlichen Gestalten, die ihm alle »*Schwächlinge, Narren oder Schurken*« zu sein schienen, und an den Frauenzimmern, in denen er nur »*nervenschwache Empfindlerinnen*« sah.

Aber nicht nur sein Erzfeind Merkel, sondern auch viele andere Kritiker und Leser reagierten auf den mit Spannung erwarteten »Titan« mit Enttäuschung, so dass die erste Auflage von 3000 Stück sich so schleppend verkaufte, dass an eine zweite nicht zu denken war. Als Jean Paul starb, waren viele Exemplare des dritten und vierten Bandes noch immer nicht verkauft. Später wurde mehrmals ohne Erfolg versucht, das Riesenwerk durch Kürzung zugänglicher zu machen, ein letztes Mal 1913 durch Hermann Hesse, der mit schlechtem Gewissen ein Viertel des von ihm geliebten Textes für eine Ausgabe des Insel-Verlages herausstrich, aber auch das trug wenig zur Erweiterung der Leserschaft bei. Der Roman blieb ein Lieblingskind nur der Literaturwissenschaft.

Schon während der Arbeit an den beiden letzten Bänden, die Jean Paul enorme Anstrengungen abverlangt hatten, war in ihm der Wunsch lebendig gewesen, von der Darstellung der oberen Gesellschaftsschichten zu der ihm näheren der kleinen Leute zurückzukehren und damit auch zum humoristischen Roman. Otto gegenüber, dem der »Titan« auch nicht zusagte, hatte er schon im Herbst 1800 zugegeben, dass die *»Wahl des vornehmen Standes«*, die eine *»Abweichung«* von seiner *»Siebenkäsischen Manier«* veranlasst hatte, ein Fehler gewesen war. Der Einbildung aber, sich unter den Adligen auf Dauer wohl fühlen zu können, war er nicht erlegen. Der »Titan«, der ihn veranlasst hatte, in die vornehme Welt einzudringen, war noch nicht ganz zu Ende geschrieben, als er, die erträumte Frau an seiner Seite, sich zu einer Heimkehr auf Umwegen entschloss. Am 30. Mai 1801 konnten die Berliner in der »Vossischen« und der »Haude und Spenerschen Zeitung« folgende Annonce lesen:

> *»Unsere Verbindung und unsere Abreise nach*
> *Meiningen machen wir unseren Freunden*
> *mit dem Dank für die vorige Liebe und mit*
> *der Bitte um die künftige bekannt.*
> *Jean Paul Fr. Richter   Leopoldine Karoline*
> *Legationsrat   Richter geb. Mayer«*

Über Wörlitz und Dessau führte die Hochzeitsreise nach Weimar, wo die Erwählte Herder und Wieland vorgestellt wurde, dann ging es weiter nach Meiningen in die erste eheliche Wohnung, die von der Gräfin von Schlabrendorff schon eingerichtet worden war. Am 20. Juni 1801 meldete Jean Paul dem Freund Christian Otto: »*Die Ehe hat mich so recht tief ins häusliche feste stille runde Leben hinein gesetzt. Gearbeitet und gelesen soll jetzt werden. Das Verlieben kann ausgesetzt werden.*«

Während er noch rasch den letzten Band des »Titan« beendete und mit Freuden an den »Flegeljahren« weiterarbeitete, war Karoline darum bemüht, der Wunschfrau zu gleichen, sich für ihn also aufzuopfern oder, wie sein Lob lautete, »*gar mit keinem Ich behaftet*« zu sein. Kurz vor ihrer ersten Niederkunft, schon »*mitten in den Wehen*«, fühlte sie sich noch verpflichtet, ihm

Abb. 36: Jean Paul 1804. Kupferstich von Friedrich Wilhelm Nettling

sein *»Frühstück von Pflaumenkuchen«* an den Arbeitstisch zu bringen; die Poesie, meinte er dazu, *»zieht Zinsen davon«*. Und der Schwiegervater in Berlin bekam zu erfahren: *»Wir beide sind selig durch uns und für uns, wir brauchen nichts als die Fortsetzung«*.

Mit den einfacheren Lebensumständen fand die Tochter aus gutem Hause sich klaglos ab. Sie wohnten erst in einem lichtarmen Hinterhaus, später ein paar Häuser weiter in der Georgstraße in einer Mietwohnung, deren Mobiliar seinen Grundsätzen entsprechend so einfach wie möglich war. Spiegel und Vorhänge, die ihm schon als überflüssiger Luxus galten, billigte er seiner Frau aber zu. Außer dem schwarz bezogenen Kanapee, auf dem er beim Arbeiten saß, gab es in seinem Zimmer nur den Tisch aus Kiefernholz, einige harte Stühle und das altbewährte Regal, aus dem er seine Exzerptensammlungen und Studienhefte entnehmen konnte, ohne dazu aufzustehen. Hier wurde ihm schon morgens, nachdem er um halb sieben aufgestanden war, erst der Morgenkaffee und später das zum Arbeiten nötige Bier serviert. Erst zur Mittagszeit ging er zum gemeinsamen Essen zu seiner Frau hinüber, las in der Verdauungspause den »Reichsanzeiger« und arbeitete dann weiter bis fünf. Abends wurden Besuche gemacht oder empfangen. Der Mineraloge Johann Ludwig Heim, Bruder des berühmten Berliner Arztes Ernst Ludwig Heim, der auf der anderen Straßenseite wohnte, war ein gerngesehener Gast, und auch die Gräfin Schlabrendorff, die 1803 den Meininger Kabinettssekretär Friedrich Christian August Schwendler heiraten sollte, stellte sich manchmal ein. An Abenden ohne Besuch wurde um 9 Uhr gegessen und gleich danach das Bett aufgesucht. Auch mit Georg I., dem Herzog von Sachsen-Meiningen, einem Mann mit *»Kenntnis und Güte«*, aber ohne *»Poesie und Philosophie«* verkehrte er, wie er Otto gegenüber versicherte, wie mit seinesgleichen, wurde auch aufs Schloss gebeten, schlug aber Einladungen auch manchmal aus. Als der Herzog ihm ankündigte, ein Haus für ihn bauen zu lassen, wehrte er ab. Denn lange wollte er hier nicht bleiben, weil ihm die Gespräche mit Freunden fehlten und ihm das Meininger Bier nicht gefiel. Obwohl er nur knappe zwei Jahre in Meiningen lebte, blieb ihm die Stadt immer verbunden. Mit einer nach ihm benannten Straße und einem von Schwanthaler geschaffenen Denkmal im Englischen Garten blieb hier sein Andenken bis heute bewahrt.

Das gewünschte Bier, nämlich das Bayreuther, Johanniter oder Kulmbacher, wurde für ihn alle paar Wochen aus Bayreuth geholt. Organisator dieser Transporte war sein langjähriger Freund Emanuel, ein jüdischer Bankier und Immobilienhändler, der ab 1814, als auch in Bayern die Juden zu gleichberechtigten Staatsbürgern wurden, den Familiennamen Osmund trug. Im Gegensatz zu vielen anderen Juden dieser Jahre hatte er sich nicht taufen lassen, sondern an seinem jüdischen Glauben festgehalten, was Jean Paul, der ihn seiner Güte und Menschenliebe wegen überaus schätzte und liebte, wohl richtig fand. Hatte er ihn doch schon 1801 Henriette Herz gegenüber als seinen *»Glaubensgenossen in höherm Sinne als die Reichsgesetze es nehmen«*, bezeichnet, ihn also im Gegensatz zu den damaligen Gesetzen als gleichberechtigt anerkannt. Bei ihm hatte Jean Paul, wenn er Bayreuth besuchte, immer wohnen können, und der Briefwechsel mit ihm war nie abgerissen, wurde der Bierlieferungen wegen in Meiningen aber noch verstärkt.

Vom Bier ist fast in jedem der Briefe als »*Magenbalsam*«, »*Seelentrank*«, »*Lethe*«, »*vorletzte Ölung*« oder »*Weihwasser*« die Rede, und Jean Paul geriet leicht in Panik, wenn der Einspänner mit den Fässern oder Eimern sich verspätete und der Vorrat zur Neige ging. »*Bei der Einfahrt eines Bierfasses*«, so beschrieb es Karoline, »*läuft er seliger umher als bei dem Eintritt eines Kindes in die Welt.*« Allein die Kunst sei es, die nach diesem Getränk verlange, betonte er wieder und wieder, nicht sein Gaumen, sondern sein Kopf habe Gewinn davon. Dem Vorwurf, er sei vom Bier abhängig, entgegnete er mit der Feststellung, dass doch jeder Mensch

Abb. 37: Jean Paul mit seinem Pudel Ponto.
Scherenschnitt von Luise Duttenhofer 1819

im Winter zum Beispiel vom Ofen abhängig sei. Um sich künstlerisch in Hochform halten zu können, brauchte er dieses Aufputschmittel, und mit dem Nachlassen seiner künstlerischen Kräfte brauchte er mehr und mehr davon. Eine ausführliche Verteidigung seines *»Trinkunfugs«* endete mit der Feststellung, dass er das Bier brauche, um auch weiterhin *»in der hohen Flut aller Kräfte schwimmen«* zu können; die *»Ebbe«*, die nach jedem Rausch eintrete, fülle er dann mit Büchern und Freunden aus.

Die beiden Freunde, an die er dabei vor allem dachte, waren Christian Otto, mit dem er alles Literarische und Politische besprechen konnte, und Emanuel Osmund, der mehr für Familiäres, Moralisches und Finanzielles zuständig war. Da beide Freunde in Bayreuth zu Hause waren, bleibt sein dreijähriges Zögern mit der Heimkehr unverständlich: Vielleicht schreckte er vor der Erkenntnis zurück, dass mit dem Ende seiner Wanderjahre auch die künstlerischen Kräfte schwanden und auch der Höhepunkt seines Ruhms schon überschritten war. Hatten doch die beiden letzten Bände des »Titan« in der Öffentlichkeit kaum ein Echo gefunden, und die Freunde und Bekannten äußerten sich trotz ständiger Fragen nach ihrem Urteil nicht. Dadurch verunsichert, legte er 1803 die Arbeit an den »Flegeljahren« unvermittelt beiseite, um den Kritikern seine Ansichten über Literatur entgegenzuhalten. Da viele Vorarbeiten dazu schon bereitlagen, entstand in der unglaublich kurzen Zeit von nur neun Monaten sein literaturtheoretisches Hauptwerk, die »Vorschule der Ästhetik«, die zur Herbstmesse 1804 schon erschien.

Abb. 38: Jean Pauls Freunde Christian Otto und Emanuel Osmund. Miniaturen

Wie der Begriff »Vorschule« andeutet, handelt es sich dabei nicht um das System einer Ästhetik, sondern um eine Sammlung von Gedanken und Einfällen, die aus der literarischen Praxis entstanden waren, weshalb der Schwerpunkt seiner Ausführungen beim Roman und beim Komischen liegt. Obwohl sich in diesem Werk auch Annäherungen an die Theorien der Romantiker finden, ist das Ganze doch höchst eigenständig, so dass Ludwig Tiecks überspitztes Urteil, das Werk sei die Anweisung, Romane in Jean Pauls Manier zu schreiben, durchaus ein Körnchen Wahrheit enthält. Denn alle hier vertretenen Ansichten über die Literatur und das Leben sind speziell die Jean Pauls. Den Begriff des Humors kann er nicht nur in seiner individuellen Art definieren, sondern dabei auch humoristisch werden, und wenn er feststellt, dass der Witz nur in Freiheit gedeihe, fordert er die Deutschen auf, doch um diese bestrebt zu sein. Poesie, meint er, könne durchaus auch belehren, aber nicht wie herab von Lehrstuhl und Kanzel, sondern nur so, wie das Öffnen und Schließen von Blüten über Tageszeit und Wetter belehrt.

Der »Vorschule der Ästhetik« ähnlich ist die drei Jahre später erschienene »Levana oder Erziehlehre«, in der Jean Paul seine pädagogischen Erkenntnisse zusammengestellt hat. In sie sind nicht nur seine Erfahrungen als Hauslehrer und Schulmeister eingeflossen, sondern ein wenig auch die mit eignen Kindern. Denn von 1802 bis 1804 wurde ihm jährlich ein Kind geboren, erst eine Tochter in Meiningen, dann ein Sohn in Coburg und dann wieder eine Tochter in Bayreuth.

Kaum waren die Kinder geboren, wurden für sie die geeigneten Gevattern, also die Taufpaten, gesucht. Neben Verwandten und Freunden kamen dafür im Interesse der Kinder auch hochgestellte Personen mit Reichtum und Einfluss in Frage, die dem Kind später bei der Berufswahl oder Heirat nützlich sein konnten und die zur Hilfe bereit waren, wenn es in Not geriet. Üblich war es, dass die Paten dem Kind Geldgeschenke machten und das Kind zu Ehren des Schenkers dessen Namen erhielt. Bei der Erstgeborenen, für die der fürsorgliche Vater elf Paten gewonnen hatte, konnte, da höchstens vier Vornamen üblich waren, Namengeber natürlich nicht jeder von ihnen sein. Das Mädchen hieß also erstens nach dem Wunsch ihres Vaters wie die vorbildliche Prinzessin aus dem »Titan« Idione, zweitens nach der alten Herzogin Weimars Amalie, drittens nach dem Herzog Georg von Meiningen Georgine und schließlich mit Rufnamen noch Emanuele, abgekürzt Emma, nach dem jüdischen Freund Emanuel aus Bayreuth.

Als das zweite Kind, Max, in Coburg geboren wurde und so »*toll*« aussah »*wie ein humoristischer Aufsatz von mir, nur mager*«, und mehr braunes Haar mit auf die Welt brachte, als der Vater noch auf dem Kopfe hatte, begann die Freude über das Glück der Ehe langsam schon der Resignation zu weichen, weil der Autor nämlich genauso geräuschempfindlich wie sein Armenadvokat Siebenkäs war. Um ungestört arbeiten zu können, nahm er am frühen Morgen schon seinen Spitz an die Leine und erstieg den Adamiberg, wo ein Gartenhaus ihm die nötige Ruhe gab. Aber da es ihn mehr und mehr nach seinen alten Freunden verlangte, blieb er nur ein Jahr in Coburg und siedelte im August 1804 mit Frau, zwei Kindern und einem Spitz nach Bayreuth über, wo er eine preiswerte 6-Zimmer-Wohnung am Markt bezog. Da er seine Behausungen noch fünfmal wechselte, war es nicht sein letzter Umzug, aber doch der letzte Ortswechsel. Denn aus Bayreuth ging er fortan nur noch zu Kurzreisen weg. Als schlanker junger Mann von 33 Jahren hatte er Hof verlassen, als dick gewordener Einundvierzigjähriger mit halber Glatze kam er in seine Heimat, deren Dialekt er sich bewahrt hatte, nun endgültig zurück. Seine Kleidung, auf die er nie viel Wert gelegt hatte, wurde von ihm nun völlig vernachlässigt. Als Odilie, sein drittes Kind getauft wurde, erschien er mit Stiefeln und schmutziger Weste, aber

*Abb. 39: Jean Paul 1810.
Gemälde von Friedrich Meyer*

seinen Humor und seine Güte hatte er sich für immer bewahrt. Auch sein Schreibfleiß blieb anhaltend. Und doch vollendete er seine köstlichen »Flegeljahre« zum Leidwesen der Leser nie.

FLEGELJAHRE

Als zu Beginn der »Flegeljahre« das Testament des reichen Herrn Van der Kabel in der Residenzstadt Haßlau eröffnet wird, hoffen »*sieben noch lebende weitläufige Anverwandte von sieben verstorbenen weitläufigen Anverwandten*« auf eine große Erbschaft und werden enttäuscht. Nur Kabels Stadthaus soll einem von ihnen zufallen, und zwar dem, der eher als die sechs anderen dem Verstorbenen eine Träne nachweinen kann. Jeder entwickelt nun seine eigne Methode, sich zum Weinen zu bringen, der Herr Kirchenrat Glanz die bei Leichenpredigten oft geübte, sich durch rührende Reden an andere selbst zu rühren, doch ehe er das Ziel erreicht, ist der Frühprediger Flachs schon da. »*Dieser hielt sich Kabels Wohltaten und die schlechten Röcke und die grauen Haare seiner Zuhörerinnen des Frühgottesdienstes, den Lazarus mit seinen Hunden und seinen eignen langen Sarg in Eile vor, ferner das Köpfen so mancher Menschen, Werthers Leiden, ein kleines Schlachtfeld und sich selber, wie er sich da so erbärmlich um den Testamentsartikel in seinen jungen Jahren abquäle und abringe – noch drei Stöße hatt' er zu tun mit dem Pumpenstiefel, so hatte er sein Wasser und sein*

Haus. ... Ich glaube, meine verehrtesten Herren, – sagte Flachs, betrübt aufstehend und überfließend umhersehend – ich weine – setzte sich darauf nieder und ließ es vergnügter laufen; er war nun auf dem Trocknen.«

Haupterbe des riesigen Vermögens aber ist ein in Haßlau unbekannter junger Mann vom Lande, der Schulzensohn Gottwalt Harnisch, Walt genannt, der bettelarm ist und die Menschen liebt wie sonst keiner, der aber auch, was der Verstorbene bedauerte, der Poesie verfallen ist. Um aus diesem gutherzigen Träumer und angehenden Dichter einen lebenstüchtigen Mann zu machen, soll er sich vor Antritt der reichen Erbschaft als Gärtner, Notar, Lehrer, Klavierstimmer, Jäger, Buchhändler, Korrektor und Pfarrer bewähren, andernfalls fällt die Erbschaft den sieben Miterben zu. Neben diesem pädagogischen Zwang der Testamentsklauseln wirkt nun aber mit Walts verstandesklarem Zwillingsbruder Vult eine andere Kraft auf den naiven Zögling ein. Ein Entwicklungs- und Bildungsroman wie der »Wilhelm Meister« scheint hier also auf humoristische Art zu beginnen, endet aber bald schon wieder, weil Walt nicht auf Reichtum, sondern auf Freundschaft und Liebe aus ist, und auch Vult ihn nicht dazu bringen kann, die Übel der Welt statt mit Liebe mit spöttischer Verachtung zu sehen. *»Gehabe dich wohl, du bist nicht zu ändern, ich nicht zu bessern«*, heißt es deshalb, als Vult sich wieder von seinem gefühlsseligen Bruder trennt. Die vom Erblasser gewünschte Anpassung an die bürgerliche Welt, in die zeitgemäß auch der Adel mit hineinspielt, ist also misslungen, aber kein Leser kann sie wünschen, denn so lebensfremd der Jüngling auch ist, so liebenswert ist er auch.

Walt sieht die Welt so schön und frohgemut, wie er in einem Brief den Sommer malt: »*Gott, welche Jahreszeit! Wahrlich, ich weiß oft nicht, bleib' ich in der Stadt oder geh' ich aufs Feld, so sehr ists einerlei und hübsch. Geht man zum Tor hinaus, so erfreuen einen die Bettler, die nicht mehr frieren, die Postreiter, die mit vieler Lust die ganze Nacht zu Pferde sitzen können, und die Schäfer schlafen im Freien. Man braucht kein dumpfes Haus; jede Staude macht man zur Stube und hat dabei gar meine guten emsigen Bienen vor sich und die prächtigsten Zweifalter. In Gärten auf Bergen sitzen Gymnasiasten und ziehen im Freien Vokabeln aus Lexicis. Wegen des Jagdverbotes wird nichts geschossen, und alles Leben in Büschen und Furchen und auf Ästen kann sich so recht sicher ergötzen. Überall kommen Reisende auf allen Wegen daher, haben die Wagen meist zurückgeschlagen, den Pferden stecken Zweige im Sattel und den Fuhrleuten Rosen im Mund. Die Schatten der Wolken laufen, die Vögel fliegen darzwischen auf und ab, Handwerkspursche wandern leicht mit ihren Bündeln und brauchen keine Arbeit. Sogar im Regenwetter steht man sehr gern draußen und riecht die Erquickung, und es schadet den Viehhirten weiter nichts die Nässe. Und ists Nacht, so sitzt man nur in einem kühlern Schatten, von wo aus man den Tag deutlich sieht am nördlichen Horizont und an den süßen warmen Himmelssternen. Wohin ich nur blicke, so find' ich mein liebes Blau, am Flachs in der Blüte, an den Kornblumen und am göttlichen unendlichen Himmel, in den ich gleich hineinspringen möchte wie in eine Flut. – Kommt man wieder nach Hause, so findet sich in der Tat frische Wonne. Die Gasse ist eine wahre Kinderstube, sogar abends nach dem Essen werden die Kleinen, ob sie gleich sehr wenig anhaben, wieder ins Freie gelassen und nicht wie im Winter unter die Bettdecke gejagt. Man isset am Tage und weiß kaum, wo der Leuchter steht. Im Schlafzimmer sind die Fenster Tag und Nacht offen, auch die meisten Türen, ohne Schaden. Die ältesten Weiber stehen ohne Frost am offenen Fenster und nähen. Überall liegen Blumen, neben dem Dintenfass, auf den Akten, auf den Sessions- und Ladentischen. Die Kinder lärmen sehr, und man hört das Rollen der Kegelbahnen. Die halbe Nacht geht man in den Gassen auf und ab und spricht laut und sieht die Sterne am hohen Himmel schießen. Selbst die Fürstin geht noch abends vor dem Essen im Park spazieren. Die fremden Virtuosen, die gegen Mitternacht nach Hause gehen, geigen noch auf der Gasse fort bis in ihr Quartier, und die Nachbarschaft fährt an die Fenster. Die Extraposten kommen später, und die Pferde wiehern. Man liegt im Lärm am Fenster und schläft ein, man erwacht von den Posthörnern, und der ganze gestirnte Himmel hat sich aufgetan. O Gott, welches Freudenleben auf dieser kleinen Erde! Und doch ist das erst Deutschland! Denk' ich vollends an Welschland!«*

Dass dieser Walt dem Victor des »Hesperus«, dem Siebenkäs und anderen von Jean Paul erdachten Gestalten ähnelt, ist so offensichtlich wie selbstverständlich, weil in allen der Geist und das Gemüt desselben Autors lebt. Dieser aber hatte sich in den Jahren zwischen dem »Hesperus« und den »Flegeljahren« verändert, was auch nicht ohne Einfluss auf seine Schöpfungen blieb. Die autobiographisch fundierte Figur eines Walt konnte er nun objektiver gestalten und sie, bei aller Liebe zu ihr, auch ironisch sehen.

Doch zeigt der Autor in Walt nur die eine Seite seines Wesens, die andere in dessen Zwillingsbruder, der, wie einst Siebenkäs die »Teufelspapiere«, angeblich die »Grönländischen Prozesse« geschrieben hat. Vult darf hier auch weitere Satiren auf den Adel machen und die gesellschaftlichen Zustände des Residenzstädtchens schwarzmalen, die Walt nur rosig sieht. Der Gutherzigkeit seines Bruders setzt er Zynismus entgegen, und die Armut, die Walts Stimmung nicht trüben kann, macht ihn aggressiv. Die Jean Paul innewohnende Doppelnatur, die er schon mehrfach gestaltet hatte, wird in den Zwillingsbrüdern, die nicht zusammenkommen können, zur äußersten Konsequenz geführt.

Wie viele Gestalten Jean Pauls betätigen sich auch die Brüder als Schriftsteller. Um ihre wesensmäßige Trennung zu überwinden, schreiben sie gemeinsam einen Roman, den »Doppelroman«, der natürlich auch einen Doppelstil hat, den gefühlvollen Walts und den satirischen Vults. Er gleicht also den Romanen Jean Pauls mit ihren Stilwechseln, zu denen Vult dann auch die Theorie liefert: Erstens, sei der Wechsel von Scherz und Ernst, von Gefühl und Satire treues Abbild des Lebens, zweitens, werde der Eindruck von beiden durch das folgende Gegensätzliche nur gesteigert, und drittens, trage der Wechsel, indem er eine Erstarrung in einem von beiden verhindere, zur Gesundheit des

Herzens bei. In der Romanhandlung darf Vult dieses Prinzip bei einer öffentlichen Lesung auch praktisch erproben, indem er zu einer rührenden Elegie Walts seiner Flöte närrische Töne entlockt.

Am Schluss des Romanfragments sind fünf der neun vom Testament bestimmten Tätigkeiten noch nicht begonnen, zwei noch nicht abgeschlossen und auch der Ausgang von Walts Liebesgeschichte ist noch ungewiss. Abgeschlossen scheint mit Vults Abschied nur die Geschichte der Brüder, die so wenig zueinanderkommen können wie Wunschtraum und Wirklichkeit. Den Plan, den Roman weiterzuführen, hat Jean Paul später noch oft erwogen, nie aber ausgeführt. Vielleicht schien ihm später der geplante glückliche Ausgang unrealistisch, vielleicht aber hat ihn von der Fortsetzung nur abgehalten, dass der Roman den Lesern nicht gefiel. Die 4000 Exemplare, die Cotta gedruckt hatte, waren nur schwer absetzbar.

Viele heutige Leser dagegen halten die »Flegeljahre« für Jean Pauls besten Roman, dem an Humor nur der »Siebenkäs« nahekommt. Bestechend an ihm ist sowohl die Charakterzeichnung der Brüder, die beiden gerecht wird, als auch die in seiner Zeit seltene Genauigkeit, mit der er Stadt, Dorf, Landschaft, Menschen und Arbeit schildert und die Funktion des Geldes aufdeckt, das Ansehen schafft oder mindert, Lebensläufe verändert und auch Gefühle pervertiert. Die ständische Hierarchie und die Starrheit der Konventionen werden durch die Brüder, die beide, jeder auf seine Weise, festgelegtes Rollenverhalten missachten, in Frage gestellt.

Einer der Leser, die damals schon die »Flegeljahre«

bewunderten, war der Student Karl Varnhagen, auf dessen Initiative in Nachfolge dieses Romans ein Kuriosum der deutschen Literaturgeschichte entstand. Als im Oktober 1806 die Franzosen Halle an der Saale besetzten und die Universität schlossen, wurden die studienfreien Monate von Varnhagen und seinem Kommilitonen Wilhelm Neumann dazu benutzt, an einem »Doppelroman« zu schreiben wie Walt und Vult. Als sie dann nach Berlin übersiedelten, konnten sie noch die Autoren Fouqué und Bernhardi für ihr Vorhaben gewinnen, so dass aus dem Doppel- ein Vierlings- oder auch Quadrupelroman wurde, der 1808 unter dem Titel »Versuche und Hindernisse Karls« anonym erschien. In ihm wird viel Literarisches parodiert, und Jean Paul tritt auch als Person auf, ein dicker Mann, der viel Bier trinkt, viele Gleichnisse in seine Reden einflicht und aus Angst, er könne sich beim Schreiben verirren, einen ihm selbst geltenden Steckbrief entwirft. Bösartig ist diese Parodie nicht, aber besonders witzig auch nicht. Wie Varnhagen erzählt, hat Jean Paul über sie nur gelacht.

DAS FREIHEITSBÄUMCHEN

Bücher, die scheinbar oder tatsächlich die jeweilige Herrschaft gefährdeten, wurden zu allen Zeiten verboten und auch manchmal verbrannt. Im christlichen Europa haben damit die Päpste begonnen, um ein überholtes Weltbild vor der Aufklärung zu retten, die allmählich doch siegreich blieb. Ihr Katalog der verbotenen Bücher, genannt: Catalogus Librorum Prohibitorum, der mit sich ständig verringernder Wirkung noch bis ins 20. Jahrhundert hinein existierte, wurde später von weltlichen Herrschern oft nachgeahmt. Jahrhundertelang war im Heiligen Römischen Reich Deutscher Nation nur der Klerus für Bücherverbote zuständig, doch änderte sich das mit Erfindung der Druckpressen, durch die Bücher erschwinglicher wurden, so dass nun auch die Staaten dazu veranlasst wurden, gegen gefährlich erscheinende vorzugehen. Nachdem man erst die Fakultäten der Universitäten oder einzelne Gelehrte mit der Zensur betraut hatte, ging man gegen Ende des 18. Jahrhunderts, als die Revolutionen in Amerika und Frankreich Panik erzeugten und mit der Verbesserung der Volksbildung und der rasanten Entwicklung des Buchhandels der Büchermarkt unübersehbar wurde, zur Gründung von Zensurbehörden über, die aber wenig Unheil anrichten konnten, weil ihre Macht sich auf den jeweiligen Teilstaat beschränkte, der Buchmarkt mit dem Zentrum in Leipzig aber schon ein gesamtdeutscher war. Was in einem Teilstaat verboten wurde, war möglicherweise in einem anderen erlaubt.

In Jean Pauls Anfängen war man in den katholischen Ländern Bayern und Österreich besonders zensurwütig, weil man dort nicht nur Angst vor Revolutionen hatte, sondern auch immer noch vor der Reformation. Schon 1753 war in Österreich die kirchliche Zensur durch eine staatliche ersetzt worden, die 1765 den ersten Katalog verbotener Bücher herausgebracht hatte, der dann laufend ergänzt worden war. Da seine Verfasser nicht nur aufklärungsfeindlich, sondern auch prüde waren, diente der Katalog bald als Fundgrube für Erotika-Sammler und als Hilfsmittel beim schwunghaften Handel mit verbotener Literatur. Später wurde dieser bumerangähnlichen Wirkung wegen der Katalog der verbotenen Bücher selber in diesen aufgenommen, und die Verbotslisten, die dann auch den »Hesperus« enthielten, wurden nur noch handschriftlich an die Beamten verteilt. Über die Tatsache, dass sich verbotene Bücher gut verkaufen lassen, haben sich Zensoren aller Zeiten ärgern müssen, ändern aber ließ sich das nie.

Die Zensur im Preußen Friedrichs II., also in Jean Pauls Jugendjahren, war relativ tolerant gewesen. Zwar war dort die Freiheit nach Lessings bekannten Worten darauf beschränkt gewesen, frei und frech über Religion reden und schreiben zu können, aber das war im

Vergleich mit anderen deutschen Staaten schon viel. Die theologische und philosophische Aufklärung hatte sich in Preußen so ungestört wie auch die künstlerische Literatur entwickeln können, so dass nach dem Tod des großen Friedrich, als unter Friedrich Wilhelm II. die Zensur verschärft wurde, die allgemeine Forderung, zur friderizianischen Praxis zurückzukehren, verständlich und berechtigt war. Das vom Minister Woellner 1788 unter der Tarnbezeichnung Religionsedikt erlassene Zensurgesetz, das mehrmals verschärft wurde, war ausdrücklich gegen die Aufklärung gerichtet und wurde rigoros angewandt. In den neun Jahren, in denen es seine unheilvolle Wirkung entfaltete, litten neben den Publizisten, Schriftstellern und Geistlichen besonders die Verlagsbuchhändler, von denen einige ihre Freiheit nun außerhalb der preußischen Grenzen suchen mussten, wie Friedrich Nicolai, der seine »Allgemeine Deutsche Bibliothek« nach Kiel verlagerte, während die zweite bedeutende Zeitschrift der Berliner Aufklärung, die »Berlinischen Monatshefte« Asyl in Jena und später in Dessau fand.

Als Jean Paul um die Jahrhundertwende in Berlin weilte, konnte er von preußischer Liberalität einen günstigen Eindruck gewinnen, weil es mit der Macht Woellners schon drei Jahre vorher zu Ende gegangen war. Friedrich Wilhelm III. hatte nämlich 1797 bald nach seiner Thronbesteigung das Religionsedikt aufgehoben und sich auch dadurch als geistfreundlich erwiesen, dass er dem Philosophen Fichte, den man in Jena seines angeblichen Atheismus wegen verfolgt hatte, in Berlin Zuflucht bot.

Das Freiheitsbäumchen

*Abb. 40: Titelblatt des preußischen
Zensuredikts von 1788*

In Sachsen, wo man wirtschaftliche Rücksichten auf die Buchmessestadt Leipzig zu nehmen hatte, machte die Zensur im Allgemeinen wenig von sich reden, zufällig aber geriet Jean Paul gerade dort mit ihr in Konflikt. Der Hamburger Verleger Perthes, dem Jean Paul die Herausgabe der »Vorschule der Ästhetik« anvertraut hatte, ließ diese in Jena drucken, wo ein Zensor Anstößiges fand. Jean Paul, der fürchtete, dass seine Buchhonorare zum Erhalt der Familie nicht ausreichen könnten und der deshalb auf die Unterstützung durch einen Fürsten hoffte, hatte die »Vorschule« mit einer dem Herzog Emil August von Gotha-Altenburg geltenden Widmung eingeleitet, die die originelle Form einer brieflichen Anfrage hatte, ob der Herzog mit dieser Zueignung einverstanden sei. Dies aber war den zensierenden Universitätsprofessoren anstößig erschienen, und obwohl der mit Jean Paul korrespondierende Herzog der Zueignung brieflich schon zugestimmt hatte, Verleger und Drucker Protest einlegten und der Autor mit der Veröffentlichung dieser Willkür drohte, musste das Buch ohne die Dedikation erscheinen, worauf die Leser der »Zeitung für die elegante Welt« am 13. Oktober 1804 erfahren konnten, dass der Autor die verbotene Widmung gesondert erscheinen lassen werde, vermehrt um seine Gedanken zum Problem der Zensur.

Diese erste von Jean Pauls politischen Schriften sollte anfangs als Erinnerung an die Freiheitsbäume der Revolutionszeit »Freiheitsbäumchen« heißen, hieß dann aber, als sie acht Wochen später fertig war, »Jean Pauls Freiheitsbüchlein; oder dessen verbotene Zueignung an den regierenden Herzog August von Sachsen-Gotha; dessen Briefwechsel mit ihm und die Abhandlung über die Pressfreiheit« und erschien, nachdem Perthes sie aus Angst vor der Zensur abgelehnt hatte, bei Cotta in Tübingen, ohne dass die Zensur dort Einspruch erhob. Bedauerlich an diesem so kurzen und klaren wie auch witzigen Angriff auf die Zensoren ist nur, dass Jean Paul sie mit dem Ballast der Briefe des jungen, von literarischem Ehrgeiz getriebenen Herzogs beladen hat.

Anlass zum Spott war die Zensur für Jean Paul schon mehrmals gewesen. Auf den Reklamewert von Verboten hatte er in den »Grönländischen Prozessen« hin-

Das Freiheitsbäumchen

*Abb. 41: Herzog August von Sachsen-Gotha-Altenburg.
Nach einem Gemälde von Joseph von Grassi, 1813,
gestochen von Moritz Steinla*

gewiesen, in den »Palingenesien« hatte er als Grund für die politische Schlafmützigkeit der Deutschen deren ständige Bevormundung angegeben, und im »Komischen Anhang zum Titan« hatte er auf einen ihm widerfahrenen Zensurfrevel dadurch aufmerksam machen können, dass der Titel seiner von der Zensur unterdrückten Satire »Leichenrede auf einen Fürstenmagen« im gedruckten Buch stehengeblieben war. Im »Freiheitsbüchlein« aber ging er nun direkt auf Sinn und Unsinn aller Zensurmaßnahmen ein.

Es beginnt mit einer Satire, in der den Staaten empfohlen wird, die Lesefreiheit dadurch herbeizuführen, dass man mehr Zensoren beschäftigt, denn diese genössen doch vollste Freiheit, so wie auf Sklavenschiffen die Kapitäne und in Gefängnissen die Schließer frei seien, und man brauche doch nur deren Zahl auf die der Leser zu bringen, so sei es schon mit deren Bevormundung vorbei. *»Nur möchte, wenn man so viele Zensoren anstellte, als es jetzt Leser gibt, von Sachverständigen zu erwägen sein, ob der Umlauf eines Manuskripts, die Abnutzung, die Verspätung desselben ... es nicht rätlicher machten, wenn für die Zensoren, d. h. für die hier möglichen Leser – 300 000 deutsche Leser soll es nach Feßlers Zählung geben – der Schnelle wegen die Handschrift vervielfältigt würde, so dass wenigstens 100 Leser ihre besondere und also 300 000 ungefähr 3000 Exemplare hätten, was in unseren Zeiten ja so leicht zu machen ist durch die Druckpresse, welcher keine Abschreibfeder nachkommt. Solche leserlich gedruckten Manuskripte für sämtliche Zensoren ... könnten alsdann die Buchhändler als Offizianten der Zensurkollegien ausgeben, und der Staat hätte keinen Heller Ausgabe.«*

Nach dieser satirischen Einleitung werden dann im Hauptteil alle Argumente für das Verbot von Büchern der verschiedenen Wissensgebiete widerlegt. Nur zwei Ausnahmen lässt der Autor, aber auch nur mit Einschränkungen, als Zensurnotwendigkeit gelten: das Überhandnehmen lasterhafter Schriften und die Kriege, wobei er zu Letzteren anmerkt: *»Allein es kann also nur in einer Zeit verboten werden, die selber zu verbieten wäre.«* Sonst aber gilt für ihn der Grundsatz, dass ein Buch der Menschheit und der Ewigkeit gehört und kein Zensor über seine Existenz richten darf. In wessen Namen auch? In dem der Wahrheit? Das setzte ja voraus, der Zensor hätte sie. Dann wäre alles Suchen nach ihr, jede Wissenschaft also, unnütz, und man brauchte *»bloß*

Das Freiheitsbäumchen

beim Zensor einzusprechen und sich bei ihm die nötigen Wahrheiten abzuholen«. Und statt den Einfluss von Wahrheiten auf das Volk zu fürchten, sollte man ihm Möglichkeiten, diese zu erkennen, geben. *»Das arme Volk! Überall wird es in den Schlosshof geladen, wo die größten Lasten des Friedens und des Kriegs wegzutragen sind; überall wird's aus demselben gejagt, wo die größten Güter auszuteilen sind, z. B. Licht, Kunst, Genuss, ja bloße dritte Feiertage. ... Mit welchem Rechte fordert irgendein Stand den ausschließenden Besitz des Lichts, dieser geistigen Luft, wenn er nicht etwa eines aus dem Unrecht machen will, desto besser aus dem Hellen hinab zu regieren ins Dunkel?«* Und wenn man meine, das Volk missverstehe die Wahrheiten nur, so könne das doch auch den Herrschenden passieren, und die Zensoren müssten auch diesen das Lesen verbieten, weil deren Möglichkeiten, Unheil zu stiften, viel größer seien. Erkenntnisse seien für alle da und nur in Unabhängigkeit zu gewinnen. Der *»Erkenntnisbaum«* wachse nur als *»Freiheitsbaum«.* Und wer Angst vor einem Umsturz habe, der verbiete nicht Bücher, sondern verändere die Zustände. *»Der Geist, der Staaten umwarf, war der Geist der Zeit, nicht der Bücher, die er selber ja erst schuf und säugte. Wird denn der Autor nicht früher als sein Buch gemacht? Werther erschoss sich, ohne noch von Werthers Leiden eine Zeile gelesen zu haben.«* Und wenn Regierungsformen kritisch untersucht würden, sollten die Herrschenden doch froh sein, Wahrheiten über sich zu hören, statt sie zu verbieten. Ist ein Lob des Herrschers doch nichtssagend, wenn die Möglichkeit, ihn zu tadeln, nicht besteht.

Am Schluss des Büchleins kommt Jean Paul auf die Satire des Anfangs zurück und bietet sich selbst als Zensor der eignen Werke an, anscheinend ohne zu ahnen, welcher Ernst sich in diesem Spaß verbirgt. Denn mit dem, was er »Selber-Zensierung« nennt, beschreibt er Gefahren, die erst später akut wurden, als die Zensur und die geistige Manipulierung sich besonders in totalitären Staaten so perfektionierte, dass bewusste oder auch unbewusste Selbstzensur zur Notwendigkeit wurde, wollte man einem Verbot entgehen. Deshalb lesen sich Jean Pauls Späße heute wie Prophetie. *»Diesen Posten* [den des Zensors] *versieht er, wenn er ihn ersteigt, spielend nebenher unter dem Schreiben der Werke selber, gleichsam mit einem Gesäß zugleich auf dem Richterstuhl und auf dem Geburts- und Arbeitsstuhl das Seinige tuend. ... Das Fach, worin der Autor arbeitet, ist gerade sein eignes ... Er kundschaftet, was ein fremder Zensor schwerer kann, die feinsten Absichten und Schliche des Verfassers aus von Ferne ... und kann ... sich zensieren bis zum Verbieten.«*

Mit einem Aufruf an die Fürsten zur »*Freilassung der freigeborenen Gedanken*« schließt Jean Pauls erste politische Schrift.

FRIEDENSPREDIGTEN

Seit der Intervention der alten Mächte gegen die französische Republik hatten in Europa mit nur kurzen Unterbrechungen Kriege getobt. Die Verteidigungskämpfe der Franzosen waren unter Napoleons Führung zu Eroberungskriegen geworden, doch hatten diese als Folge des 1795 zwischen Preußen und Frankreich abgeschlossenen Separatfriedens von Basel Nord- und Mitteldeutschland unberührt gelassen, was unter anderem auch der Glanzzeit der deutschen Literatur um 1800 zugutegekommen war. Während England und Frankreich um die Weltherrschaft stritten, die kontinentalen Großmächte von Napoleon geschlagen wurden und das deutsche Reich zwar noch formell existierte, aber völlig zerrissen und ohnmächtig war, nahm die in voller Blüte stehende deutsche Kultur die Nationwerdung in einem jenseits der Politik liegenden Raum, den Heine später als das »Luftreich des Traums« verspottete, gleichsam vorweg.

Für Jean Paul waren sowohl in seinem Heimatländchen als auch in Leipzig, Weimar und Berlin die Kämpfe immer weit entfernt gewesen, doch schien die Kriegsgefahr näher zu rücken, als 1805 die politische

Abb. 42: Napoleon, gezeichnet von Johann Gottfried Schadow im Oktober 1806 beim Einzug in Berlin

Spannung zwischen Frankreich und Preußen wuchs. Lag doch Bayreuth, wo er seit 1804 wohnte, am äußersten Südwestzipfel Preußens, nahe der Grenze zu Bayern, das mit Napoleon verbündet war. Aus Sorge um die Familie kümmerte er sich schon brieflich um Notquartiere in Gotha, Leipzig und München, doch erwies sich die Vorsorge als unnötig, denn die Markgrafschaft Bayreuth blieb 1806 nach der raschen Besetzung durch französische Truppen von Kampf und Zerstörung verschont. Als dann im Sommer 1807 die preußische Niederlage im Friedensschluss von Tilsit besiegelt wurde, ging die Markgrafschaft in den Besitz Frankreichs über, bis Napoleon sie 1810 an das von ihm zum Königreich erhobene Bayern weitergab. Unwillentlich, aber auch ohne Widerwillen war Jean Paul also vom Preußen zum Bayern geworden und damit auch zum Bürger des Rheinbundes, der von Napoleon zur Festigung seiner Herrschaft in Deutschland gegründet worden war.

Erstaunlicherweise wurde der Briefwechsel Jean Pauls durch die politischen Wirren dieser Jahre nur wenig behindert, eingeschränkt war er sogar über die Fronten hinweg mit dem Freund Christian Otto möglich, der als Quartiermeister eines Bayreuther Regiments im Oktober 1806 mit den preußischen Truppen nach Königsberg und Tilsit hatte fliehen müssen und dort dem preußischen Prinzen Wilhelm, dem Bruder des Königs, als Sekretär zugeteilt worden war. Der scharfen Postzensur der Franzosen wegen war in den Briefen dieser Jahre von politischen Ansichten nur selten die Rede, und als Jean Paul den Freunden und Verwandten berichtete, dass die Kriegsereignisse seine Familie nur wenig berührt hatten, benutzte er gern die unparteiische Metapher von der »*Kriegswolke*«, die in großer Höhe, ohne Schaden anzurichten, vorübergezogen sei. Gegen die Belastungen, die die Besatzungsmacht mit sich brachten, wie Einquartierungen und Kriegskontributionen, versuchte sich Jean Paul durch zum Teil witzige Briefe an die Oberen der französischen und bayerischen Behörden zu wehren, was ihm hinsichtlich der Steuern durch den Nachweis seiner geringen Einkünfte wohl auch gelang.

Denn tatsächlich war ihm die Ernährung seiner inzwischen auf fünf Köpfe angewachsenen Familie trotz fleißigen Schreibens kaum möglich, weil der Buchhandel durch den Krieg sehr geschädigt worden war. Wie in den schriftstellerischen Anfängen musste er jetzt wieder häufig Absagen von Verlegern erleben, und von Nachauflagen, mit denen er nie verwöhnt wurde, konnte gar keine Rede sein. Von seinen umfangreichsten Werken, dem »Titan« und den »Flegeljahren« waren die ersten Auflagen zu seinen Lebzeiten immer noch zu haben, und zu einer dritten Auflage brachte es nur der »Hesperus«, der sein einziger wirklicher Verkaufserfolg blieb. In dieser Hinsicht konnte er, dessen Bücher nicht leicht zu lesen waren und deshalb nur die dünne Schicht der Gebildeten erreichten, sich mit anderen Autoren seiner Zeit nicht messen. Schillers »Geisterseher«, Hippels »Über die Ehe« und der Räuberroman »Rinaldo Rinaldini« von Vulpius brachten es in kürzerer Zeit auf fünf Auflagen und Knigges »Umgang mit Menschen« sogar auf acht. Da mit Jean Pauls Büchern gute Geschäfte nur selten zu machen waren, hatten auch die Raubdrucker nur geringes Interesse an ihnen, nur beim »Siebenkäs« und der »Vorschule der Ästhetik« wurden unrechtmäßige Nachdrucke bekannt. Mehr Ärger bereiteten ihm die Herausgeber von Anthologien, die, ohne ihn finanziell zu beteiligen, Blütenlesen aus seinen Werken herausgaben und damit bessere Geschäfte machten als er mit dem vollständigen Text. Sechs Sammlungen dieser Art erschienen zu seinen Lebzeiten, und nach seinem Tode machte eine siebenbändige Blütenlese der Gesamtausgabe Konkurrenz.

Die nicht abreißenden Geldsorgen und die Erkenntnis, im Alter nicht mehr so rasch und viel schreiben zu können, bewogen ihn, erneut um eine Pension bemüht zu sein. Friedrich Wilhelm III. von Preußen, der ihn 1801 auf später vertröstet hatte, war von ihm 1804 noch einmal vergeblich erinnert worden, und auch 1805, als das Königspaar Wunsiedel besucht hatte und Jean Paul sich zum Fest der Umbenennung der Luxburg in Luisenburg einen »Wechselgesang der Oreaden und Najaden« in reimlosen Versen abgerungen hatte, war er zwar dem König vorgestellt worden, aber in den Genuss der Präbende gekommen war er nicht. Als nun nach der napoleonischen Neuordnung Deutschlands aus dem preußischen Schriftsteller ein bayerischer wurde, der sich, um zu Geld zu kommen, mit dem Verfassen von Zeitschriftenartikeln und Rezensionen verzetteln musste, wandte er sich 1808 mit der Bitte um eine Pension an die nun für ihn zuständige Obrigkeit.

Der Mann, der für ihn mehr Verständnis als der Preußenkönig hatte, hieß Karl Theodor Reichsfreiherr von und zu Dalberg, war katholischer Bischof und Staatsmann, dabei aber auch ein Freund von Kunst und Literatur. Er hatte sich schon als Unterstützer Georg Forsters und der Dichter in Weimar betätigt, und da er wie Goethe Napoleon verehrte, hatte dieser ihn zum Fürst-Primas des Rheinbundes ernannt. Er war also eine Art Ehrenpräsident dieses von Napoleon beherrschten Staatenbundes, zu dem bald alle deutschen Staaten mit Ausnahme Preußens und Österreichs gehörten, und hatte seinen Amtssitz in Frankfurt am Main. Dort hatte er eine »Museum« genannte wissenschaftliche Gesellschaft gegründet, zu deren Ehrenmitglied

*Abb. 43: Karl Reichsfreiherr von Dalberg.
Gemälde von Johann Friedrich August Tischbein*

er Jean Paul machte und ihm eine Pension von 1000 Gulden im Jahr aussetzte, die er aus seinem Privatvermögen beglich.

Schon davor, nämlich 1808, war Jean Pauls »Friedenspredigt an Deutschland« erschienen, die im Rheinbund begrüßt wurde, bei den antinapoleonischen Patrioten in Preußen jedoch, wie Varnhagen in seinen Erinnerungen berichtet, auf Ablehnung stieß. Als Varnhagen im Oktober 1808 Jean Paul in Bayreuth besuchte, fand er ihn aber »*deutsch bis in die kleinste Faser hinein*«. Und tatsächlich ließ es Jean Paul an Liebe zu Deutschland nicht fehlen, es war aber ein Liebe ohne Hass auf andere. Die damals verbreiteten antifranzösischen Vorurteile, die übrigens auch Varnhagen ablehnte, waren ihm völlig fremd. Als Fichte in seinen »Reden an die deutsche Nation« die angebliche Überlegenheit der

Deutschen mit der Urtümlichkeit ihrer Sprache begründete, wurde das in Jean Pauls Rezension der »Reden«, die darüber hinaus sehr respektvoll gehalten war, unsinnig genannt. *»Es wäre eben so schlimm für die Erde, wenn es lauter Deutsche, als wenn es keine gäbe, und kein Volk ersetzt das andere.«*

Trauer über den Zusammenbruch des alten Reiches, dessen Zustand er in seinen Büchern immer beklagt hatte, empfand Jean Paul nicht. *»Das Alte hatten wir früher verloren als unsere Schlachten«*, heißt es in der »Friedenspredigt«, *»und das Neue ist mehr Gegengift als Gift«*. Jetzt könne das von ärgster Kleinstaaterei befreite Deutschland ohne Preußen und Österreich, die nie ganz zum Reichsverband gehört hatten, in der Gestalt eines *»von Napoleon und einem langen Frieden beschützten Fürstenbundes«* neu erstehen. Das Neue war für ihn also der Rheinbund, dessen Mitgliedsstaaten auf französischen Druck fast alle Verfassungen erhielten, die Privilegien des Adels abschafften, die Gewerbefreiheit und die allgemeine Wehrpflicht einführten und die Gleichheit aller Bürger, einschließlich der Juden, vor dem Gesetz verkündeten. Diese Segnungen der Revolution, die der Eroberer nach Deutschland gebracht hatte, waren Grund für Jean Paul, der immer stärker sozial als national dachte, zeitweilig in Napoleon nur den Wohlstands- und Friedensbringer zu sehen. Später kam auch bei ihm die Erkenntnis, dass Napoleon den Fortschritt nicht diesem oder den Deutschen zuliebe gebracht hatte, sondern weil sich mit ihm sein Kriegspotential stärken ließ. Als sich die Reformen als Kriegsvorbereitungen enthüllten, wurden die Vorteile, die sie gebracht hatten, schnell von den Lasten des Krieges abgelöst. Mit den Zehntausenden von sächsischen, bayerischen, württembergischen und westfälischen Soldaten, die in Russland für Napoleon sterben mussten, waren auch für ihn die Reformen zu teuer bezahlt.

Die spätere Erkenntnis, dass Napoleon nicht der Friedensfürst war, für den er ihn zeitweilig gehalten hatte, konnte Jean Paul aber nicht dazu bringen, dem nationalistischen Rausch zu verfallen, der als Folge der napoleonischen Unterdrückung in diesen Jahren viele Deutsche ergriff. Sein Predigen für den Frieden war auch eines für die Gleichberechtigung der Nationen, was ihm natürlich den Zorn von Kriegs- und Hasspredigern zuzog, unter denen Ernst Moritz Arndt ein besonders talentierter und wirksamer war. In seinen »Briefen an Freunde« hatte Arndt 1810 seiner Verachtung Jean Pauls kräftigen Ausdruck gegeben, und zwar so: *»Der erste dieser verbrecherischen Verweichlicher, dieser Nervenausschneider menschlicher Kraft, dieser Anatomen des innersten Heiligtums des Herzens, dieser dumpfen Totengräberseelen, ist der berühmte Jean Paul Richter, der das Schönste durch Unmaß verdirbt und alle Empfindung und Sehnsucht des menschlichen Gemütes über die Grenzen der Mäßigkeit und Ruhe hinauslockt: ein gefährlicher Mensch durch lebendig Blut und hohe Geistigkeit und durch viele echte Götterblitze; aber ein verderblicher Verführer und Vergifter, durch welchen alles Gestaltvolle und Männliche untergehen muss in dem, der sich ihm* ergibt.« Der so Angegriffene hatte in seinem »Leben Fibels« prompt geantwortet, den

Friedenspredigten

Abb. 44: Ernst Moritz Arndt. Nach Ludwig Buchhorn gestochen von Carl Traugott Riedel

»*Kraft-Menschen*« Arndt mit der »*Butterblume*« verglichen, aus der nie Butter werde, und ihn einen »*Donneresel*« und »*Maul-Riesen*« genannt.

Arndts Angriff war vor allem gegen Jean Pauls »Dämmerungen für Deutschland« gerichtet, die 1809 erschienen waren und deren wichtigstes Kapitel mit »Kriegserklärung gegen den Krieg« überschrieben ist. Nachdem er schon in seinem pädagogischen Werk »Levana« klargemacht hatte, dass er beim Thema Krieg und Frieden nicht zuerst an das Wohl der Nation, sondern an das der Menschheit dachte, ging er nun in den »Dämmerungen« auch direkt gegen die Kriegsverherrlicher vor. Gegen Arndt zum Beispiel, der den Deutschen in seiner »Friedensrede eines Deutschen« nicht nur hatte weismachen wollen, dass »*von jeher der Keim des Großen und Guten im germanischen Volke*«

gelegen habe, »*wie in einigen Völkerschaften der Keim des Gemeinen und Schlechten*« liege, sondern auch, dass Kriege nötig seien, »*weil wir sonst in Nichtigkeit, Weichlichkeit und Faulheit einschlafen würden*«, statt gleich den Germanen, diesen »*edlen Barbaren*«, immer zum Kampfe bereit zu sein. Mitschuld an dieser Kraftlosigkeit der Deutschen habe aber auch die Literatur. »*Wir haben uns durch eine schlechte Lehre einer empfindelnden Humanität und eines philanthropischen Kosmopolitismus (wie man mit vornehmen, fremden Worten das Elendige nennt) einwiegen und betören lassen, dass Kriegsruhm wenig, dass Tapferkeit zu kühn, dass Männlichkeit trotzig und Festigkeit beschwerlich sei; halbe Faulheiten und weibische Tugenden sind von uns als die höchsten Lebensbilder aufgestellt: deswegen sehen wir nach jenen ersten vergebens aus.*«

Jean Paul dagegen bestreitet die Notwendigkeit von Kriegen und Kriegshelden. Verweichlichung könne auch durch Arbeit vermieden werden, und um Mut zu beweisen, müsse man kein Krieger sein. Ihm gilt der Wissenschaftler mehr als der Feldherr, und Rüstungskosten sind ihm unnütz vergeudetes Geld. »*Wollte ein Staat nur die Hälfte seines Kriegs-Brennholzes zum Bauholz des Friedens verbrauchen, wollt er nur halb so viel Kosten aufwenden, um Menschen als um Unmenschen zu bilden, und halb so viel, sich zu entwickeln als zu verwickeln: wie ständen die Völker ganz anders und stärker da.*«

Jean Pauls Argumente für den Frieden sind zwar nicht immer stichhaltig, weil er mehr der Beweiskraft von Metaphern als der von historischen Tatsachen vertraut, aber sie sind immer menschenfreundlich und mehr auf den Nutzen der Menschheit bedacht als auf den der Nation. Geistesgeschichtlich gesehen ist es die Moral der Aufklärung, die er vertritt, soziologisch die des kleinen Mannes, der die Kriege ernähren und erleiden muss und jeden verliert, auf welcher Seite er auch steht. Denn Kriege werden »*nur wider, nicht für die Menge*« gemacht, aber von ihr »*geführt und erduldet*«, und die Fürsten, die das Blut ihrer Völker für ihre Zwecke vergießen, haben kein Recht dazu. »*Das Unglück der Erde war bisher, dass zwei den Krieg beschlossen und Millionen ihn ausführten und ausstanden, indes es besser, wenn auch nicht gut, gewesen wäre, dass Millionen hätten beschlossen und zwei gestritten*«.

Mit Kant sah Jean Paul die Möglichkeit des ewigen Friedens nur in einem republikanischen Universalstaat, in dem es mit dem »*hässlichen Widerstreit zwischen Moral und Politik, zwischen Menschenliebe und Landesliebe*« endlich zu Ende sei. Vielleicht könne, so hoffte er, der Zwang zum Rüstungswettlauf einmal dazu führen, dass die »*Staatskörper unter der Strafe des Gewehrtragens erliegen und gemeinschaftlich ihre schwere Rüstung ausziehen*«. Falls das aber nicht geschehe, ahnt er Schlimmes voraus. »*Der Mechanikus Henri in Paris erfand ... Flinten, welche nach einer Ladung 14 Schüsse hintereinander geben; – welche Zeit wird hier dem Morden erspart und dem Leben genommen! Und wer bürgt unter den unermesslichen Entwicklungen der Chemie und Physik dagegen, dass nicht endlich eine Mordmaschine erfunden werde, welche wie eine Mine mit einem Schusse eine Schlacht liefert und schließt, so dass der*

Feind nur den zweiten tut, und so gegen Abend der Feldzug abgetan ist?«

Während Arndt, Jahn und andere, die Fanatismus und Hass von den Patrioten forderten, im 19. Jahrhundert viel geehrt wurden, war es mit der Erinnerung an den politischen Jean Paul immer schlecht bestellt. Heine, Börne und das Junge Deutschland hielten ihn noch in Ehren, dann aber wurde er so gut wie vergessen, weil er, der Vernunft und Menschlichkeit predigte, für einen Patriotismus, der sich von Franzosenhass nährte, nicht zu gebrauchen war. Dass sich die 1809 geschriebene und erschienene »Kriegserklärung gegen Krieg« gegen alle richtete, die wie Theodor Körner meinten, dass *»das höchste Heil, das letzte, ... im Schwerte«* liege, wird nicht direkt gesagt, ist aber offensichtlich, weshalb er dann auch die immer diffizile Frage nach dem Recht zum Kriege nicht umgehen kann. Arndt, der den Begriff des gerechten Krieges mehrfach benutzt, macht es sich damit in seinem 1813 geschriebenen »Katechismus für den deutschen Kriegs- und Wehrmann, worin gelehret wird, wie ein christlicher Wehrmann sein und mit Gott in den Streit gehen soll« leicht. Der Krieg sei gerecht, weil Gott aufseiten der für das Recht kämpfenden Deutschen stehe, während die bösen Franzosen nichts im Sinne hätten als Raub und Gewinn. Jean Paul dagegen muss zwar anerkennen, dass Verteidigungs- und Befreiungskriege gerecht sein können, weigert sich aber einzusehen, dass die Freiheit darin bestehen soll, vom eignen statt vom fremden Fürsten geknechtet zu sein. Ein klarer Fall des gerechten Krieges sei zwar gegeben, wenn barbarische Tataren eine freie Schweiz überfielen, aber so eindeutig sei das bei innereuropäischen Kriegen, wo Angriff oft als beste Verteidigung gelte, doch nie.

Andererseits ist seine »Kriegserklärung« aber auch an die Eroberer gerichtet, von denen er die groß genannten Alexander und Karl anführt, den damit vielleicht auch gemeinten Napoleon aber wohlweislich verschweigt. Deren Recht auf den Besitz ihrer *»von Blut-Katarakten zusammengeschwemmten oder -geleimten Länder«* kann er nicht höher achten als das von Straßenräubern. Ihnen, die für ihre Ideen ganze Länder und Völker opferten, stellt er einen Sokrates gegenüber, der für seine Idee nur sein eignes Leben gab. Als wenig später Napoleons räuberische Absichten offensichtlich wurden, machte er wahr, was er schon 1806 an Jacobi geschrieben hatte: *»Für die Menschheit gebe ich gern die Deutschheit hin; sobald aber beide den einen und selben Gesamtfeind haben, so wende ich mein Auge von diesem«.*

Er schwenkte also, als Napoleons Armeen, zu denen Soldaten fast aller europäischen Völker gehörten, in Russland einfielen, in seiner Beurteilung des Kaisers zu den Patrioten über und ließ sich, ohne den grassierenden Hass auf die Franzosen mitzumachen, 1813 auch von der Welle nationaler Begeisterung mitreißen, als von Preußen ausgehend der Krieg gegen die napoleonische Herrschaft über Deutschland begann. Der kleine Aufsatz, mit dem er der Befreiungseuphorie Tribut zollte, will zu dem Friedensprediger von 1809 nicht so recht passen, zumindest nicht in seinem ersten Teil, der die Grauen des Krieges verschönt. Der Gedanke, sich damit als Opportunist erwiesen zu haben, ist Jean Paul anscheinend nie gekommen; denn er hat die kleine Arbeit später wieder drucken lassen, sie allerdings nicht in seine politischen Schriften aufgenommen, sondern in das Sammelsurium »Herbst-Blumine«, das 1820 erschien.

Erstmals gedruckt wurde der 1813 verfasste Aufsatz mit dem Titel »Die Schönheit des Sterbens in der Blüte des Lebens; und der Traum von einem Schlachtfelde« 1814 in Cottas »Damenkalender«, wo er auch hingehörte, weil er die Hinterbliebenen der Gefallenen trösten sollte, indem er ihnen vorgaukelte, dass der Tod auf dem Schlachtfeld ein süßer sei. *»Vater, Mutter, schaue deinen Jüngling vor dem Niedersinken an: noch nicht vom dumpfen Kerkerfieber des Lebens zum Zittern entkräftet, von den Seinigen fortgezogen mit einem frohen Abschiednehmen voll Kraft und Hoffnung, ohne die matte satte Betrübnis eines Sterbenden, stürzt er in den feurigen Schlachttod wie in eine Sonne, mit einem kecken Herzen, das Höllen ertragen will – von hohen Hoffnungen umflattert – vom gemeinschaftlichen Feuersturm der Ehre umbrauset und getragen – im Auge den Feind, im Herzen das Vaterland – fallende Feinde, fallende Freunde entflammen zugleich zum Tod, und die rauschenden Todes-Katarakten überdecken die stürmende Welt mit Nebel und Glanz und Regenbogen – alles was nur groß ist im Menschen steht göttlich-glanzreich in seiner Brust als in einem Göttersaal, die Pflicht, das Vaterland, die Freiheit, der Ruhm. Nun kommt auf seine Brust die letzte Wunde der Erde geflogen: kann er die fühlen, die alle Gefühle wegreißt, da er im tauben Kamp-*

fe sogar keine fortschmerzende empfindet? Nein, zwischen sein Sterben und seine Unsterblichkeit drängt sich kein Schmerz, und die flammende Seele ist jetzo zu groß für einen großen, und sein letzter schnellster Gedanke ist nur der frohe, gefallen zu sein für das Vaterland. Alsdann geht er bekränzt hinauf als Sieger in das weite Land des Friedens ... Eltern, wollt ihr noch einmal Tränen vergießen über eure Söhne, so weint sie, aber es seien nur Freudentränen über die Kraft der Menschheit, über die reine Sonnenflamme der Jugend, über die Verachtung des Lebens und des Todes.«

Hier also war der Friedensprediger zum Kriegsverherrlicher geworden, aber wenn man den Aufsatz dann weiterliest, über das Semikolon des Titels hinweg zum »Traum von einem Schlachtfelde«, glaubt man das schlechte Gewissen des Dichters zu spüren, mit dem er von der Schönheit des Sterbens schrieb. Dieser »Traum« nämlich ist eine grauenhafte Vision von Tod und Vernichtung, die trotz eines verklärenden Schlusses die vorhergehende Tröstung zur Farce macht. Nach dem Muster der »Rede des toten Christus« schlägt hier der Stundenhammer eines brennenden Turms an eine schmelzende Glocke. Ein roter Komet rast über den Himmel. Kinder schießen sich mit hölzernen Weihnachtsflinten tot. Blutschnee fällt. Wagenladungen von Händen und Augen werden abgefahren. Ameisen wimmeln auf Menschengerippen. Durstige Überlebende öffnen Fässer, aus denen giftige Vipern quellen, und ein Ungeheuer singt dazu ein Tedeum nach der Melodie eines Gassenhauers: *»Töten ist mein Leben, Te Deum! – Die Menschheit wird darin gerädert stets von* *unter auf, Te Deum! – Unten bei dem Untertanenpack und Fußvolk wird damit begonnen, Te Deum! – Und alle Tränen sind für mich Freudentränen, Te Deum!«*

Als dann die zum Teil sehr verlustreichen Kriege vorüber waren, gehörte Jean Paul nicht zu den vielen Autoren, denen der geschlagene Napoleon noch Anlass zu Schimpfworten oder Satiren war. Seine 1814 erschienene Schrift »Mars und Phöbus Thronwechsel« nannte sich »scherzhafte Flugschrift« und war auch nicht mehr als eine solche, mit der er erreichen wollte, dass sich unter die vielen *»zürnenden Flugschriftsteller, welche andonnern«*, auch einer mischte, der *»bloß auspfeift«*. In ihr wird die Abdankung des Kriegsgottes gefeiert, der kürzlich verstorbene Napoleon-Gegner Fichte genauso geehrt wie der ebenfalls schon tote Napoleon-Verehrer Johannes von Müller, und die Freude über den Sieg ist mit der Hoffnung verbunden, dass das Bündnis der Völker, das ihn erringen konnte, einen langen europäischen Frieden garantiert.

DR. KATZENBERGER UND ANDERE

Im Mai 1808 konnte Christian Otto, der noch beim Prinzen Wilhelm in Königsberg ausharren musste, in einem der selten gewordenen Briefe seines Freundes Richter von dessen innerer Starrheit und Kälte lesen, gegen die selbst der *»Frühling und alle seine Sternenhimmel«* machtlos sei. Zwar wurde diese Erstarrung vom Briefschreiber als Folge der politischen Zustände bezeichnet, doch war im gleichen Brief auch nicht zu verkennen, dass sich bei ihm mit der Sesshaftwerdung und dem wachsenden Alter eine Resignation verband.

Auch äußerlich hatte er sich so verändert, dass mancher Besucher, der in Bayreuth den berühmten Verfasser des »Hesperus« zu sehen erwartet hatte, vor seiner Erscheinung erschrak. Der dicke Mann in nachlässiger und unsauberer Kleidung, der gern, viel und schnell in seiner fränkischen Mundart redete, wirkte älter, als er tatsächlich war. Auffallend waren auch seine absonderlichen Vorlieben, die er den belustigten oder entsetzten Gästen mehr ausstellte als verbarg. Da gab es das auf seiner Schulter sitzende Eichhörnchen, das, wie er Otto berichtete, *»nicht beißt und nicht pisst (denn letzteres tuts jeden Morgen um 6 Uhr)«*, und das er auch bei feierlichen Gelegenheiten, wie einer Taufe, in der Rocktasche trug. Ständig wurde er von einem Spitz, später von einem Pudel begleitet, den mancher Besucher für den Briefboten der »Hundsposttage« halten wollte, und Käfige mit Vögeln und Mäusen gab es in seiner Wohnung auch. In einem mit Tüll bespannten Behältnis wurden Fliegen gemästet, mit denen sein Laubfrosch gefüttert wurde, der sein Wetterprophet war. Denn zu seinen Steckenpferden gehörte auch die Wettervorhersage, über die er 1816 sogar einen längeren Aufsatz mit dem Titel »Der allzeit fertige und geschwinde Wetterprophet« verfasste, in dem er neben dem Stolz auf seine Fähigkeiten auch ein wenig Selbstironie bewies. Noch ernsthafter aber widmete er sich dem Mesmerismus, der nach seiner Hochblüte um 1780 nach 1815 wieder in Mode gekommen war. Er studierte die einschlägigen Werke, schrieb 1813 seine »Mutmaßungen über einige Wunder des organischen Magnetismus« und traute sich selbst magnetische Kräfte zu. Als der junge Mediziner Karl Bursy, der später als Arzt in Kurland wirkte, ihm 1816 von den Fortschritten des Mesmerismus in Berlin erzählte, erregte er damit das höchste Interesse Jean Pauls. *»Selten ließ er mich zu Ende reden. Mit jedem Wort, das ich sprach, drängten sich ihm neue Fragen zu, und sein Auge funkelte und glühte, als wollte er jeden Dintenflecken seiner schmutzigen Stubendiele zum magnetischen Reverberierspiegel potenzieren. ... Er selbst hat schon manchmal bei Zahn- und Kopfschmerzen seiner Freunde mit Wirkung magnetisiert und wollte von mir wissen, ob er die Manipulation richtig vornehme. Ich musste mich hinsetzen, und nun manipulierte er an mir* *in seinem Feuer so starken Druckes, dass es fast schmerzte.«*

Jean Pauls vielseitiges Interesse an den Wissenschaften, das in der Ästhetik, der Philosophie, der Theologie und der Pädagogik Beiträge hervorbrachte, die ernst genommen werden konnten, führte ihn manchmal aber auch auf Wege, die nur der Kuriosität halber erwähnenswert sind. So erregte zum Beispiel der Eifer, mit dem er sich zeitweilig in Randprobleme der Sprachwissenschaft verbohrte, bei den Fachleuten nur Spott. War schon die individuelle Rechtschreibung, die er sich in der Jugend aus Originalitätssucht erdacht, später aber wieder aufgegeben hatte, von kuriosen Zügen nicht frei gewesen, so viel mehr noch seine Abhandlung »Über die deutschen Doppelwörter«, die erst in einer Zeitschrift, 1819 dann auch als Buch erschien. In deren Einleitung rühmte er sich, als Erster die Regel entdeckt zu haben, nach der die Bildung von zusammengesetzten Wörtern, die er als Doppelwörter bezeichnete, erfolgt. Vor allem ging es ihm bei seiner Untersuchung, die sich im Wesentlichen in einer Klassifizierung der Doppelwörter erschöpfte, um das Binde-S oder auch Fugen-S, das manchmal dazwischen geschoben wird, wie bei Königskrone, und manchmal, wie bei Kaiserkrone, auch nicht. Angeregt dazu hatte ihn ein Sprachforscher namens Christian Heinrich Wolke, ein alter Mann, der sich in jungen Jahren als Pädagoge der Aufklärung gemeinsam mit Basedow große Verdienste in Deutschland und auch in Russland erworben hatte, im Alter aber die Idee einer rigorosen Reformierung der deutschen Sprache entwickelt hatte, die er in einem

500 Seiten langen Werk mit dem Titel »Anleit zur deutschen Gesamtsprache oder zur Erkennung und Berichtigung einiger (zu wenigst 20) tausend Sprachfehler in der hochdeutschen Mundart; nebst dem Mittel, die zahllosen, – in jedem Jahre den Deutschschreibenden 10 000 Jahre Arbeit oder die Unkosten von 500 000 verursachenden – Schreibfehler zu vermeiden und zu ersparen« niedergelegt hat. Jean Paul war zwar von der Entschiedenheit, mit der Wolke alle Regelwidrigkeiten der Sprache beseitigen wollte, beeindruckt, nicht aber bereit, diese mitzumachen. Als Wolke ihn 1811 aufforderte, bei der Reinigung der Sprache von allem Unregelmäßigen voranzugehen, lehnte er das mit der Begründung, dass vorher erst »*alte Landesformen, Philosophien, Fürsten und 10 000 andere Dinge*« abgeschafft werden müssten, entschieden ab. Er übernahm von Wolke nur Kleinigkeiten, wie den Titel »Herbst-Blumine« für eine Sammlung kleinerer Arbeiten, in deren Vorrede er erläuterte, dass das Wort Blumine der von Wolke eingedeutschte Name der Göttin Flora war. Dass man nach Meinung des »*edlen Deutschmanns*« Wolke auch die Venus zur Huldine, die Pomona zur Obstine und den Vulkan zum Feueran machen sollte, fand Jean Pauls Zustimmung, mehr aber noch die Forderung, dass das Fugen-S zwischen den Doppelwörtern zu tilgen sei. Bei der Überarbeitung des »Siebenkäs« machte er sich dann tatsächlich die Mühe, alle diese S wegzustreichen, so dass man bei der Lektüre dieses wunderbaren Romans bei jedem Hochzeittag, Eselohr oder Zeitungartikel im Lesen stockt.

Zu seiner Vielseitigkeit gehörte aber auch die Beschäftigung mit medizinischen Fragen, durch die er sich nicht nur zum Kurieren von Kindern und Mägden befähigt glaubte, sondern auch zur Selbsttherapie. Ständig beobachtete er seine Körperfunktionen, und die Selbstdiagnose, die er unter dem Titel »Vorbericht zu dem Kranken- und Sektionsbericht von meinem künftigen Arzte« für die berühmten Berliner Ärzte Heim und Hufeland anfertigte, war anscheinend nicht falsch. Der oben schon zitierte Arzt Bursy hielt den Dichter für einen Hypochonder, der auf jeden *»Puls- und Herzschlag mit größter Genauigkeit«* achtete und auch Selbstbeobachter beim Essen und Schlafen war. *»Schlafen muss ich viel, damit meine Leser nicht schlafen«*, soll er zu Bursy gesagt haben. *»Unmittelbar nach dem Abendessen lege ich mich zu Bette, und mit Hülfe meiner in Katzenbergers Badereise gerühmten Mittel bringe ich's schnell zum Einschlafen. Ich habe jetzt noch viel mehr solcher Mittel erfunden und durch Selbsterfahrung geprüft. Da ich nachts wohl zwanzigmal aufwache, um Wasser zu trinken, so musste ich mir untrügliche Mittel ausfinden, und ich habe sie gefunden. Ich schlafe gewöhnlich acht Stunden und trinke morgens, sobald ich aufgestanden, ein Glas ganz kaltes Wasser, eine gute Stunde danach reinen, leichten französischen Wein.«*

Selbstbeobachtung nicht nur des Körperlichen, sondern auch des Psychischen, war für den Erzähler immer wichtig gewesen, von den Anfängen an. Siebenkäs, Wutz, Fixlein und andere seiner Gestalten waren doch zu großen Teilen nach seinem eignen Bilde geformt worden, und wenn er sie auch durch Ironie verfremdet hatte, war doch eine Identifizierung mit ihnen, am stärksten im »Siebenkäs«, erhalten geblieben, die er nun in seinen späten Erzählungen, die nicht weniger Eignes enthalten, ganz unterließ. Konnten die Fixlein und Wutz lächelnd bemitleidet und doch geliebt werden, so können die Gestalten der späten Erzählungen, deren Schwächen bloßgestellt werden, entweder als unheimlich empfunden werden, oder sie werden ausgelacht. So wird in »Des Feldpredigers Schmelzle Reise nach Flätz« das Porträt eines Angsthasen gegeben, das, da es vom Militärpfarrer selbst als Heldengeschichte erzählt wird, als ein Spaß daherkommt, in Wahrheit aber der Krankenbericht eines unter Angstvorstellungen leidenden Psychopathen ist. Schmelzle fürchtet sich nicht nur vor Gewalt, Diebstahl, Feuersbrunst und Gewitter, sondern auch vor der Möglichkeit, dass ein anderer seine Unterschrift nicht entziffern kann. Angst macht ihm der Gedanke, dass er gezwungen sein könnte, einen Ertrinkenden zu retten und dabei selbst zu ertrinken. In der Kirche, wo er als Kind immer gefürchtet hatte, während der Predigt schreiend zur Kanzel hinauf seine Anwesenheit bekunden zu müssen, fürchtet er nun, dass er beim Abendmahl zu lachen gezwungen sei. Vor jeder Reise muss er seiner Frau eine Liste mit Verhaltensregeln bei Unglücksfällen übergeben, und beim Barbier, der das Rasiermesser an seine Gurgel führen könnte, steht er jedes Mal Todesangst aus. Dass der Autor hier versucht hat, eigne Phobien durch Übertreibung zu bekämpfen, ist offensichtlich, aber zum Lachen, wie Jean Pauls selbst das behauptete, ist das nicht.

Zum Lachen ist da schon eher »Dr. Katzenbergers

Abb. 45: Illustration zum »Feldprediger Schmelzle« von Karl Thylmann

Badereise« geeignet, obwohl auch da mancher Scherz eher schaudern lässt. In dieser gut gebauten Geschichte, in der auch eine Verwechslungskomödie enthalten ist, reist der Arzt und Anatom Dr. Katzenberger in einen Badeort, um einen Rezensenten zu verprügeln, der seine Abhandlung über Missgeburten bösartig verrissen hat. Begleitet wird er von seiner Tochter Theoda, die den berühmten Dichter Theudobach verehrt und zu lieben meint, am Ende aber mit einem weniger eitlen Namensvetter des Dichters glücklich wird. Lesenswert wird diese triviale Geschichte hauptsächlich der beiden männlichen Gestalten wegen, die sich aber nicht mehr wie Siebenkäs und Leibgeber in Freundschaft miteinander verbinden, sondern sich als ins komische Extrem getriebene Personifizierungen von Wissenschaft und Poesie völlig fremd gegenüberstehen. Der Dichter ist dem Doktor nur Objekt der Belustigung, der Doktor dem Dichter nur Modell für ein künftiges Werk. Die Ideale, die der junge Jean Paul einst hatte, werden in Theudobach mit Spott übergossen, Landschaft, Wetter, Mond und Sterne, die einst zum Schwelgen in Gefühlen verführten, werden nur noch parodistisch verwendet, und der einzige Beweggrund von Theudobachs Dichten ist die Eitelkeit. Diesem Geck ist Katzenberger haushoch überlegen, die Einkräftigkeit, die im »Titan« ernsthaft bekämpft wurde, feiert hier im Komischen Triumphe, und doch bleibt die Gestalt des Doktors glaubwürdig, weil er, trotz aller Gefahren, die sich in seinem Spezialistentum verkörpern, immer wieder menschlich und moralisch aufgewertet wird. Seine Jagd nach Monstern macht teilweise lachen, unter zur Schau getragener Kälte schlägt ein warmes Herz für die Tochter, wenn er Kranke behandelt, die arm sind, kann er auf Honorare verzichten, und seine Zynismen, die die vornehme Badegesellschaft erschrecken, heben sich wohltuend von der süßlichen Gefühligkeit des Poeten ab.

Den Spaß, den Jean Paul, wie er an Otto schrieb, beim Erfinden von Katzenbergers *»Sprech-Zynismus«* hatte, kann der Leser des kleinen Romans leider nicht durchgängig nachempfinden, weil ihm manchmal nämlich das Lachen über den Enthusiasmus des nach Missgeburten jagenden Wissenschaftlers vergeht. So zum Beispiel wenn der verwitwete Doktor eine weibliche Missgeburt, *»wenn sie sonst durchaus nicht wohlfeiler zu haben wäre«*, auch heiraten könnte, wenn er sich daran erinnert, dass er die eigne schwangere Frau absichtlich erschreckte, weil er sich dadurch eine Missgeburt erhoffte, oder wenn er sich auf die Hinrichtung eines Posträubers oder auf das Prügeln des Rezensenten, zu dem es nicht kommt, in sadistischer Weise freut.

Heute kann man den »Katzenberger« als Warnung vor solchen entmenschten Spezialisten wie KZ-Ärzten oder Atombombenbauern lesen, vom Autor als solche gemeint ist er sicherlich nicht. Zu deutlich ist, dass Jean Paul den Doktor komisch, nicht entsetzlich findet, weshalb er ihn aller Welt, vom Fürsten bis zum Dichter, überlegen sein lässt. Wenn erläutert wird, dass sich Ärzte ihrer Unentbehrlichkeit wegen Grobheiten sogar gegen Fürsten leisten können, schließt der Absatz mit den Worten: *»Etwas anderes sind Dichter, Weltweise und Moralisten, ja Prediger in unseren Tagen, diese können nie höflich genug sein, weil sie nie unentbehrlich genug sind.«* Die Wissenschaft siegt hier über die Poesie, die Realität über die Phantasie. Nur an einer Stelle, wenn die Liebenden sich kriegen nämlich, überwindet der schwärmerische Jean Paul noch einmal den resignierten. Da werden wie in Jugendzeiten beim Schein des Mondes und dem Gesang der Nachtigallen in einer Sommernacht selige Träume geträumt.

Dieser Stilbruch wird unbedeutend, hält man ihn gegen den des nächsten Buches, das mit »Leben Fibels, des Verfassers der Bienrodischen Fibel« betitelt ist.

Wenn sich hier auch einzelne Passagen finden, die zu des Autors schönsten gehören, so ist das Ganze doch eher misslungen, weil sich in die beabsichtigte Parodie auf Biographien berühmter Männer immer wieder Autobiographisches mischte, so dass das komisch Gemeinte mehr zum Idyllischen tendiert.

Komisch sollte im ursprünglichen Plan des Buches die Biographie Fibels dadurch werden, dass seine zu rühmende Lebensleistung, nämlich die 24 ABC-Verse, an denen auch Jean Paul einst das Lesen erlernt hatte, eigentlich lächerlich ist. Da Jean Paul aber zu der fiktiven Jugendgeschichte Fibels weitgehend die eigne nutzte und er über das weitere Leben des Schöpfers der Fibelverse wenig zu sagen wusste, wirken die parodistischen Töne, die dem Plan entsprechend eingestreut werden, nur deplatziert. Man hat den Eindruck, dass die zur Kindheit des Autors gehörende Fibel ihm eigentlich zum Parodieren zu heilig ist. Im Anhang des 1811 erschienenen Büchleins hat er die kindlichen Verse, von »*Ein Affe gar possierlich ist, / Zumal wenn er vom Apfel frisst*« bis zu »*Die Ziege Käse gibt zwei Schock, / Das Zählbrett hält der Ziegenbock*«, mit den dazugehörigen Bildchen vollständig abgedruckt.

Als er, wie immer erst nach Beendigung der Arbeit, das Vorwort schrieb, war von Parodie gar keine Rede mehr. Gerühmt wird vielmehr ein stilles Leben, in dem eigentlich nichts geschieht. »*Ich für meine Person bekenne gern, dass ein solches Werkchen, wie ich eben hier der Welt darreiche, mir, wenn ichs von einem Dritten bekäme, ein gefundnes Essen wäre und Leben in mich brächte; denn ich würd' es auf die rechte Weise lesen, nämlich Ende Novembers (der wie der April und der Teufel immer schmutzig abzieht) oder auch sonst bei starkem Schneegestöber und Windpfeifen – ich würde an einem solchen Abend mehr Holz nachlegen lassen und die Stiefel ausziehen, ferner die politischen Zeitungen einen Tag zu lange liegen oder sie ungelesen fortlaufen lassen – ich würde Mitleid mit jeder Kutsche haben, die zum Tee führe, und mir bloß ein Glas und ein vernünftiges Abendbrot aus der Kindheit bestellen und für den Morgen ein halbes Lot Kaffee Überschuss, weil ich schon voraus wüsste, wie sehr ich durch ein so treffliches, ruhiges Buch (wofür dem Verfasser ewiger Dank sei!) zur Anspannung für ein eignes glänzend ausgeholet hätte ... So würde ich das Werkchen lesen; aber leider hab' ich es selber vorher gemacht.«*

Das Schlusskapitel zeigt dann den uralten Fibel, der unter Pudeln, Eichhörnchen und Vögeln glücklich wie in Kindertagen geworden ist. Seine frischen Zähne und blonden Locken sind ihm nach seiner zweiten Geburt wieder gewachsen, als ihm durch Abkehr vom Ehrgeiz des Literaten die Rückkehr zu der glücklichen Zeit vor dem Sündenfalle gelungen war.

Der 48 Jahre alte Autor, der diesen Weg zum Glück anzeigte, dachte aber nicht daran, ihn auch zu beschreiten. Ihn regte vielmehr, wie im Vorwort nachzulesen, der Traum von einem Leben jenseits aller literarischen Eitelkeiten nur dazu an, ihn literarisch zu verwerten. Kann denn der Dichter dafür, heißt es im »Katzenberger«, »*dass seine Phantasie stärker ist als sein Charakter und Höheres ihm abfordert und andern vormalt, als dieser ausführen kann?*«

DIE ROLLWENZELEI

Emma, Jean Pauls älteste Tochter, erinnerte sich als Erwachsene gern an glückliche Abendstunden, in denen der Vater nach getaner Tagesarbeit zum Erzählen aufgelegt war. *»In der Dämmerstunde erzählte er uns früher Märchen oder sprach von Gott, von der Welt, vom Großvater und vielen herrlichen Dingen. Wir liefen um die Wette hinüber, ein jedes wollte das erste neben ihm auf dem langen Kanapee sein; der alte Geldkoffer mit Eisenreifen und einem Loch oben im Deckel, dass ein Paar Mäuse nebeneinander ohne Drücken hindurch konnten, wurden in der ängstlichen Eile die Treppenstufe, von der aus man über die Kanapeelehne stieg. Denn vorn zwischen dem Tisch und Repositorium sich durchzuwinden, war mühselig. Wir drängten uns alle drei zwischen die Sofawand und des liegenden Vaters Beine; oben über ihm lag der schlafende Hund. Hatten wir endlich unsere Glieder zusammengeschoben und in die unbequemste Stellung gebracht, so ging das Erzählen an.«*

Als die Kinder größer waren, zog er sich gern auch von der Familie zurück. Abends saß er in der 1803 gegründeten und noch heute bestehenden Harmonie-Gesellschaft, in der er seit 1805 Mitglied war. Hier konnte

*Abb. 46: Jean Paul an der Rollwenzelei.
Gemälde von Theobald von Oer*

er die neuesten Zeitungen und Zeitschriften lesen, Bier trinken, die aktuelle Politik diskutieren oder aber auch in Streit über die Frage geraten, ob er von seinem Pudel begleitet werden durfte oder nicht. Aber auch seine Arbeitsstunden verbrachte er außer dem Hause, und zwar in einem auf halber Strecke zwischen Bayreuth und dem markgräflichen Lustschloss Eremitage gelegenen ehemaligen Zollhaus, das seit 1809 auch Schankberechtigung hatte und noch heute den von Jean Paul stammenden Namen Rollwenzelei trägt. Dessen Wirtin Anna Dorothea Rollwenzel, eine geborene Beyerlein aus

Hutschendorf bei Kulmbach, deren zweiter Ehemann Rollwenzel in der Wirtschaft offensichtlich wenig zu sagen hatte, war eine resolute, aber warmherzige Frau, die den sieben Jahre jüngeren Dichter wie eine Mutter umsorgte und seiner Berühmtheit wegen sehr stolz auf ihn war. Morgens wanderte er mit Ranzen, Knotenstock und Pudel zu ihr hinaus, bezog die für ihn eingerichtete Arbeitsstube im Oberstock des Hauses und wurde von ihr mit Essen und dem notwendigen Bier versorgt.

Die jungen Autoren Wilhelm Häring, der sich als Schriftsteller Willibald Alexis nannte und Jean Paul später auch zu einer Romanfigur machte, und Wilhelm Müller, den vor allem seine Liederzyklen »Die Winterreise« und »Die schöne Müllerin« bekannt machten, schilderten in ihren Berichten über Bayreuth, das sie nach Jean Pauls Tode besuchten, die originelle Wirtin

Abb. 47: Rollwenzels Wirtshaus. Gezeichnet von Heinrich Stelzner, gestochen von Franz. Hablitschek

Die Rollwenzelei

als eine redselige Alte, die ihren Dichter verehrte, aber immer auch wusste, wie wichtig sie für ihn war. *»Aber ich habe ihn auch gepflegt«*, lässt Wilhelm Müller sie sagen, *»wie einen Gott auf Erden habe ich ihn angesehen, und wenn er mein König und mein Vater und mein Mann und mein Sohn zusammen gewesen wäre, ich hätt' ihn nicht mehr lieben und verehren können. Ach, das war ein Mann! Und wenn ich gleich seine Schriften nicht gelesen habe, denn er wollte es nicht haben, so bin ich doch immer so glückselig gewesen, wenn ich hörte, wie sie weit und breit gelesen und gelobt würden, als hätt' ich selber daran geholfen. Und die Fremden, die hierher kamen, die musste man hören, wenn man den Herrn Legationsrat wollte schätzen lernen. Denn hier in Bayreuth haben sie ihn gar nicht zu estimieren gewusst.«* Und bei Häring kann man von der Rollwenzel erfahren, dass kein anderer Mensch so viel Witz wie ihr Dichter hatte, keiner so schnell wie er schreiben konnte, und dass er sich zum Essen oft Kartoffeln wünschte, diese dann aber im Arbeitseifer kalt werden ließ. *»Aber sehen Sie«*, erzählt sie dann weiter, *»ob er nun gleich ein so großer Mann geworden, dass er mit Kaisern und Fürsten umgeht, doch bleibt er freundlich gegen jedermann. ... Sonntags, wenn wir Gäste aus der Stadt kriegen, setzt er sich hier zu uns in die Schenkstube herunter und redet mit den Bürgern das und jenes, dass sie erstaunt sind und nicht wissen, was er will, und doch weiß er sie alle kirr zu machen, dass sie ihn auf den Händen tragen möchten, und dann sagt der liebe Herr: er findet immer weit mehr Verstand bei ihnen, als man glaubte«*.

Dass er versuchte, sein vorwiegend der Arbeit ge-

*Abb. 48: Frau Rollwenzel.
Miniatur*

widmetes Junggesellenleben mit Frau Rollwenzel als Ersatzmutter wieder aufzunehmen, lässt darauf schließen, dass das Eheglück, das er sich erträumt hatte, bald dem normalen Alltag einer Ehe mit Höhen und Tiefen gewichen war. Karoline war trotz ihrer anbetenden Liebe zum Dichtergatten doch nicht die erträumte Rosinette, die nur für ihn zu leben strebte, und allein ihrer mütterlichen und hausfraulichen Verantwortung wegen durfte sie es nicht sein. Schon aus praktischen Gründen musste sie ihrem Mann, der vorwiegend für sein Schreiben und seine kindlichen Steckenpferde lebte, ihren eignen Willen entgegensetzen, wodurch Auseinandersetzungen entstanden, über die er sich 1810 sogar einmal bei ihrem Vater beschwerte, den er auf seiner Seite wusste, denn beider Ansichten über die Rollenverteilung von Mann und Frau waren die gängigen ihrer Zeit. Also bat der Geheime Tribunalsrat Mayer brieflich seine geliebte Tochter, künftig ihre Heftigkeit beim Durchsetzen ihres Willens zu mäßigen, denn er wisse aus Erfahrung, dass die Frau dadurch die Liebe des Mannes leicht verliere. *»Gib also auf dich Acht, von dieser Seite künftig weiter keine Blöße zu geben. Denn dass du in Beziehung auf deinen Mann selbst nie vergessen wirst, was du ihm als demjenigen, der dir Schutz und Ehre verleihet und der dein und der Deinigen Versorger ist, schuldig bist, verstehet sich von selbst.«*

So verstand das auch der Dichter, der zwar zum Liebling der Damen hatte werden können, weil er sie in seinen Büchern oft zu luftigen Idealgestalten verklärt hatte, der ihnen aber an Rechten nur die des Herzens einzuräumen verlangt hatte. Statt sie wie Sklaven nur waschen, kochen und stricken zu lassen, sollte man ihnen zur Ausbildung ihres Gefühls auch das Lesen und Musizieren erlauben und ihnen in Fragen der Liebe eigne Entscheidungen zugestehen. Die Unterschiede in der inneren Natur der Geschlechter glaubte er, wie er in seiner »Levana« ausführte, in die Begriffe *»lyrisch und Empfindung«* bei den Frauen und *»episch und Reflexion«* bei den Männern fassen zu können, womit sich für ihn die ärgerliche Tatsache, dass seine weiblichen Leser die von ihm so geliebten Vorreden gern überschlugen, seine Satiren nicht mochten und seine Witze nicht verstanden, leicht erklären ließ.

Im Prinzip war Karoline, die nichts von einer Esther Gad oder einer Charlotte von Kalb hatte, mit dieser Rollenverteilung durchaus einverstanden, hatte aber zu viel Selbstbewusstsein, um nicht als Lohn für ihre

Opferbereitschaft ein wenig Lob oder doch erneuerte Liebesbeweise zu fordern, zu denen ihr Mann, der sich schreibend ständig selbst überforderte, nicht in der Lage war. Deshalb rettete sie sich in gelegentliches Aufbegehren, er aber schrieb die »Trümmer eines Ehespiegels«, in denen seine Erfahrung zu Aphorismen gerann. Da schreibt er, der erst mit 38 Jahren geheiratet hatte, zum Beispiel: »*Je später die Ehe, desto schwieriger. Einen Hagestolzen zu ehelichen, ist fast gefährlicher als eine Witwe. Denn diese erwartet Männer, wie sie sind, und fühlt weniger Furcht als sie vielleicht gibt. Jener hingegen verlangt alle seine vorigen Liebschaften in der letzten konzentriert, falls er nämlich bescheiden ist, denn ein Unbescheidener fordert, dass die letzte alle übertreffe und seine vorigen Untreuen und seine jetzige Wahl rechtfertige. Aber freilich, da man in Flüssen täglich fischt, in Teichen nur im Herbst einmal, so muss sich der ältliche Mann nachher sehr verwundern, und er sagt: Ei verdammt! So hab ich mich doch noch zu früh verplempert!*« Und sowohl am Anfang wie auch am Ende dieser Sammlung von Erfahrungen heißt es: »*Männer, zeigt mehr Liebe! Weiber, zeigt mehr Vernunft!*«

Karoline, die ihren Kummer nicht durch Schreiben in die Öffentlichkeit ableiten konnte, hat später, nach 18 Ehejahren, in einem Brief an die Mutter von Heinrich Voß zu erklären versucht, woran sie litt. »*Ich bin vom ernstesten und frömmsten Willen beseelt, meine Pflicht zu tun, allein es ist ein Unglück, dass ich ein zu weiches Herz in meiner Brust trage. Dieses Herz hat nun oft mein Glück und das meines Mannes verdorben, denn es will lieben und, obgleich nur in ewigen Opfern für*

Mann und Freunde sein Glück findend, doch den großen Lohn finden, wieder erkannt und geliebt zu sein.« Früher, so klagt sie weiter, habe sie die Bücher ihres Mannes abschreiben und sich auch dazu äußern dürfen, nun bekomme sie sie erst nach dem Druck zu lesen und *»sein alles überflügelnder Geist«* lasse Äußerungen von ihr nicht zu.

Ernestine Voß, selbst Frau eines Dichters, des Johann Heinrich Voß nämlich, hatte für sie nur den Trost, den man bis heute für dergleichen Frauen hat: *»Die Lebensgefährtin eines berühmten Mannes hat einen hohen Beruf! Wenn sie sich in seine Eigentümlichkeiten hineinstudiert hat, so hat sie auch für Welt und Nachwelt gewirkt, sie ist ein Mittel geworden, ihm seinen Weg zu ebnen und Pflichten für ihn zu übernehmen, die der gewöhnliche Mann selbst erfüllen muss.«* Auch wenn sie schmerze, nicht genug anerkannt zu werden, so sei doch das Bewusstsein, am Werk des Mannes mitgewirkt zu haben, Lohn genug.

DAS IMMERGRÜN DER GEFÜHLE

Jean Pauls Familiengründung und Sesshaftwerdung hatte auch zur Folge, dass er der familiären Bindung und der Kleinstadtenge, die er gesucht hatte, immer wieder überdrüssig wurde und ihnen zeitweilig entfloh. Ab 1810 unternahm er fast in jedem Sommer Reisen, die ihn nach Bamberg, Erlangen, Nürnberg, Heidelberg, Frankfurt, Stuttgart, Löbichau, München und Dresden führten, wo er von Verehrern und Verehrerinnen gefeiert wurde, alte Freunde besuchte und manchmal auch neue fand. Wie schon in jüngeren Jahren, so zog er auch noch im Alter eine weibliche Gesellschaft einer gelehrten männlichen vor. So ist zum Beispiel von seinem Besuch in Dresden im Jahre 1822 überliefert, dass er auf die Frage, wen er in der Abendgesellschaft gern um sich sähe, geantwortet habe: »*Laden Sie dazu dreihundert Jungfrauen und drei Männer ein, mich eingeschlossen.*« Mit bedeutenden Autoren kam er deshalb nur selten zusammen, und nicht immer ging das gut.

Mit E. T. A. Hoffmann war er wahrscheinlich schon 1801 in Berlin durch dessen Cousine und Verlobte Minna Doerffer bekannt geworden, weil diese mit Karoline Mayer befreundet gewesen war. Bei seiner Rückkehr nach Weimar hatte er damals Hoffmanns musikalische Bearbeitung von Goethes Singspiel »List, Scherz und Rache« an Goethe übergeben, vergeblich, wie sich herausstellen sollte, denn Goethe hatte diesem Anfängerwerk keine Beachtung geschenkt. In schlechter Erinnerung war aber die Begegnung mit dem jungen Hoffmann bei Jean Paul und Karoline deshalb geblieben, weil Hoffmann seiner Verlobten damals unbegründet plötzlich untreu geworden war. Zehn Jahre später traf Jean Paul nun auf seiner Reise nach Bamberg am Mittagstisch des Verlegers und Weinhändlers Karl Heinrich Kunz mit Hoffmann wieder zusammen, der als Kapellmeister am Bamberger Theater wirkte und auch als Schriftsteller bekannt zu werden begann. Obwohl beide in Rousseau, Sterne und Hippel die gleichen literarischen Ahnen hatten, beide große Trinker waren und Hoffmann den »Hesperus« sehr geschätzt hatte, fanden sie keinen Gefallen aneinander, weil dem Jüngeren die Sentimentalität des Älteren nicht behagte und dem Älteren am Jüngeren der boshafte Witz missfiel. Als dann 1813 Jean Paul vom bücherverlegenden Weinhändler Kunz darum gebeten wurde, für Hoffmanns ersten Novellenband »Fantasiestücke in Callots Manier« ein Vorwort zu schreiben, lehnte Jean Paul das mit dem Hinweis auf Hoffmanns lockeren Lebenswandel, der damals in Berlin zu dem Verrat an Karolines Freundin geführt hatte, erst einmal ab. Nachdem er aber das Manuskript gelesen und es talentiert gefunden hatte, besann er sich eines Besseren, schrieb das Vorwort, das ihm mit edlen Weinen honoriert wurde, hielt in ihm aber, an dieser Stelle etwas ungewöhnlich, seine Kritik nicht zurück. Was er an ihm tadelte, galt nicht nur Hoffmann, sondern dem ganzen »*jetzigen Kunstpantheon*«, dessen Glanz nur das Eis der Gefühlskälte sei. »*Ein Künstler kann leicht genug ... aus Kunstliebe in Menschhass geraten und die Rosenkränze der Kunst als Dornenkronen und Stachelgürtel zum Züchtigen verbrauchen. ... Die durch Kunstliebe einbüßende Menschenliebe rächt sich stark durch Erkältung der Kunst selber. ... Liebe und Kunst leben gegenseitig ineinander, wie Gehirn und Herz, beide einander zur Wechsel-Stärkung eingeimpft.*«

Hoffmann, der schon der Bevorwortung durch den berühmten Jean Paul nur widerwillig zugestimmt hatte, war mit Recht verärgert und verlangte, in den nächsten Auflagen seiner erfolgreichen Novellen das Vorwort wegzulassen, aber Kunz, der an die Reklamewirkung Jean Pauls glaubte, ging darauf nicht ein. Danach hatten die beiden großen Prosaisten nichts mehr gemein miteinander, lasen aber wohl die Werke des andern und äußerten sich gelegentlich abfällig über sie. So verurteilte Jean Paul 1821 in seiner Vorrede zur zweiten Auflage der »Unsichtbaren Loge« den »*Kunst-Wahnwitz*« von Hoffmanns »*Morgen-, Mittag-, Abend- und Nachtgespenstern*« und äußerte sich im selben Jahre im Gespräche mit Ludwig Rellstab ungünstig über Hoffmanns gesamtes Werk. »*Er wiederholt sich selbst und steigert seine Ausartungen, so dass ich jetzt einen ordentlichen Widerwillen an seinen Büchern habe.*« Dass diese Abneigung gegenseitig war, zeigte sich daran, dass Hoffmann in seinem satirischen Märchen »Klein Zaches genannt Zinnober«, ohne Jean Pauls Namen zu nennen, die Liane des »Titan« verspottete, die nicht nur in *»somnambüles«* Entzücken gerät und *»ohnmächtelt«*, sondern auch manchmal erblindet *»als höchste Stufe weiblichster Weiblichkeit«*.

Die zweite Begegnung mit einer Berühmtheit kam in Nürnberg zustande, nicht zufällig wie die mit E. T. A. Hoffmann, sondern schon seit Jahren geplant. 14 Jahre zuvor hatte der philosophierende Schriftsteller Jean Paul dem schriftstellernden Philosophen Friedrich Heinrich Jacobi einen Brief nach Eutin geschickt, der mit den Worten *»Verehrtester Lehrer meines Innersten«* begonnen hatte und die Einleitung zu einem bedeutenden philosophischen Briefwechsel geworden war. Im Laufe der Zeit war man zum vertraulichen Du übergegangen und hatte gemeinsame Projekte erörtert, aus denen dann aber nichts geworden war. Als nun im Juni 1812 die persönliche Begegnung in Nürnberg endlich stattfinden sollte, war die Erwartung groß. Jean Paul, der die Logier- und Bierfragen brieflich geregelt und die Mietkutsche für sich und seinen mitreisenden Pudel bestellt hatte, musste für Karoline aber noch in 15 Punkten notieren, was während seiner Abwesenheit zu beachten war. Mit *»Täglich durchzulesen«* ist dieser heute noch erhaltene Zettel überschrieben, der sie im zweiten Punkt anweist, dass die *»schwarzeingebundenen Exzerpte«* bei Feuer zuerst zu retten seien.

Während die Briefe, die Jean Paul aus Nürnberg an seine Frau schrieb, vorwiegend vom letzten Ehestreit und den Nürnberger Lebensmittelpreisen handelten, wurde in denen an Christian Otto deutlich, welche

Enttäuschung die persönliche Begegnung mit dem wesentlich älteren Jacobi war. Denn dieser war weder daran interessiert, Persönliches von Jean Paul zu erfahren, noch Persönliches preiszugeben, sprach vielmehr dauernd von seinen eignen Werken und trug sämtliche Rezensionen zu diesen immer mit sich herum. Er war eitel, kleidete sich neumodisch, achtete streng auf Konventionen, und da er keine Scherze vertragen konnte, las er auch den »Katzenberger« nicht. »*Er sollte*«, schrieb Jean Paul resümierend, »*meinem erdigen Herzball einen neuen Stoß zur Bewegung um die höhere Sonne geben und mich heiligen wie Herder, ja mehr als Herder – er war beides nicht, und meine frömmsten Wünsche für mich können leider nun von niemand weiter erfüllt werden als von mir selber. – Hab' ich ihn nur gesehen, hatt' ich bisher gedacht, so werd' ich ein neuer*

*Abb. 49: Friedrich Heinrich Jacobi, 1801.
Gemälde von Johann Peter Langer*

Mensch und begehre weiter keinen edelberühmten Mann mehr zu sehen. Ach!«

Von Hegel, der zu dieser Zeit Rektor des Nürnberger Gymnasiums war, ist in Jean Pauls Briefen kaum die Rede, mehr aber von dessen Frau, die ihm beim Einkaufen zur Seite stand. Denn da es dort billiger war als in Bayreuth, wurde von ihm nicht nur ein neues Kleid für Karoline erstanden, sondern auch Nürnberger Bratwürste, holländischer Käse, ein Gurkenfässchen und drei Sack Mehl. Mit Hegel aber konnte er sich auch nicht anfreunden, als dieser ihm fünf Jahre später die Ehrendoktorwürde der Heidelberger Universität verlieh. Denn bei aller Anerkennung, die er für ihn hatte, blieb ihm sein Denken immer fremd. *»Hegel ist der scharfsinnigste unter allen jetzigen Philosophen, bleibt aber doch ein dialektischer Vampyr des innern Menschen«*, schrieb er an seinen Sohn Max, als dieser in Heidelberg studierte, und fügte später hinzu: *»Hegels Phänomenologie habe ich mir selber gekauft; an Scharfsinn ist er jetzo fast der Erste. Das Wahre such' ich bei den jetzigen Philosophen gar nicht.«*

Freundschaft zu schließen war ihm selbstverständlich eher möglich mit einem Menschen, der ihn und sein Werk so sehr verehrte wie der 16 Jahre jüngere Professor Heinrich Voß. Dieser, ältester Sohn des berühmten Dichters Johann Heinrich Voß, hatte mit diesem und seinem Bruder Abraham zusammen in Heidelberg eine Neuübersetzung Shakespeares unternommen, und da er einen Band davon an Jean Paul geschickt hatte, war daraus ein lebhafter Briefwechsel entstanden, der andauerte bis Heinrich Voß 1822 starb.

*Abb. 50: Heinrich Voß im 21. Lebensjahr.
Gemalt von Franz Gareis, gestochen von Carl Barth*

An ihn richtete Jean Paul 1817 die Bitte, ihm für den geplanten Sommeraufenthalt in Heidelberg ein Zimmer zu besorgen: »*Ein Stübchen zur Miete (nicht einmal ein Kämmerchen dazu), – ferner ein Bett – ein schlechtes Kanapee, weil ich nur auf einem lese und schreibe – jemand zum Kaffee- und Bettmachen und Getränkeholen – gar keine Möbeln außer den allerunentbehrlichsten.*« Dass er von dieser Reise als Ehrendoktor heimkehren würde, wussten nicht einmal die Professoren, die ihm diesen Titel verliehen.

An einem Mittwoch im Juli 1817 stieg er, natürlich vom Pudel begleitet, morgens um fünf Uhr in den gemieteten Einspänner, übernachtete in Bamberg und Würzburg und war am Sonntag in Heidelberg, wo er sich beim Professor Voß als unterstützungsbedürftiger Student melden ließ. Nach der herzlichen Begrüßung erlebte Voß mit, wie Jean Paul den Kutscher entlohnte und ihm dabei doppelt so viel Trinkgeld gab, als ausgemacht war. »*Erstens*«, sagte er ihm dazu, »*weil du ein guter Kerl bist; zweitens, weil du ein armer Teufel bist, ich zwar nicht übermäßig viel, aber doch mehr habe als du; drittens, damit du der lieben Frau und den lieben Kindern all die schönen Sachen genau wiedersagst, die ich dir unterwegs vorgesagt und hundertmal eingetrichtert habe.*«

Nachdem Jean Paul sich einen Arbeitsplatz in der Stube und einen im Garten hatte einrichten lassen, wurden zwischen ihm und dem Gastgeber strenge Arbeitszeiten vereinbart, an die sich zu halten dann aber der vielen Ehrungen, Ausflüge und Einladungen wegen doch nicht ganz gelang. Zwei Höhepunkte gab es, an denen Jean Paul seinen Ruhm in vollen Zügen genießen konnte, nämlich einen Fackelzug der Studenten und die Verleihung der Ehrendoktorwürde der Universität. Die Burschenschafter, von denen der Fackelzug zu seinen Ehren organisiert wurde, hatten sogar ein Lied für ihn gedichtet, das auf die Melodie von »God save the king« gesungen wurde. Dann ließ man ihn hochleben, und er lief gerührt auf die Straße, schüttelte viele Hände und marschierte trotz starken Regens mit den Studenten bis auf die Neckarbrücke noch mit. Einer der Teilnehmer, Theodor von Kobbe, glaubte sich später daran erinnern zu können, dass man aus Deutschtümelei beim Vivat nicht Jean gerufen hatte, sondern Johann.

Mehr noch als über diese Ehrung freute Jean Paul sich über den Ehrendoktor, den er, wie Heinrich Voß berichtete, Hegel zu verdanken hatte, der an einem der Punschabende nach der dritten Bowle von einem Pfarrer aufgefordert wurde, eine Philosophie für junge Mädchen zu schreiben, was dieser seiner schwerverständlichen Sprache wegen ablehnte, worauf der Vorschlag gemacht wurde, Jean Paul solle doch dem Geiste Hegels seine Sprache leihen. Als dann nach der vierten Bowle die Scherze noch weiter gingen, soll Hegel, auf Jean Paul deutend unvermittelt ausgerufen haben: *»Der muss Doktor der Philosophie werden«*, was man drei Tage später in einer Sondersitzung der Fakultät ernsthaft beschloss. Die Bowlen scheinen auch noch bei der Abfassung des Diploms etwas gewirkt zu haben, denn dort ist nicht nur, in Latein natürlich, vom *»unsterblichen Dichter, Licht und Zierde des Jahrhunderts, Muster der Tugend, dem Fürsten der Genies, der Wissenschaft und Weisheit, dem feurigsten Verteidiger deutscher Freiheit, dem schärfsten Bekämpfer aller Verderbtheit, Mittelmäßigkeit und Anmaßung«* die Rede, sondern sogar von dem *»lautersten Manne, den je die Erde getragen hat«*.

Von nun an unterschrieb Jean Paul fast nur noch mit Nennung des Titels. Seine Frau wies er an, das pergamentene Diplom, das in einer roten Kapsel steckte, in der Bekanntschaft Bayreuths fleißig herumzuzeigen, und schon am Morgen nach seiner Graduierung benachrichtigte er seine Leser von ihr. Am 19. Juli 1817 saß er *»in Heidelberg auf dem Berge neben dem Turnplatze«*, sah auf die Stadt und den Neckar hinunter und schrieb an dem »Ergänzblatt zur Levana« weiter, dessen Inhalt eigentlich nur ein Verzeichnis der zahlrei-

Das Immergrün der Gefühle

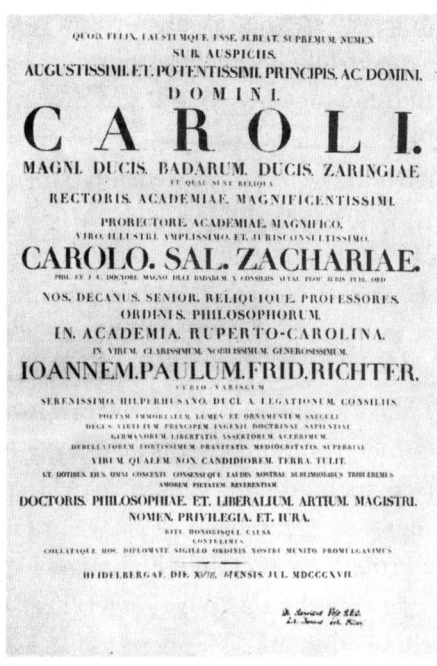

Abb. 51: Heidelberger Ehrendoktordiplom

chen Druckfehler der ersten Auflage des pädagogischen Werks sein sollte, ihm aber durch eine seiner geliebten Vorreden, die er auch noch mit Fußnoten schmückte, ausführlicher geriet. *»Da gegenwärtige Vorrede das erste ist, was ich für die Welt ausarbeite, seitdem ich gestern Doktor der Philosophie und Magister der freien Künste geworden«*, so beginnt er, unterbricht aber gleich wieder, um anzumerken, dass er nun den gleichen Grad wie der Marschall Blücher und der Kaiser von Russland habe, denen der Titel drei Jahre zuvor in Oxford für den Sieg über Napoleon verliehen worden war. Damit er aber den Doktorhut nicht *»umsonst und* *zu nichts in der Welt«* trage, wolle er nun wissenschaftliche Thesen aufstellen und diese entschlossen verfechten, zum Beispiel die, dass eine Braut mit ihrem künftigen Gatten vor der Trauung in die Postkutschen steigen und drei Tage auf schlechten Wegen umherfahren, Anschlüsse verfehlen und in erbärmlichen Gasthäusern schlafen und essen solle, weil sie dabei den Charakter des Mannes erkennen kann. Er spielt also vergnügt mit der neuen Ehre, doch ist sein Stolz darauf, es so weit gebracht zu haben, unübersehbar. Man wird dabei nicht nur an sein Auftreten als Professor in seinem autobiographischen Fragment erinnert, sondern auch an den Schluss des »Hesperus«, an dem sich der Ich-Erzähler als Prinz von Geblüt entpuppt. Der arme Mann aus dem Fichtelgebirge träumte sich, seiner rebellischen Anflüge ungeachtet, doch gern in höhere Ränge hinauf.

Umso mehr überrascht es, dass in der wichtigsten literarischen Frucht der Heidelberg-Reise, in der er wie oft von sich selber plaudert, die Ehrenpromotion gar nicht erscheint. Der Aufsatz »Über das Immergrün unserer Gefühle«, der seines gemütvollen Tones wegen im Biedermeier eine gewisse Berühmtheit erlangte, macht deutlich, wie wichtig für ihn diese Reise nach Heidelberg, Mainz und Mannheim war. In ihm werden aber nicht die Ehrungen erinnernd vergoldet, sondern neben den Landschaftseindrücken und Kunstgenüssen die Begegnung mit einer nicht nur schönen, sondern auch belesenen jungen Frau. Die Seligkeit des Verehrtwerdens, die sich ihm einst in Berlin mit der Liebe zu Karoline vermischt hatte, fand, als sie ihm in Heidelberg wieder zuteil wurde, ihren Brennpunkt in einer sechsundzwanzigjährigen Sophie Paulus, über die er brieflich zu berichten wusste, dass ihre Lektüre neben der Bibel fast nur in Büchern Jean Pauls bestand. Ihr Vater war ein damals berühmter Theologieprofessor, ihre Mutter, die selbst schriftstellerte, gehörte schon seit Jahren mit der Tochter zusammen der Gemeinde der Jean-Paul-Schwärmerinnen an. Schon 1811 hatten Mutter und Tochter gemeinsam an Jean Paul einen Brief geschrieben, der von ihm jedoch nicht beantwortet worden war. In Heidelberg aber war er fast täglich mit Mutter und Tochter zusammengekommen, hatte aber der Mutter, die vier Jahre jünger als er war, weniger Beachtung geschenkt. Heinrich Voß, dessen Briefe die Geschehnisse dieser Wochen sorgsam registrierten, sorgte sich um Sophie, die ihre Verliebtheit in Jean Paul nicht verbergen konnte, hielt diesen aber anfänglich davor gefeit. Er bat ihn nur darum, die Neigung Sophies, die sie unglücklich machen könnte, nicht zu nähren, aber der von der Neigung der jungen Frau beglückte Dichter erfüllte ihm diese Bitte nicht. Immer hielt er sich in Sophies Nähe auf, und nach einer Reise an den Rhein in größerer Gesellschaft schrieb er ihr am nächsten Morgen aus Mainz, wohin er allein weitergereist war, einen Brief, der mit *»Meine Sophie! Das erste hier geschriebene Wort ist an Sie!«* begann, an das Zimmer in Mannheim, *»worin so viel Liebes gewesen«*, erinnerte und ihr dann versicherte, dass sie ihm so unvergesslich sein werde wie die liebliche Landschaft am Rhein. Wenig später reiste er ab. Sein erster Brief aus Bayreuth, in der er Sophie und ihrer Mutter dankte, enthielt den Nachsatz: »*Uns scheidet nichts; kein körperlicher Abschied, auch das höchste Glück nicht, das ich dir so innig wünsche*« – was doch wohl bedeuten sollte: Hoffe auf kein Glück mit mir! Nach Heidelberg wollte er trotzdem im nächsten Jahr wieder reisen, weshalb Karoline ein Jahr hindurch Eifersuchtsqualen litt.

Wie seine langen Briefe, die er aus Heidelberg an Karoline sandte, vermuten lassen, hatte er selbst in den glücklichsten Stunden an eine Trennung von der Familie ernsthaft nicht denken können, und Bemerkungen wie »*Appelsinen gibt's hier nicht*« zeigen, dass er sogar Karolines Einkaufswünsche nicht vergaß. Weil er in der Fremde seine eignen Fehler besser erkannt habe, so schrieb er, könne sie auf ein besseres Eheleben hoffen, und wie eine Selbstberuhigung eigner Unsicherheit klingt es, wenn er Karoline im letzten Brief von unterwegs versichert: »*Ich weiß entschieden, dass mein häuslicher Himmel nichts sein wird und kann als die Wiederholung des jetzigen außerhäuslichen; noch dazu wird er ihn an Dauer übertreffen, und dies soll dir wohl tun, meine Treue und Gute!*«

Aber ein Jahr hindurch, bis zum nächsten Sommer nämlich, gab es beim Ehepaar Richter keinen häuslichen Himmel, weil Karoline seines festen Vorsatzes wegen, im nächsten Jahr wieder den Sommer in Heidelberg zu verleben, Eifersuchtsqualen zu leiden hatte, die im Mai 1818 unerträglich wurden, als er sich tatsächlich wieder auf Reisen begab. Auf ihre herzzerreißenden Briefe reagierte er teils mit Liebesschwüren, teils aber auch unwillig, weil, wie er behauptete, Sophie ihm nicht mehr bedeutete *»als jede gute weibliche Seele«*, die er *»als Autor kenne«*, was sicher gelogen war, sich aber wenig später als Wahrheit erweisen sollte, als sich in Heidelberg die Triumphe des Vorjahres nicht wiederholen ließen, weder die der Liebe noch die des Ruhms. Stadt und Universität gerieten nicht noch einmal über seinen Besuch in Begeisterungstaumel, und das geringe Aufsehen, das er erregte, musste er sich auch noch mit dem ungeliebten August Wilhelm Schlegel teilen, der im selben Gasthof wohnte und auch Sophies Verehrer war. Letzteres freilich ärgerte Jean Paul weniger, als er vor der Reise gedacht hätte, denn wie er feststellen musste, waren seine Gefühle für Sophie kühler geworden, und da er kränkelte und Heimweh hatte, dachte er sogar an eine vorzeitige Abreise. *»Ich gehe dieses mal«*, schrieb er an Karoline, *»ganz anders von Heidelberg fort als das vorige mal, wiewohl auch da nichts in mir war, was dir hätte unlieb sein sollen. Fast zu prosaisch seh' ich jetzt alles an und die poetische Blumenliebe des vorigen Jahrs ist leider (denn sie war so unschuldig) ganz und gar verflogen, eben weil sie ihrer Natur nach keine Dauer und Wiederholung kennt. Was ich mir aber immer wärmer ausmale, sind unsere Abendmahlzeiten. Ach, wahrlich, wir sollten diese Freuden eines noch unzerbrochenen Kreises höher halten und genießen. Wie lange währt es, so zieht Max fort! Allmählich ziehen ihm die anderen nach, und dann sitzen wir beide allein da und zuletzt du ganz allein. Ach, lass uns lieben, so lange noch Zeit zu lieben ist. Ewig der Deinige«.*

Er kehrte also traurigen, aber reinen Herzens in die

Familie zurück. Falls er, was unwahrscheinlich ist, kurzzeitig die Illusion eines Neubeginns mit Sophie gehabt haben sollte, war diese vergangen, der Aufsatz über das Immergrün der Gefühle, der durch die Erlebnisse in Heidelberg angeregt worden war, zeigt von solchen Illusionen keine Spur. Anders als in Goethes »Marienbader Elegie«, in der der jugendliche Greis von 74 Jahren sich voller Verzweiflung von seiner letzten Liebe verabschiedet, ist das »Immergrün« des 54 Jahre alten Jean Paul von Verzweiflung weit entfernt. Hier spricht ein alter Mann über die Freuden, die einen auch im Alter noch erwarten, wo nämlich die Wirklichkeiten der Liebe mitsamt den dazu gehörenden Leiden von sehr viel sanfteren Träumen oder auch nur Ahnungen von Liebe ersetzt werden und davon zeugen, dass die Liebe auch in alten Herzen nicht stirbt. *»Und darf denn keine alte Hand eine junge drücken, wenn sie damit kein anderes Zeichen geben will als dies: auch ich war in Arkadien, und auch Arkadien blieb in mir.«* Und wenn es dann auch noch heißt: *»Die letzte Liebe ist vielleicht so verschämt wie die erste«*, wird man an den jungen Fritz Richter erinnert, der an einer Fernliebe Genüge zu haben meinte, und auch an Nikolaus Marggraf, den Helden des Altersromans, einen glücklichen Narren, der die Illusion eines Mädchens liebt, das durch keinerlei Realität die reine Schönheit seiner Gefühle stören kann.

Mit keiner Silbe aber wird im »Immergrün« an die Leiden der Sophie Paulus erinnert, die mit gebrochenem Herzen in Heidelberg zurückbleiben musste, als der Dichter, der die Enttäuschung über das Ende seiner schönen Liebesgefühle in eine nicht weniger schöne Resignation verwandeln konnte, der Neckarstadt wieder den Rücken kehrte und dem nur vier Jahre jüngeren August Wilhelm Schlegel kampflos das Feld überließ.

Im Gegensatz zu dessen jüngerem Bruder Friedrich, der für Jean Paul und seine Romane Verständnis gezeigt hatte, war sein Verhältnis zu diesem Schlegel, der den überlegenen Intellektuellen und eleganten Weltmann hervorkehrte und als Kritiker früher den Provinzler Jean Paul hart abgeurteilt hatte, von starker Abneigung bestimmt. Wie alle Zeitgenossen fand auch er ihn unausstehlich eitel, wie ihn später auch Heinrich Heine, der ihn 1819 als Student in Bonn kennengelernt hatte, in seiner »Romantischen Schule« als »parfümiert« und »*ganz nach der neusten Pariser Mode gekleidet*« beschrieb. »*Er war die Zierlichkeit und die Eleganz selbst, und wenn er vom Großkanzler von England sprach, setzte er hinzu: mein Freund! Und neben ihm stand sein Bedienter in der freiherrlichst Schlegelschen Hauslivree und putzte die Wachslichter, die auf silbernen Armleuchtern brannten und nebst einem Glase Zuckerwasser vor dem Wundermanne auf dem Katheder standen. ... Auf seinem dünnen Köpfchen glänzten nur noch wenige silberne Härchen, und sein Leib war so dünn, so abgezehrt, so durchsichtig, dass er ganz Geist zu sein schien, dass er fast aussah wie ein Sinnbild des Spiritualismus.*«

Aber auch Schlegels Impotenz, von der der Literatenklatsch damals wissen wollte, ließ Heine sich nicht entgehen. In Schlegels erster Ehe mit Karoline

Böhmer war von ihm angeblich sein Bruder Friedrich als Rivale geduldet worden; bei der Madame de Staël war er jahrelang nicht Geliebter, sondern bezahlter Hofmeister ihrer Kinder gewesen, und nun hatte er überraschenderweise bei der von Jean Paul enttäuschten Tochter des rationalistischen Theologen Paulus Glück gehabt. Kaum war Jean Paul nach seiner zweiten Heidelberg-Reise wieder zu Hause, wurde die Verlobung von Sophie und Schlegel gefeiert, und vier Wochen später waren die beiden, der Rationalismus mit der Romantik, wie Heine spottete, vermählt.

Jean Paul ärgerte sich, als sei er der Sitzengebliebene, und entdeckte plötzlich schlechte Züge an Sophie. Gut schreiben könne sie so wenig wie flüssig reden, es fehle ihr an Menschenliebe, und merklich älter werde sie auch. *»Der Vermählring beider ist Glanzsucht; er in seinem Alter will mit einem schönen Klavier-Mädchen, sie mit einem durch Europa als Staelscher Kebsmann berühmten Ehemännlein prunken. Hätte sie viel warmes Gemüt, so würde seine Armut daran sie sehr bestrafen. So aber können sie vielleicht eine leidliche Ehe voll paralleler Lobjagden führen.«* Seine Bücher aber, die sie gelesen habe, bringe auch ein Schlegel ihr nicht aus dem Kopf.

Die Ehe aber wurde weder leidlich gelebt, noch überhaupt gelebt. Zwar war sie amtlich geschlossen, dann aber nicht vollzogen worden, und am nächsten Tag hatte sich Schlegel verabschiedet und die junge Frau die Scheidung verlangt. Der Klatsch hatte sich also bestätigt, Heine hatte Stoff zu fragwürdigen Späßen, und auch der an diesem Unglück nicht unbeteiligte Jean Paul meinte feststellen zu müssen, dass Sophie »*nun weder Jungfrau, noch Ehefrau, noch Witwe, noch Liebende, nicht einmal Geliebte*« zu nennen war. Als er im Jahr darauf der Mutter Paulus und ihrer Tochter in Stuttgart begegnete, nahm er von ihnen kaum noch Notiz. Von Heidelberg blieb ihm neben dem Ehrendoktor die Freundschaft mit Heinrich Voß erhalten, den er unter Umgehung des alten Freundes Christian Otto und seines Sohnes zum »*unumschränkten Ordner, Chorizonten und Herausgeber*« seines literarischen Nachlasses ernannte, was dann aber keine Wirkung hatte, weil Voß vor ihm starb. Auf ihn und Sophie beziehen kann man Jean Pauls Feststellung: »*Eine Freundin büßt man leichter ein als einen Freund*«.

TODESFÄLLE

Im Mai 1813 erreichten Jean Paul kurz nacheinander mehrere Liebesbriefe einer jungen Frau namens Marianne aus Mainz. Obwohl sie ihren Familiennamen nicht nannte, konnte Jean Paul aus dem Inhalt erraten, dass es sich bei ihr um die Tochter des Mainzer Revolutionärs Adam Lux handelte, der von ihm in seiner Abhandlung »Über Charlotte Corday« gerühmt worden war. Lux hatte sich damals mit Georg Forster zusammen in das revolutionäre Paris begeben, um den Anschluss der Mainzer Republik an die Französische anzubieten, war aber über den blutigen Terror der Jakobiner so entsetzt gewesen, dass er Charlotte Corday, die Mörderin Marats, in Flugschriften verteidigt hatte und deshalb wenige Tage nach ihr auch hingerichtet worden war. »*Er starb rein und groß zugleich. ... Und kein Deutscher vergesse ihn!*«, hatte Jean Paul geschrieben, und dieses Eintreten für ihren toten, in Deutschland oft als Landesverräter verunglimpften Vater hatte in Marianne wahrscheinlich die fixe Idee einer Liebesbeziehung zu Jean Paul entstehen lassen, ohne die ihr das Leben sinnlos und unerträglich erschien. Ein Heiliger, ein Christus war er in ihren Augen, sie wollte zu

*Abb. 52: Charlotte Corday.
Nach einem Gemälde von Jean Jacques Hauer*

ihm kommen, ihm dienen, und sei es auch nur als Magd.

Da Jean Paul lange nicht wusste, wie er auf die Anträge dieser offensichtlich gefährdeten jungen Frau reagieren sollte, antwortete er ihr erst auf ihren vierten Brief. Im Namen ihres »*dahingegangenen edlen Vaters*« bat er sie, ihre Glut zu dämpfen, also Vernunft anzunehmen, und bot sich ihr als Vater-Ersatz an. »*Verlasse deine Mutter nicht*«, so schloss er den Brief. »*Ich komme wahrscheinlicher nach Mainz als du hieher. Ich liebe dich. Ich und meine Frau grüßen dich. Bleibe immer so gut, meine Tochter! Dein Vater Jean Paul Friedrich Richter*«. Doch bevor dieser Brief sie erreichte, kam von ihr ein weiterer, in dem sie ihrer Verzweiflung darüber, dass er sie nicht liebe, Ausdruck gab. Da sie darin auch von einem Selbstmordversuch berichtete, den ihre Schwester verhindert habe, beantwortete Jean Paul nun jeden ihrer Briefe, versuchte weiterhin sie in die Rolle einer Tochter zu drängen und ihr auch klarzumachen, dass er ein Heiliger nicht sei. *»Sie denken viel zu gut von mir als Menschen, kein Schriftsteller kann so moralisch sein wie seine Werke, so wie kein Prediger so fromm wie seine Predigten.«* Aber alle seine Mühen waren vergebens. Manchmal dachte er schon daran, nicht mehr zu antworten, die Frau also ihrem Schicksal zu überlassen, schrieb dann aber doch wieder, erfuhr so vom Tode ihrer Mutter und der Verlobung der Schwester und schließlich, nach einem Jahr etwa, von ihrem Entschluss, aus dem Leben zu gehen. Mit dem Brief zusammen kam auch die Nachricht, dass sie aus dem Rhein, in dem sie versucht hatte, sich zu ertränken, zwar gerettet worden wäre, am nächsten Tag aber gestorben sei. Das bisschen Geld, das sie hatte, war von ihr zum Kauf von Geschenken für Jean Pauls Kinder bestimmt worden. Sie war 27 Jahre alt geworden: Genau so alt war ihr Vater gewesen, als er in Paris umgebracht worden war.

In ihrem Todesjahr 1814 wurde Paris von den alliierten Armeen der Russen, Österreicher und Preußen erobert, Kaiser Napoleon zur Abdankung gezwungen und der Wiener Kongress zur Neuordnung Europas begonnen, der, nach der Unterbrechung der 100 Tage, in denen Napoleon erneut die Geschicke Europas zu bestimmen versuchte, 1815 mit dem Abschluss der »Heiligen Allianz« beendet wurde, die wohl auch ihrer christlichen Verkleidung wegen anfangs Jean Pauls Zustimmung fand. Dass man in Wien darauf verzichtet hatte, an Frankreich durch Länderraub Rache zu nehmen, und eine den Frieden sichernde Politik anstrebte, entsprach seinen Ansichten, denen er in seiner politischen Schrift »Mars und Phöbus Thronwechsel« auch Ausdruck gab. Als dann aber bald klar wurde, dass man den Frieden auf Kosten der Freiheit zu erhalten gedachte, ging er, wie in seinen »Politischen Fastenpredigten« von 1817 deutlich wurde, wieder in die Opposition. In dem »Großen magnetischen Gastmahl«, einer in den Altersroman »Der Komet« eingefügten Satire auf die Beschlüsse des Wiener Kongresses, in der als Sinnbild der Leibeigenschaft und des Rückschritts *»moskowitisches Rindfleisch und Krebspastetel«* serviert werden, die Völker aber, wenn sie vom Tisch wieder aufstehen, nicht weniger hungrig als vorher sind. Weniger verschlüsselt attackierte er in den Vorreden zum ersten und zweiten Bändchen seines letzten Romans die Karlsbader Beschlüsse mit ihren Zensurbestimmungen, die erstmalig alle deutschen Staaten betrafen, und verspottete den preußischen Regierungsrat Schmalz, der schon vier Jahre vor der Verfolgung der als Demagogen beschimpften Oppositionellen eine solche öffentlich gefordert hatte und dafür von Friedrich Wilhelm III. mit einem Orden ausgezeichnet worden war. Aller dieser Stellungnahmen wegen war Jean Paul für die in den Burschenschaften organisierten rebellischen Studenten zum Idol geworden und 1817, im Jahr ihres Wartburgfestes, in Heidelberg von ihnen als Kämpfer für die Geistesfreiheit gefeiert worden. Und er, der die Sache, auf die er sich da einließ, gar nicht genauer kannte, nahm diese Rolle geschmeichelt an.

Was da als Widerstand gegen die restaurativen Tendenzen der Fürsten lautstark oder auch geheimbündlerisch von den Studenten als Fortschrittsidee verkündet wurde, war ein seltsames Gemenge aus Demokratismus, Nationalismus und religiöser Schwärmerei. Die Verherrlichung der Germanen, Kaiser Barbarossa, die Französische Revolution und Jesus Christus bildeten da eine wunderliche Allianz. Jean Paul, der sich in diesen Jahren auch verstärkt zum Deutschsein bekannte, weil das den Willen zur Einheit und zur Brechung der Fürstenmacht meinte, teilte mit den jungen Leuten die Forderungen nach Presse- und Redefreiheit, nach Verfassung und Gesamtdeutschland, lehnte aber ihren damit verbundenen Hass auf Franzosen und Juden, den besonders Jahn und Arndt in die Studentenbewegung hineingebracht hatten, entschieden ab. Bei aller Freude daran, von der politisierten Jugend so verehrt zu werden, konnte es also nicht lange dauern, bis ihm eine Distanzierung von ihnen nötig schien.

Am 23. März 1819 reiste der Student der Theologie Karl Ludwig Sand, der dem an der Universität in Jena von Karl Follen geführten Geheimbund der »Unbedingten« angehörte, nach Mannheim, eilte zum Hause des viel gespielten Theaterdichters August von Kotzebue, den die Studenten für einen Freiheitsfeind und Vaterlandsverräter hielten, tötete diesen mit einem Dolchstoß und versuchte anschließend, sich selbst zu töten, was aber nicht gelang. Er wurde verhaftet, zum Tode verurteilt und hingerichtet. Die Burschenschafter verehrten den Mörder als Märtyrer, Jean Paul aber, den die Mordtat entsetzte, fühlte sich zu einer öffentlichen

Distanzierung gezwungen, weil er, der Charlotte Corday, die Mörderin Marats, verteidigt hatte, der geistigen Urheberschaft der Tat verdächtig war. Denn bei der Verhaftung des Mörders, der übrigens wie Jean Paul aus Wunsiedel stammte, war in dessen Tasche Jean Pauls Corday-Aufsatz gefunden worden, und der Berliner Theologieprofessor de Wette, dessen Trostbrief an Sands Mutter der Öffentlichkeit bekannt wurde, hatte die Motive der von Jean Paul verteidigten Mörderin Marats zur Rechtfertigung von Sands Tat benutzt. Dem widersprach Jean Paul in der zweiten Auflage seines Corday-Aufsatzes in einer ausführlichen Fußnote, in der er klarmachte, dass die Corday damals Marats Bluttaten bestrafen und künftige verhindern wollte, während der *»fanatische, unseligst-verblendte«* Sand die Mordtat nur Meinungen wegen beging. Nur die Schreibfeder, nicht aber den Dolch hätte der *»Brausejüngling«* benutzen dürfen. Statt zur Freiheit beizutragen, habe seine Tat, da sie den Karlsbader Beschlüssen als Vorwand diente, nur zu ihrer noch stärkeren Beschneidung geführt.

Für Jean Paul waren diese jugendlichen Verirrungen auch persönlich von Bedeutung, weil sein Sohn Max, der erst in München, dann in Heidelberg Philologie studierte, auch von ihnen beeinflusst schien. Da Max Neigung zeigte, die Schwärmerei für den Märtyrer Sand mitzumachen, belehrte ihn sein Vater darüber, dass nach Sands Grundsätzen *»jeder Katholik Luthern, Voltairen und jeden protestantischen Minister ermorden«* dürfte, und da Max auch Gefahr lief, aus dem vom Vater vermittelten vernünftigen Protestantismus in ei-

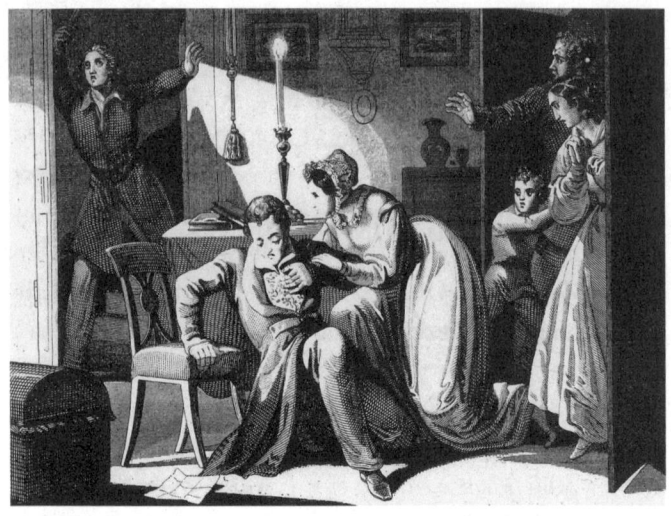

*Abb. 53: Ermordung Kotzebues durch den Studenten Sand.
Zeitgenössische Lithographie*

nen religiösen Mystizismus zu geraten, wurde er vom Vater in fast jedem Brief vor dieser »*überchristlichen*« Modeerscheinung gewarnt. »*Gott möge dich*«, schrieb er dem Sohn, zu dem »*heiteren Christentum*« eines Herder oder Jacobi bekehren, er hätte aber auch schreiben können: eines Jean Paul.

Das Problematische dieser Vater-Sohn-Beziehung bestand offensichtlich darin, dass der gutgemeinte starke Einfluss, den der Vater hatte, darauf gerichtet war, einen zweiten Jean Paul aus dem Sohn zu machen, dieser aber, dem das Schöpferische seines Vaters fehlte, davon überfordert war. Seine Schwester Emma dagegen, die beim Vater bis zu seinem Tode lebte, seine Manuskripte abschreiben musste und selbst in seinem Stil zu schreiben lernte, hatte weniger als ihr Bruder zu leiden, weil sie später heiratete und Kinder hatte, während er der Qual des Nicht-genügen-Könnens schließlich erlag. Denn in Heidelberg waren es nicht nur die ermahnenden und sein Studium lenkenden Briefe des Vaters, die ihn antrieben, sondern auch die Erwartungen, die man dort in den Sohn des berühmten Vaters setzte, denen zu entsprechen ihm aber nicht möglich war. Die dadurch entstehenden Minderwertigkeitskomplexe versuchte der Vater ihm zwar brieflich auszureden, da er ihn aber weiterhin gängelte, hatte er damit keinen Erfolg. Im September 1821 machte er dem Sohn Vorwürfe, weil dieser Vorlesungen belegt hatte, ohne vorher den Vater gefragt zu haben. Doch ehe Max darauf antworten konnte, erkrankte er, wahrscheinlich

Abb. 54: Jean Paul 1823. Pastellgemälde von Lorenz Kreul

Abb. 55: Karoline Richter 1826. Zeichnung von Ernst Förster

an Typhus, schaffte es noch, zu den Eltern zu fahren, und starb wenige Tage danach.

Ein Jahr später hatte Jean Paul auch den Freund Heinrich Voß zu betrauern, der sich noch auf dem Krankenlager mit der Korrektur des »Komet« beschäftigt hatte. Jean Pauls Leben war nun, wie er schrieb *»kalt verfinstert für immer«*, und für die Fertigstellung seines letzten komischen Romans fehlte es ihm an Kraft.

DER KOMET

Als Jean Paul im Dezember 1817 von dem schwedischen Dichter Atterbom besucht wurde, kam man auch auf jene Stelle in »Dichtung und Wahrheit« zu sprechen, in der Goethe sich als Kind gern vorgestellt hatte, statt des bürgerlichen einen adligen Vater zu haben, vielleicht sogar, wenn auch ungesetzlich, ein Prinz zu sein. Die Offenheit, mit der Goethe diese Träumerei zugab, konnte sich Jean Paul nur durch Goethes Amoralität erklären, die an dieser frühen Verderbtheit seiner »*moralischen Natur*« nichts auszusetzen fand. Jean Pauls bürgerliches Selbstverständnis erlaubte ihm nicht, zuzugeben, dass sich in Standesgesellschaften Träume dieser Art bei jungen Menschen, die über ihren Stand hinausstrebten, fast zwangsläufig einstellen mussten, und auch er, vielleicht nur im Unbewussten, wie seine Werke ahnen lassen, nicht frei davon war.

Wenn er sich selbst auch im Leben den adligen Frauen versagte, so durften sie doch seine Werke bevölkern, sich auch von Fixlein und Siebenkäs, seinem anderen Ich, heiraten lassen, oder auch eine Generalstochter lieben, wie in den »Flegeljahren« der seinem

Autor nicht unähnliche Walt. Den abenteuerlichen Geschichten, die die Handlungen des »Hesperus« und des »Titan« mühsam voranbringen, liegen geheimnisvolle adlige, ja fürstliche Abstammungen zugrunde, und wenn am Ende des »Hesperus« sich der Ich-Erzähler Jean Paul als geborener Prinz entpuppt, ist doch wohl offensichtlich, dass sich die Spannung zwischen dem Wissen um die eigne Bedeutung und der sozialen Armseligkeit in solchen Träumen entlädt.

So wie manches Motiv des Frühwerks im Alter in anderer Beleuchtung wiederkehrte, so im »Komet« auch das von der verheimlichten fürstlichen Abkunft, jetzt aber in parodistischer Umkehrung: Der Bürger wird nicht zum Prinzen, sondern er bildet sich nur ein, einer zu sein. Der Apothekersohn Nikolaus Marggraf, der sich für den Markgrafen Nikolaus hält, erlebt eine Kindheit, die der erinnerten seines Autors ähnelt, studiert wie sein Autor in Leipzig und erfindet die Herstellung von Diamanten, durch die er die Armen seines eingebildeten Reiches beglücken kann. Auf der Suche nach seinem fürstlichen Vater und der geliebten Prinzessin, die er als Wachsbüste zum Anbeten mit sich führt, reist er umher, kommt aber nicht weit. Der Hofstaat, mit dem er sich umgibt, besteht aus Halbnarren und dem Kandidaten Richter, der, man schreibt das Jahr 1790, neben seinem Hofamt als Wettervorhersager an der »Auswahl aus des Teufels Papieren« schreibt. »Meine Leser werden erstaunen«, so kommentiert das der Erzähler, »der Kandidat war demnach niemand anders als – als ich selber, der ich hier sitze und schreibe«. Weil er, um den »Hesperus« und den »Titan«

schreiben zu können, Erfahrungen mit Fürstenhöfen sammeln musste, glaubt er so fest an die Wirklichkeit des politischen Traumgebildes wie außer ihm nur Nikolaus Marggraf, der wie Don Quijote in seinem Wahn glücklich ist. Da aber dessen Luftschlösser gegen Ende der unvollendeten Geschichte durch einen anderen vom Wahn Besessenen bösartig gestört werden, steht das Wort Entsetzen am Ende des Fragments.

Jean Paul selbst hat den »Komet« als Gegenentwurf zum »Titan« betrachtet, weil der Glaube an die Veränderbarkeit der menschlichen Verhältnisse, der dem früheren Werk zugrunde gelegen hatte, in diesem aufgegeben war. An die Stelle des Veränderungswillens war die Illusion davon getreten, der sowohl der eingebildete Fürst als auch sein Hofpoet und Wetterprophet erlegen sind. Beide Romane geben den Geist ihrer Entstehungszeit wieder, der »Titan« den der Hoffnung, der »Komet« den der Resignation. Als der dänische Dichter Jens Peter Baggesen im Frühjahr 1825 Jean Paul besuchte, soll er, wie überliefert ist, gesagt haben: *»Mein Gott, Jean Paul, ich bin ja der Nikolaus Marggraf!«*, worauf Jean Paul erwidert habe, das sei er ja selbst.

Wäre der Roman fortgesetzt worden, hätte er sich, wie Notizen zeigen, zu einem satirischen Panorama der Restaurationszeit entwickelt, aber nach dem Tod des Sohnes und des Freundes Heinrich Voß war Jean Paul der Sinn fürs Komische verlorengegangen, und er wandte sich nun wieder dem Religiösen zu. In »Selina oder über die Unsterblichkeit der Seele« wurde von ihm erneut die Hoffnung beschworen, nun aber jene, die jenseits des Grabes liegt. Fertigstellen konnte er diese Arbeit so wenig wie die geplante Schrift gegen die modischen Mystiker, die Überchristen, so dass der dritte Band des »Komet« die letzte Veröffentlichung zu seinen Lebzeiten blieb. Er schließt mit einem Anhang, in dem sich unter anderem auch »Des Kandidaten Richter Leichenrede auf die Jubelmagd Regina Tanzberger in Lukas-Stadt« findet, in der wie am Beginn seines Werkes wieder ein geknechtetes Leben gewürdigt wird. *»Es ist hart, den ganzen Tag im Kleinsten wie im Größten keinen andern Willen zu vollstrecken als den fremden und etwa höchstens in der Nacht durch Träume eine dunkle Freilassung zu gewinnen, falls sie nicht ganz wieder die Knechtschaft nachspiegeln. ... Zum Glück ist Sterben der einzige Wunsch, der stets in Erfüllung geht, sei man noch so verlassen von Menschen und Göttern.«*

Ganz zum Schluss des Anhangs allerdings steht ein Kapitel, das nach einem satirischen Hinweis auf Raubdrucke seiner Bücher in Österreich nur die Liste seiner sämtlichen Werke »*nach der Zeitfolge ihres Erscheinens*« enthält. Mit ein bisschen Schummelei kommt er dabei auf 59 Titel, die den 59 Jahre alten Autor zu der stolzen Bilanz berechtigen: auf jedes seiner Lebensjahre komme ein Buch. Sein Ärger über die in diesen Jahren sich ständig verschärfenden Zensurmaßnahmen kommt selbst noch in dieser nüchternen Aufzählung durch einen Zusatz zu Nummer 37, dem »Freiheits-Büchlein«, zur Sprache, wo es heißt: *»Diese Abhandlung sollt' ich fast unsern Zeiten so sehr empfehlen, als sie selber es tut.«*

Seinem hier auch noch eingeschobenen Rat an die Leser, seine 59 Bücher in der Reihenfolge ihres Erscheinens zu lesen, muss aus langjähriger Erfahrung mit Jean-Paul-Erstlesern widersprochen werden, denn die vielen hundert Seiten seiner frühen Satiren sind eine zu zähe Kost für den Anfänger, der sich in die Jean-Paul-Texte, die eine geduldigere als die heute übliche Art des Lesens erfordern, erst ein wenig einlesen muss. Für den Einstieg sind die frühen Erzählungen wie »Wutz« und »Fixlein« besser geeignet, über die dann ein Leser, der auch Mühen nicht scheut, um zu Kunstgenüssen zu kommen, zum »Siebenkäs«, zu den »Flegeljahren« und den anderen großen Romanen fortschreiten kann.

NOVEMBER

Ich erwarte ein schönes Leben mit Ihnen«, schrieb Jean Paul im Oktober 1825 an seinen Neffen Richard Otto Spazier. *»Der Tag bis morgens zehn Uhr bleibt ganz Ihren Studien überlassen; dann werden Sie die buchhändlerischen Einteilungen der Aufsätze mir besorgen helfen; auch bitte ich Sie, mir für die Werke, die ich zwar keiner Quecksilberkur, doch aber an manchen Stellen einer Quecksilberpolitur unterwerfen werde, die eingeschalteten Verbesserungen für den Setzer aufzusammeln, auch mir für das Chaos meiner Bibliothek, wenn nicht die Hand, doch das Auge zu leihen. Ein wenig Vorlesen – ein wenig Kopieren – ein wenig Sprechen – ein wenig Frohsein – das ist alles, was ich von Ihnen verlange ... Sie erraten gar nicht, welchen Balsam für meine verwundeten Augen und für die andere Hälfte des vom Schicksal zerquetschten Körpers Ihre Ankunft mir mitbringt.«*

Miteinander in Berührung gekommen waren Onkel und Neffe erst 1822, als Jean Paul bei einer Reise nach Dresden auch seine Schwägerin Minna Spazier besucht hatte, deren Mann schon 1805 gestorben war. Der vaterlos aufgewachsene junge Mann, von dem Varnhagen behauptete, er sei wahrscheinlich ein Sohn Ludwig

Tiecks gewesen, hatte zwar noch keine Zeile von Jean Paul gelesen, aber zu ihm persönlich sofort Vertrauen gefasst. Neben seinem Studium vertiefte er sich nun in das Werk seines berühmten Onkels, besuchte diesen in den Semesterferien und wurde in der Familie Richter, die um den verstorbenen Max trauerte, erst nur geduldet, bald aber immer freudiger begrüßt.

Als nun im Oktober 1825 der Zweiundzwanzigjährige vom Onkel gerufen wurde, fand er diesen erschreckend verändert. Seine Sehkraft hatte abgenommen und sein Körper war abgemagert, während Wasser seine Beine mehr und mehr anschwellen ließ. Sein vorher rundes Gesicht schien sich durch den Verfall verlängert zu haben, seine glänzenden blauen Augen waren stumpf geworden, und auch das Sprechen fiel ihm schon schwer. Wo der Junge denn sei, wollte er wissen, als Karoline den Neffen ins Zimmer führte, und er streckte die Arme nach ihm aus. Er sprach leise und langsam, aber noch immer in Bildern. Der Himmel, sagte er, strafe ihn jetzt mit Ruten, von denen eine, nämlich die zunehmende Blindheit, zu einem tüchtigen Knüttel geworden sei.

Tag für Tag saß nun der anstellige Neffe im Arbeitszimmer an dem Tischchen in Fensternähe, auf dem früher der Vogelkäfig gestanden hatte, während der Kranke halb sitzend auf dem gewohnten Kanapee lag. Da er ständig fror, lagen Kissen auf seinen Füßen, und er war in einen Pelzmantel gehüllt. Sein Arbeitstisch vor ihm war noch mit allem versehen, was er zum Schreiben gebraucht hatte, von den Stapeln verschiedenartiger Papiere und der mit einem Lichtschirm versehenen Lampe bis zum Federmesser, der Brille und dem Tintenfass. Das Holzgestell, auf dem sich die Exzerpte und Manuskripte häuften, stand wie gewohnt in Griffnähe, und in der Zimmerecke, zwischen den Bücherregalen, lag auf einem Kissen der Pudel und bewachte den Rosenholzstock und die Umhängetasche, die Jean Paul immer begleitet hatten, als er noch fähig gewesen war, täglich zu seinem stillen Arbeitsplatz in der Rollwenzelei zu gehen.

Die Arbeiten, die der Kranke mit Unterstützung seines Gehilfen noch zu erledigen hoffte, waren für die bei Reimer in Berlin erscheinenden sämtlichen Werke bestimmt. Nach Festlegung der Reihenfolge der 60 Bände waren vor allem neue Vorreden zu schreiben, eine vom Autor geliebte Arbeit, die er sich bei keiner Neuauflage entgehen ließ. Er diktierte die Texte, ließ sie sich dann langsam vom Neffen vorlesen, unterbrach an Stellen, die gestrichen oder geändert werden sollten, und nahm auch Verbesserungsvorschläge des Gehilfen an. Da die Arbeit ihn aufheiterte, geriet er anlässlich der Jugendwerke auch ins Erzählen, bedauerte das Fragmentarische der »Flegeljahre«, wollte am »Titan« noch einige Szenen verbessern und die angefangene Autobiographie vollenden, aus der auch hervorgehen sollte, wie wichtig Herder für ihn gewesen war.

Der Tagesablauf war streng geregelt. Vormittags wurde im Zimmer des Hausherrn gearbeitet, nachmittags im Wohnzimmer vorgelesen, erst die Tageszeitungen, dann Neuerscheinungen, wie Herbarts »Psychologie als Wissenschaft«, die ihn aber schnell ermüden ließ. Manchmal verlangte er Altbekanntes zu hören wie Herders »Ideen« oder dessen Volksliedersammlung, doch verringerte sich die Zahl der Seiten, denen er noch zu folgen vermochte, von Tag zu Tag.

Munter aber konnten ihn noch immer Gespräche machen, denen der Abend gewidmet war. Um Gesprächsstoff zu haben, verbrachte Spazier seine freien Stunden in der »Harmonie« über Zeitschriften, denen er Neues aus Künsten und Wissenschaften oder aber, was dem Kranken am liebsten war, Kurioses entnahm. Wenn Christian Otto Krankenbesuch machte und die Vergangenheit Thema wurde, fiel dem gespannt lauschenden Neffen, der später der erste Biograph des Kranken wurde, die nicht unwichtige Rolle des Zuhörers zu.

Wenige Wochen zuvor hatte Jean Paul noch mit dem Philosophen Schelling, der aus München gekommen war, stundenlang debattieren können, jetzt aber konnte es vorkommen, dass er plötzlich verstummte und nur noch Zuhörer war.

Er war ein geduldiger Kranker, der selten klagte, sich oft für die liebevolle Pflege bei seiner Frau und der Tochter bedankte, und wenn Sonnenschein die grauen Herbsttage kurzzeitig etwas erhellte, glaubte er, wieder besser sehen zu können, also Grund zu haben, voller Hoffnung zu sein. Grauenhaft aber waren oft seine Nächte, in denen er den Schreckensvisionen einer gottlosen Welt, die er früher durch sprachliche Gestaltung zu bannen versucht hatte, hilflos ausgeliefert war.

Je weniger er Vorgelesenem zu folgen vermochte, desto mehr verlangte er nach Musik. Diese hatte ihn das Leben hindurch begleitet, vom Klavier- und Orgelspiel seines Vaters bis zum häuslichen Musizieren von Frau und Tochter, denn ein Klavier, früher ein geliehenes, hatte von seinen Studienzeiten an, soweit es möglich zu machen war, zu seinen Behausungen gehört. Obwohl er keine musikalische Ausbildung hatte, also auch keine Noten lesen konnte, hatte er gern stundenlang auf dem Klavier phantasiert. Überall wo gute Konzerte zu hören gewesen waren, hatte er unter den Zuhörern gesessen, seine Kinder waren von Karoline musikalisch gebildet worden, und in seinen Romanen waren bei Gefühlshöhepunkten oft Flöten, Harfen, Hörner oder auch Glocken ertönt. Jetzt stand das Klavier in Karolines Zimmer, so dass die Türen weit geöffnet werden mussten, wenn sie und Emma für ihn spielten und sangen, während er mit geschlossenen Augen nebenan auf seinem Kanapee lag. Von einfachen Melodien, wie sie die Volksweisen oder die Lieder von Zelter und Schubert hatten, wurde er am stärksten zu Tränen gerührt.

Obwohl sein körperlicher Zustand immer hinfälliger wurde, die Beine stärker anschwollen, die Augen gänzlich versagten und ein chronischer Husten ihm das Atmen erschwerte, ging die Arbeit noch weiter, bis ihn Karoline am Vormittag des 13. November einer plötzlichen Schwäche wegen ins Bett bringen musste, aus dem er sich zwar am 14. wieder erheben konnte, aber zur Arbeit unfähig war. Erstmalig wurde die Tagesordnung geändert, vormittags schon vorgelesen, erst die Zeitung, dann Herder, bis die Freunde Emanuel Osmund und Christian Otto kamen und ihn mit der Erinnerung an das komische Ritual einer Prinzenhochzeit erheitern konnten, das von ihm im »Hesperus« verwertet worden war. Als die Freunde gegangen waren, versuchte er dem Neffen zu erklären, was am »Hesperus« geändert werden müsste, sprach aber so leise, dass es kaum zu verstehen war. In der Annahme, es sei schon Abend, verlangte er mittags ins Bett gebracht zu werden, sagte noch einige Worte, die keiner verstehen konnte, dann deutlicher: »*Wir wollen's gehen lassen!*«, und schlief ein. Als nachmittags Emanuel und der Arzt kamen, schien er ruhig zu schlafen, um acht aber verlangsamte sich sein Atem und setzte, während sein Mund sich verkrampfte, schließlich ganz aus.

Drei Tage später gab sich die Stadt mit einer aufwendigen Totenfeier den Anschein, als habe sie es schon immer für eine Ehre gehalten, Wohnort des berühmten Dichters zu sein. Der Leichenzug, der sich nachmit-

Abb. 56: Jean Paul auf dem Totenbett.
Zeichnung von J. Würzburger

tags um fünf, als es schon dunkel wurde, unter dem Läuten der Glocken langsam von Jean Pauls Wohnung in der Friedrichstraße durch die Kanzleistraße über den Markt und die Erlanger Straße zum Friedhof hinausbewegte, wurde von Gymnasiasten mit Fackeln und Laternen begleitet und vom Kantor mit den Alumnen und den Musikanten angeführt. Es folgten die Volksschüler, die die »Levana« trugen, die Gymnasiasten, die die »Unsichtbare Loge« und die »Vorschule der Ästhetik« auf Kissen mit sich führten, während auf dem Sarg das mit einem Lorbeerkranz geschmückte Manuskript der »Selina« lag. Der von vier schwarz verhangenen Pferden gezogene Leichenwagen wurde von den Lehrern des Gymnasiums begleitet, denen die Familie und die Freunde folgten. Die städtischen und staatlichen Vertreter, denen sich einige Einwohner der Stadt anschlossen, bildeten den Schluss. Die Grabrede wurde vom Rektor des Gymnasiums gehalten, und für die um den Dichter trauernde Jugend sprach der Neffe Spazier. Die kirchlichen Zeremonien, an denen übrigens auch der mit Jean Paul befreundete katholische Pfarrer der Stadt teilnahm, wurden von einem Pastor geleitet, der in Hof einst Fritz Richters Mitschüler gewesen war. Es handelte sich dabei um jenen Johann Christian Reinhart, der dem Neuling Richter geraten hatte, dem Französischlehrer die Hand zu küssen, worauf dieser wütend geworden war.

Diese feierliche Beisetzung Jean Pauls neben dem Grab seines Sohnes ging am Abend des 17. November 1825 vonstatten, am 2. Dezember folgte eine Trauerfeier der Gesellschaft »Museum« in Frankfurt am Main.

Hier hielt Ludwig Börne seine später immer wieder zitierte Gedenkrede, in der er Jean Paul den Jeremias seines geplagten Volkes nannte, dessen Klagen nun verstummt waren, während das Leiden geblieben war. Er pries in ihm nicht nur den Streiter für die Freiheit des Denkens, sondern auch für die des Fühlens, den Tröster der Armen und aller Liebenden Freund. *»Wir wollen trauern um ihn, den wir verloren, und um die Andern, die ihn nicht verloren. Nicht Allen hat er gelebt! Aber eine Zeit wird kommen, da wird er Allen geboren, und Alle werden ihn beweinen. Er aber steht geduldig an der Pforte des zwanzigsten Jahrhunderts und wartet lächelnd, bis sein schleichend Volk ihm nachkomme. Dann führt er die Müden und Hungrigen ein in die Stadt seiner Liebe; er führt sie unter ein wirtliches Dach: die Vornehmen, verzärtelten Geschmacks, in den Palast des hohen Albano, die Unverwöhnten aber in seines Siebenkäs enge Stube, wo die geschäftige Lenette am Herde waltet und der heiße beißende Wirt mit Pfefferkörnern deutsche Schüsseln würzt.«*

Als im Sommer des nächsten Jahres der Liederdichter Wilhelm Müller die Rollwenzelei besuchte, gab die redselige Wirtin ihrer Trauer folgendermaßen Ausdruck: *»Ach Gott, wenn ich bedenke, wie viel der Herr Legationsrat hier, auf dieser Stelle geschrieben hat! Und wenn er sich hätte ausschreiben sollen! Fünfzig Jahre noch hätte er zu schreiben gehabt, das hat er mir selber oft gesagt, wenn ich ihn bat, sich zu schonen und das Essen nicht kalt werden zu lassen. Nein, nein, so ein Mensch wird nicht wieder geboren. Er war nicht von dieser Welt. ... Gott hab' ihn selig! Er war's hier schon.*

Eine Blume konnt' ihn selig machen über und über, oder ein Vögelchen, und immer, wenn er kam, standen Blumen auf seinem Tische, und alle Tage steckt' ich ihm einen Strauß ins Knopfloch. Es ist nun wohl ein Jahr, da blieb er weg und kam nicht wieder. Ich besucht' ihn drinnen in der Stadt, noch ein paar Wochen vor seinem Tode; da musst' ich mich ans Bett zu ihm setzen, und er frug mich, wie es mir ginge. Schlecht, Herr Legationsrat, antwortete ich, bis Sie mich wieder beehren. Aber ich wusst' es wohl, dass er nicht wieder kommen würde, und als ich erfuhr, dass seine Kanarienvögel gestorben wären, da dacht' ich: er wird bald nachsterben. Sein Pudel überlebt ihn auch nicht lange, ich hab' ihn neulich gesehen, das Tier ist nicht mehr zu kennen. Gott, nun hast du ihn bei dir! Aber ein Begräbnis hat er bekommen, wie ein Markgraf, mit

*Abb. 57: Grab Jean Pauls und seines Sohnes.
Stich nach der Zeichnung von Heinrich Stelzner*

November

Fackeln und Wagen, und ein Zug von Menschen hinterdrein, man kann's nicht erzählen. Ich war vorangegangen auf den Gottesacker hinaus, und wie ich so allein vor dem Grabe stand, in das er hinunter sollte, da dacht' ich mir: Und da sollst du hinunter, Jean Paul? – Nein, dacht' ich, das ist Jean Paul nicht, der da hinunter kömmt. Und wie der Sarg vor mir stand, da dacht' ich wieder so: Und da liegst du drinnen, Jean Paul? Nein, das bist du nicht, Jean Paul. Sie haben auch eine Leichenpredigt gehalten, und sie haben mir einen Stuhl dicht beim Grabe gegeben, darauf hab' ich sitzen müssen, als ob ich dazu gehörte, und als alles zu Ende war, da haben sie mir die Hände gedrückt, die Familie und der Herr Otto und noch viele große Herren.«

ANHANG

Zitatennachweis

Die Zitate aus den Werken Jean Pauls werden nach der leichter zugänglichen Ausgabe der ›Sämtlichen Werke‹ des Hanser Verlags nachgewiesen (JPH), die Zitate aus den Briefen von und an Jean Paul nach den Abteilungen III und IV der Historisch-kritischen Ausgabe des Akademie-Verlags (HKA).

Frühlingsanfang

Aus Geist des Widerspruchs	Eckermann, S. 426
Es war im Jahre 1763	JPH, Abt. I, Bd. 6, S. 1039

Wohlgeruch der Kindheitsjahre

Sein Schulhaus war ein Gefängnis	JPH, Abt. I, Bd. 6, S. 1041
Erziehdörfchen	wie zuvor, S. 1088
Fremd wie einer	Schiller, Bd. 28, S. 234
das wichtigste für den Dichter	JPH, Abt. I, Bd. 6, S. 1051
gleich mir am Fichtelgebirge	wie zuvor, S. 1050
Wohlgeruch verwelkter	HKA, Abt. III, Bd. 1, S. 304
Jede Schlacht ziehe	JPH, Abt. I, Bd. 6, S. 1088
An einem Vormittag	wie zuvor, S. 1061
Fronbauern der Woche	wie zuvor, S. 1071
Gleich einem alten lutherischen Hofprediger	wie zuvor, S. 1075

Anhang

Vier Stunden vor- und drei nachmittags	wie zuvor, S. 1054
Blätter genug zum Widerruf	wie zuvor, S. 1057
Geistigen Sahara-Wüste	wie zuvor, S. 1056
Gibt es kaum Abschiede	wie zuvor, S. 1089

Das gelehrte Kind

die Zeit, die man bei Weibern	JPH, Abt. I, Bd. 1, S. 426
Schreien, Summen, Lesen und Prügeln	JPH, Abt. I, Bd. 6, S. 1090
Freuden wie ein Prinz	wie zuvor, S. 1052
hebräische Sprach- und Analysier-Gerümpel	wie zuvor, S. 1090
bei aller Trockenheit und Leerheit	wie zuvor, S. 1092

Übungen

Fleisch und Kaffee und alles	wie zuvor, S. 1076
ihrem Verstande nichts bedeutende Nahrung	JPH, Abt. II, Bd. 1, S. 122
vom Lernen der Sprachen abhalte	wie zuvor, S. 10
Und gesetzt, es gäbe einen	wie zuvor, S. 22
nach Stand und Würden allerseits	wie zuvor, S. 22
all die Voltair's, die Hume's und ihre ganze	wie zuvor, S. 27–28
Wenn nun alle so gedacht hätten	wie zuvor, S. 25
Leb wol! Es schlägt zwölf aus	wie zuvor, S. 170
Dieses ganze Romängen	wie zuvor, S. 172
Sie sind nicht gemacht, um andere	wie zuvor, S. 36

Zitatennachweis

Reiterstück und Hungertuch

Da Armut niemandem zur Unehre	Berend (1956), S. 3
Ich hab' Ihnen neulich um Geld	HKA, Abt. III, Bd. 1, S. 33
Die Mode ist hier der Tyrann	wie zuvor, S. 20
Ihre jede Kraft, jedes Vergnügen	wie zuvor, S. 32
Brosamen erkriechen	wie zuvor, S. 38
Unter den Wölfen muss man mitheulen	HKA, Abt. III, Bd. 1, S. 31
Sie verachten meinen geringen Namen	wie zuvor, S. 69
Fast musste ich lachen	wie zuvor, S. 60
Ich verachte die Geistlichen nicht	wie zuvor, S. 62
Doch es war ein Konsistorium	wie zuvor, S. 30
langen, hageren Mann	Karamsin, S. 133
Heute Morgen wohnte ich	wie zuvor, S. 136–138
Wenn Sie nur wüssten, wie ungern	HKA, Abt. III, Bd. 1, S. 48–49
Vielleicht hilft mir das Mittel	wie zuvor, S. 33
Wenn nur mein Mittel anschlägt	wie zuvor, S. 47
Denn das dürfen Sie nicht glauben	wie zuvor, S. 49
Ich will Bücher schreiben	wie zuvor, S. 38

Der steile Berg

Dem Herrn Verfasser der satirischen	HKA, Abt. IV, Bd. 1/1, S. 21
der Rarität wegen aus Grönland verschrieben	JPH, Abt. II, Bd. 1, S. 485
Gottlob! nun ist der steile Berg	HKA, Abt. III, Bd. 1, S. 55–56

Die Rezensenten im Allgemeinen	JPH, Abt. II, Bd. 4, S. 234
Es mag vielleicht vieles, wo nicht alles	Sprengel, S. 3
Derbheit des Ausdrucks besonders in Bezug	JPH, Abt. II, Bd. 4, S. 231
Eine Priesterin der Venus	JPH, Abt. II, Bd. 1, S. 372

Der Hofmeister

Ich schicke dir hier deinen Mantel	HKA, Abt. III, Bd. 1, S. 130
Wäre dieser Aufwand von Witz	HKA, Abt. IV, Bd. 1/1, S. 194
durch das Beispiel eines Volkes	HKA, Abt. III, Bd. 1, S. 266
Schreibbuch, betitelt, Bonmots-Anthologie	JPH, Abt. I, Bd. 5, S. 844–845
seine Lehrstunden, die er gewissenhaft	Berend (1956), S. 7
Endes Unterschriebener steht nicht an	HKA, Abt. III, Bd. 1, S. 268–269
der ersten bestem Macht, die Krieg führt	JPH, Abt. II, Bd. 2, S. 216
großen Wiesenhobel	wie zuvor, S. 19
Gewitterableiter, Harmonika und Freiheit	JPH, Abt. I, Bd. 2, S. 523–525
die rechte Satire so wenig	JPH, Abt. II, Bd. 4, S. 232

Die erotische Akademie

Stumm gingen die Wirbel der Liebe	JPH, Abt. I, Bd. 1, S. 533
verloben ... Gewohnheit der Morlakken	HKA, Abt. III, Bd. 1, S. 150
Ich habe die noch 100 Sachen	wie zuvor, S. 271
Zotenmanie	wie zuvor, S. 241

Zitatennachweis

Du weißt, dass ich noch so rein	HKA, Abt. IV, Bd. 1/1, S. 100
lauter entblößten Busen	wie zuvor, S. 187
bei vielen Jünglingen die Onanie	wie zuvor, S. 148
Naturmenschen ... Eicheln und Wurzeln	wie zuvor, S. 123
auf die Grundkenntnisse von der Natur	wie zuvor, S. 140
Ich und du sind ein Paar Genies	HKA, Abt. IV, Bd. 1/1, S. 118
Ferne schadet der rechten Liebe	JPH, Abt. I, Bd. 6, S. 1098
telegraphische	wie zuvor, S. 1099
dieser Brennweite der Liebe	wie zuvor, S. 1069
weites reines Lieben	wie zuvor, S. 1102
brauseten nämlich Seele und Körper	wie zuvor, S. 1069
Leupoldsgrüner Wäldchen	HKA, Abt. IV, Bd. 1/1, S. 38
Hochedler, insonders Hochgeehrtester	wie zuvor, S. 29
Theurer Geliebter	wie zuvor, S. 38
Zärtlichster Geliebter	wie zuvor, S. 39
unbekannten Orte	HKA, Abt. III, Bd. 1, S. 101

Todesvision

Wichtigster Abend meines Lebens	HKA, Abt. II, Bd. 6, S. 577
Ich ging durch die Welten	JPH, Abt. I, Bd. 2, S. 270–275
satirischen Giftblasen	wie zuvor, Abt. I, Bd. 2, S. 115
Ein ganzes horazisches Jahrneun	wie zuvor, Abt I, Bd. 1, S. 15
Wie war dein Leben und Sterben	wie zuvor, Abt. I, Bd. 1, S. 422

Anhang

Drei Wege

Rückkehr aus der babylonischen Gefangenschaft	JPH, Abt. II, Bd. 2, S. 514
Tertianfieber der Weltrevolution	HKA, Abt. III, Bd. 1, S. 375–377
Da will ich Flammen über das Volk	JPH, Abt. I, Bd. 1, S. 1166
früher zu fallen als sie	JPH, Abt. I, Bd. 3, S. 589
Goethe war weitsichtiger	HKA, Abt. III, Bd. 4, S. 301
Die wilden Eingriffe ins Zifferblattrad	JPH, Abt. I, Bd. 1, S. 1019
geborene Ruine	JPH, Abt. I, Bd. 1, S. 13
konvulsivischen Geburtszeit	HKA, Abt. III, Bd. 1, S. 345
ein so unbedeutendes Leben zu verachten	JPH, Abt. I, Bd. 1, S. 461
Im fieberfrostigen Novemberwetter	wie zuvor, S. 430–431
Vollglück in der Beschränkung	JPH, Abt. I, Bd. 5, S. 260
glücklicher (nicht glücklich) zu werden	JPH, Abt. I, Bd. 4, S. 10–13

Mumien

geistigen Sklavenhändlern	HKA, Abt. III, Bd. 1, S. 354
Das begreife ich nicht	HKA, Abt. IV, Bd. 1/2, S. 673
Und wenn Sie am Ende der Welt wären	wie zuvor, S. 261–262
Die unsichtbare Loge oder die grüne	HKA, Abt. III, Bd. 1, S. 359
Nun schlugen die hohen Wogen	JPH, Abt. I, Bd. 1, S. 62–63

Zitatennachweis

Hundsposttage

gegenwärtig die Hundsposttage	Seidel, Bd. 1, S. 131
Oft überschreitet die Sprache wirklich	Sprengel, S. 4
Reichtum von erhabenen und rührenden Ideen	wie zuvor, S. 6–7
Reiz und Reichtum	HKA, Abt. IV, Bd. 2, S. 147
Wenn ich die hohe Dreieinigkeit	HKA, Abt. III, Bd. 2, S. 165

Die heilige Stadt

Die Postpferde kommen sogleich	HKA, Abt. III, Bd. 2, S. 205
Noch nicht aus der Reisekruste heraus	wie zuvor, S. 206
Lieber Bruder	wie zuvor, S. 206–208, 210, 213
Besser möbliert als eines	wie zuvor, S. 213
Milde wie ein Kind	Berend (1956), S. 16
Sehr einfachen Mann	wie zuvor, S. 18
Kurz, ich bin nicht mehr dumm	HKA, Abt. III, Bd. 2, S. 211

Der Chinese in Rom

Seine Werke waren kühle Quellen	HKA, Abt. III, Bd. 2, S. 234
Ich ging, ohne Wärme, bloß aus Neugierde	wie zuvor, S. 211
prächtigen Patron	Seidel, Bd. 1, S. 80–81
Es ist mir angenehm	wie zuvor, S. 84
armen Teufel in Hof	wie zuvor, S. 131
Schillers Porträt	HKA, Abt. III, Bd. 2, S. 96
ungewöhnlich gefällig	wie zuvor, S. 177
wunderlichen Wesen	Seidel, Bd. 1, S. 172

Jetzt indess braucht man einen Tyrtäus	HKA, Abt. III, Bd. 2, S. 227
arrogante Äußerung des Herrn Richter	Seidel, Bd. I, S. 228−229
Einen Chinesen sah ich in Rom	Schiller: Musenalmanach, S. 110−111
wahre Abfertigung für dieses Volk	Seidel, Bd. 1, S. 229
Hieltest du deinen Reichthum	Schiller: Musenalmanach, S. 209
Nicht an Reitz noch an Kraft	Schmidt, S. 140
Richter in London	wie zuvor, S. 141
Sage, was du willst, denn	JPH, Abt. I, Bd. IV, S. 28

Der Armenadvokat

Will Gott es haben	HKA, Abt. I, Bd. 2, S. 204
Volksruhm vordem die Ehrlichkeit war	Sprengel, S. 13−14

Die Titanide

Zwei Drittel des Frühlings	HKA, Abt. IV, Bd. 2, S. 172
Sie haben doch wohl geschlafen	wie zuvor, S. 183
Eine idealische Schilderung liebt	wie zuvor, S. 184
Wenn es schön ist im drückenden Zimmer	HKA, Abt. III, Bd. 2, S. 209
Unvergessliche	wie zuvor, S. 292
Hochstehende Seele	wie zuvor, S. 384
Ködern mit dem Verführen!	HKA, Abt. IV, Bd. 2, S. 242
Einmengen ... ästhetisches Leben	HKA, Abt. IV, Bd. 2, S. 265
Gestern kam ich hier an	HKA, Abt. III, Bd. 3, S. 110
Heinrich von Kalb ist heute	HKA, Abt. IV, Bd. 3, S. 206−211

Zitatennachweis

Durch meinen bisherigen Nachsommer	HKA, Abt. III, Bd. 3, S. 139–141
Die Abendröte des gestrigen Abends	wie zuvor, S. 146–147
Prüfe Dich nur, was Deine	HKA, Abt. IV, Bd. 3, S. 217
Ich beharre fest auf meinem Stand	HKA, Abt. III, Bd. 3, S. 153–154
Wir müssen Geduld haben	wie zuvor, S. 196
Behalte ein stilles und ein warmes Herz	wie zuvor, S. 221
Mein Herz hat noch die alte	wie zuvor, S. 235–236
Die Kinder fragen, ob Herr Richter	HKA, Abt. IV, Bd. 3, S. 259–260
Ich kann dir nicht sagen, mit	HKA, Abt. III, Bd. 3, S. 141
Daher hab' ich	JPH, Abt. I, Bd. 4, S. 928
für den Zauberpalast des Lebens	wie zuvor, S. 1038
So sind die guten Weiber	wie zuvor, S. 1060
Gerührt von der leuchtenden Liebe	wie zuvor, S. 1052

Simultanliebe

Simultan- oder Tuttiliebe	JPH, Abt. I, Bd. 1, S. 651
Der stärkste Einwand gegen die Ausmalerei	JPH, Abt. I, Bd. V., S. 427
Ich wollte, der Teufel hole	Jb. d. JP-Gesellschaft, Jg. 1, S. 14
ein geborener voluptuoso	Caroline, Bd. 1, S. 509
Sie kamen wie ein Traum	HKA, Abt. III, Bd. 2, S. 235
oft in Tränen verklärten	wie zuvor, S. 235
blätterte 2 Abende in ihrem Herzen	wie zuvor, S. 261–262
Ich habe eins der angenehmsten Häuser	HKA, Abt. IV, Bd. 2, S. 331

Anhang

reiche Goldgrube	wie zuvor, S. 231
schönen Paradiese	wie zuvor, S. 236
bei einer müßigen Stunde	wie zuvor, S. 295
Der mit Dinte gemalte Widerschein	HKA, Abt. III, Bd. 2, S. 319
die stilleren Stunden	HKA, Abt. IV, Bd. 4, S. 119
einfach und gut	HKA, Abt. IV, Bd. 4, S. 452–453
Junge Huren, alte Nonnen	Goethe, Bd. 2, S. 420

Leipzig

literarische Nebengeburten	HKA, Abt. III, Bd. 3, S. 53
Ich wollte, die Berlepsch	HKA, Abt. III, Bd. 2, S. 344
womöglich außerhalb der Stadt	wie zuvor, S. 368–369
Flachheit der Seelen	HKA, Abt. III, Bd. 3, S. 28
Lob ist kein Glück	wie zuvor, S. 37
völligster Freiheit	HKA, Abt. III, Bd. 2, S. 372
ganz anderes Geschöpf	wie zuvor, S. 379–380
schönes reiches höchst moralisches Mädchen	HKA, Abt. III, Bd. 3, S. 47
Ich hatte 2 aus der glühendsten Hölle	wie zuvor, S. 51
viel Egoismus und Aristokratie	wie zuvor, S. 66–67
noch von keinem Gelehrten	wie zuvor, S. 77
einäugiger Vollherzigkeit	wie zuvor, S. 84
gelobte Land	wie zuvor, S. 87
bloß im Sommerrock und mit Taschen	wie zuvor, S. 90
Gott schenke jedem Dichter	wie zuvor, S. 93
Gestern vor 8 Tagen fuhr ich	wie zuvor, S. 112 und 126

Weimar

immer tiefer zusammen	HKA, Abt. III, Bd. 3, S. 125
ein Liebling des Glücks	Berend (1956), S. 38

Zitatennachweis

bisweilen toll machen möchte	wie zuvor, S. 43
Andere werden durch Degenabnehmen	HKA, Abt. III, Bd. 3, S. 138
aber frank und frei und spielend	wie zuvor, S. 210
Er bekommt für jeden Bogen	Ilwof, S. 500
Reise glücklich, liebe Josephine	HKA, Abt. III, Bd. 3, S. 325
langes Rätsel, in dem nur	wie zuvor, S. 335
Stand ... moralische Unähnlichkeiten	wie zuvor, S. 342
moralischen kleinen Ecken	wie zuvor, S. 348
Wir sind gleichförmig im höhern Streben	wie zuvor, S. 350
Der Mann regiert die Zügel	HKA, Abt. IV, Bd. 3.2, S. 385

Weiber die Menge

Ich habe Ihren Titan erhalten	HKA, Abt. IV, Bd. 3.2, S. 300
Thron der Schönheit	HKA, Abt. III, Bd. 3, S. 340
Ich sprach und aß in Sanssouci	wie zuvor, S. 342
köstlich – seidene Stühle – Wachslichter	wie zuvor, S. 345–346
Wäre ich Königin, so würde	HKA, Abt. IV, Bd. 3.1, S. 713
damit Sie sehen, wie ich an meiner Toilette	HKA, Abt. IV, Bd. 3.2, S. 332
Im Tiergarten blieb ich bei der	HKA, Abt. III, Bd. 3, S. 346–347
als junger Offizier die Bekanntschaft	Fontane: Wanderungen, S. 362
Es ist freilich komisch, dass meine Treppe	HKA, Abt. III, Bd. 3, S. 369
den der Jäger in immer näheren Kreisen	wie zuvor, S. 371
mehr Süßsaures als Sauersüßes	wie zuvor, S. 376–378
abgebrannte Stadt, auf deren	wie zuvor, S. 362
glänzenden Juwel	wie zuvor, S. 341

Anhang

Ja, Berlin ist eine Sandwüste	Berend (1956), S. 67
Sahara, aber welche Oasen	Fontane: Aufzeichnungen, S. 20
Repositorium (mehr Papier- als Bücherbrett)	HKA, Abt. III, Bd. 3, S. 373
Mache überhaupt meine Einrichtung	wie zuvor, S. 375

Ein Winter in Berlin

Der Legationsrat Jean Paul Friedrich Richter	HKA, Abt. III, Bd. 4, S. 21
Schöne Seele! So unparteiisch und kalt	wie zuvor, S. 13
Einzige! endlich hat mein Herz	wie zuvor, S. 15
Mein lieber Herr Sohn!	HKA, Abt. IV, Bd. 4, S. 150–151
Erst nach einem langen Verarmen	HKA, Abt. III, Bd. 4, S. 68
wenigstens 3, 4, 5 Meilen von Halberstadt	wie zuvor, S. 71
göttlichsten Menschen	HKA, Abt. IV, Bd. 4, S. 37
Ich bete Dich an	wie zuvor, S. 41
Leite mich überhaupt im Leben	wie zuvor, S. 42–43
Ach Du prächtiger Mensch	wie zuvor, S. 57
Der große Haufen liebt Friedrich Richters	Sprengel, S. 25–26

Der Titan

Ernste Tätigkeit, glauben Sie mir, söhnet	JPH, Abt. I, Bd. 3, S. 792
letzten Republikaner	JPH, Abt. I, Bd. 6, S. 344
blutrünstige Bergpartei	wie zuvor, S. 332
glücklicher (nicht glücklich) zu werden	JPH, Abt. I, Bd. 4, S. 10–13

Zitatennachweis

Heimkehr

Wissen Sie wohl, meine Freundin	Sprengel, S. 36–40
Wahl des vornehmen Standes	HKA, Abt. III, Bd. 4, S. 9
Unsere Verbindung und unsere Abreise	wie zuvor, S. 75
Die Ehe hat mich so recht	wie zuvor, S. 79
gar mit keinem Ich behaftet	wie zuvor, S. 89
Die Poesie zieht Zinsen davon	wie zuvor, S. 117
Kenntnis und Güte	wie zuvor, S. 93
Glaubensgenosse in höherm Sinne	wie zuvor, S. 101
Magenbalsam	wie zuvor, S. 169
Seelentrank	wie zuvor, S. 145
Lethe	wie zuvor, S. 202
Bei der Einfahrt eines Bierfasses	Berend (1956), S. 85
Trinkunfugs	HKA, Abt. III, Bd. 4, S. 208
toll wie ein humoristischer Aufsatz	wie zuvor, S. 251–252

Flegeljahre

sieben noch lebende weitläufige Anverwandte	JPH, Abt. I, Bd. 2, S. 581
Dieser hielt sich Kabels Wohltaten	wie zuvor, S. 586–587
Gehabe dich wohl, du bist nicht zu ändern	wie zuvor, S. 1082
Gott, welche Jahreszeit!	wie zuvor, S. 717–718

Das Freiheitsbäumchen

Nur möchte, wenn man so viele Zensoren	JPH, Abt. II, Bd. 2, S. 830–831

Anhang

Allein es kann also nur in einer Zeit	wie zuvor, S. 848
bloß beim Zensor einzusprechen	wie zuvor, S. 836
Das arme Volk!	wie zuvor, S. 836–837
Erkenntnisbaum	wie zuvor, S. 841
Der Geist, der Staaten umwarf	wie zuvor, S. 845
Diesen Posten versieht er	wie zuvor, S. 871–872
Freilassung der freigeborenen Gedanken	wie zuvor, S. 872

Friedenspredigten

Kriegswolke	HKA, Abt. III, Bd. 5, S. 152
deutsch bis in die kleinste Faser	Varnhagen, Bd. 1, S. 559
Es wäre eben so schlimm für die Erde	JPH, Abt. II, Bd. 3, S. 702
Das Alte hatten wir früher verloren	JPH, Abt. I, Bd. 5, S. 885
von Napoleon und einem langen Frieden	wie zuvor, S. 886
Der erste dieser verbrecherischen Verweichlicher	Sprengel, S. 71
Der gute Arndt findet beinahe alles	JPH, Abt I, Bd. 6, S. 501
von jeher der Keim des Großen	Arndt, Teil 7, S. 96
weil wir sonst in Nichtigkeit, Weichlichkeit	wie zuvor, S. 111
Wir haben uns durch eine schlechte Lehre	wie zuvor, S. 96
Wollte ein Staat nur die Hälfte seines	JPH, Abt. I, Bd. 5, S. 968
nur wider, nicht für die Menge	wie zuvor, S. 962
hässlichen Widerstreit zwischen Moral	wie zuvor, S. 961–962

Zitatennachweis

das höchste Heil, das letzte	Körner, Bd. 1, S. 79
von Blut-Katarakten zusammengeschwemmten	JPH, Abt. I, Bd. 5, S. 975
Für die Menschheit gebe ich gern	HKA, Abt. III, Bd. 5, S. 94
Vater, Mutter, schaue deinen Jüngling	JPH, Abt. II, Bd. 3, S. 413–416
zürnenden Flugschriftsteller, welche andonnern	JPH, Abt. I, Bd. 5, S. 1040

Dr. Katzenberger und andere

Frühling und alle seine Sternenhimmel	HKA, Abt. III, Bd. 5, S. 218
nicht beißt und nicht pisst	wie zuvor, S. 217
Selten ließ er mich zu Ende reden	Berend (1956), S. 149
alte Landesformen, Philosophien, Fürsten	HKA, Abt. III, Bd. 6, S. 215
edlen Deutschmanns	JPH, Abt. II, Bd. 3, S. 114
Schlafen muss ich viel	wie zuvor, S. 150
Sprech-Zynismus	HKA, Abt. III, Bd. 5, S. 218
wenn sie sonst durchaus nicht wohlfeiler	JPH, Abt. I, Bd. 6, S. 129
Etwas anderes sind Dichter	wie zuvor, S. 275
Ein Affe gar possierlich ist	wie zuvor, S. 555
Die Ziege Käse gibt zwei Schock	wie zuvor, S. 562
Ich für meine Person bekenne gern	wie zuvor, S. 368
dass seine Phantasie stärker ist	wie zuvor, S. 182

Anhang

Die Rollwenzelei

In der Dämmerstunde erzählte er uns	Berend (1956), S. 381
Aber ich habe ihn auch gepflegt	wie zuvor, S. 389
Aber sehen Sie, ob er nun	wie zuvor, S. 388
Gib also auf dich Acht	Nerrlich, S. 217
lyrisch und Empfindung	JPH, Abt. I, Bd. 5, S. 683
Je später die Ehe desto schwieriger	JPH, Abt. II, Bd. 3, S. 197
Männer, zeigt mehr Liebe	wie zuvor, S. 199
Ich bin vom ernstesten und frömmsten Willen	Nerrlich, S. 279
Die Lebensgefährtin eines berühmten	wie zuvor, S. 280

Das Immergrün der Gefühle

Laden Sie dazu dreihundert Jungfrauen	Berend (1956), S. 294
jetzigen Kunstpantheon	JPH, Abt. II, Bd. 3, S. 643
Kunst-Wahnwitz	JPH, Abt. I, Bd. 1, S. 18–19
Er wiederholt sich selbst	Berend (1956), S. 272
somnambüles … ohmächtelt	Hoffmann, Bd. 4, S. 165
Verehrtester Lehrer meines Innersten	HKA, Abt. III, Bd. 3, S. 106
Täglich durchzulesen	HKA, Abt. III, Bd. 6, S. 267
Er sollte meinem erdigen Herzball	wie zuvor, S. 272
Hegel ist der scharfsinnigste unter allen	HKA, Abt. III, Bd. 8, S. 113
Ein Stübchen zur Miete	HKA, Abt. III, Bd. 7, S. 111
Erstens, weil du ein guter Kerl	Berend (1956), S. 161
Der muss Doktor der Philosophie werden	wie zuvor, S. 167

Zitatennachweis

unsterblichen Dichter, Licht und Zierde	wie zuvor, S. 174
in Heidelberg auf dem Berge	JPH, Abt. I, Bd. 5, 1285
Da gegenwärtige Vorrede das erste ist	wie zuvor, S. 1282
Meine Sophie!	HKA, Abt. III, Bd. 7, S. 135
Uns scheidet nichts	wie zuvor, S. 145
Appelsinen gibt's hier nicht	wie zuvor, S. 138
Ich weiß entschieden, dass	wie zuvor, S. 139
als jede gute weibliche Seele	wie zuvor, S. 215
Ich gehe dieses mal	wie zuvor, S. 210
Und darf denn keine alte Hand	JPH, Abt. II, Bd. 3, S. 931–932
parfümiert ...ganz nach der neuesten Pariser	Heine, S. 161
Der Vermählring beider ist Glanzsucht	HKA, Abt. III, Bd. 7, S. 228
nun weder Jungfrau, noch	wie zuvor, S. 238
unumschränkten Ordner, Chorizonten	wie zuvor, S. 223
Eine Freundin büßt man leichter ein	wie zuvor, S. 219

Todesfälle

Er starb rein und groß zugleich	JPH, Abt. I, Bd. 6, S. 353
dahingegangenen edlen Vaters	HKA, Abt. III, Bd. 6, S. 325
Sie denken viel zu gut von mir	wie zuvor, S. 330
moskowitisches Rindfleisch und Krebspastetel	JPH, Abt. I, Bd. 6, S. 608
fanatische, unseligst-verblendte	JPH, Abt. I, Bd. 6, S. 337
jeder Katholik Luthern, Voltairen	HKA, Abt. III, Bd. 8, S. 127
überchristlichen	wie zuvor, S. 87
kalt verfinstert für immer	wie zuvor, S. 135

Anhang

Der Komet

moralischen Natur	Berend (1956), S. 212
Mein Gott, Jean Paul, ich bin ja	wie zuvor, S. 347
Es ist hart, den ganzen Tag	JPH, Abt. I, Bd. 6, S. 1029 u. 1033
nach der Zeitfolge ihres Erscheinens	wie zuvor, S. 1034−1035

November

Ich erwarte ein schönes Leben	Spazier (1840), Bd. 5, S. 215−216
Wir wollen's gehen lassen	Berend (1956), S. 370
Wir wollen trauern um ihn	Börne, S. 6
Ach Gott, wenn ich bedenke	Berend (1956), S. 390

Abbildungsnachweis

Abb. 1:   Jean Paul: Sein Leben, S. 17
Abb. 2:   Privatarchiv
Abb. 3:   Jean Paul: Sein Leben, S. 29
Abb. 4:   Jean Paul: Sein Leben, S. 63
Abb. 5:   HKA, Abt. III. Bd. 1, nach S. 160
Abb. 6:   HKA, Abt. IV. Bd. 1, Anhang, Abb. 1
Abb. 7:   HKA, Abt. IV. Bd. 5, Anhang, Abb. 1
Abb. 8:   HKA, Abt. III. Bd. 1, nach S. 16
Abb. 9:   HKA, Abt. III. Bd. 1, nach S. 288
Abb. 10: Jean Paul: Sein Leben, S. 5
Abb. 11: Benda, nach S. 14
          Die Rede des toten Christus vom Weltgebäude IV,
          Collage von Karlheinz Bauer, Bamberg, 1975
          © Waltraud Bauer, Strullendorf
Abb. 12: Jean Paul 1763–1963, nach S. 16
Abb. 13: Hausser: Jean Paul u. Bayreuth, S. 19
Abb. 14: Rave, S. 174
Abb. 15: HKA, Abt. IV, Bd. 1, Anhang, Abb. 10
Abb. 16: Privatarchiv
Abb. 17: Privatarchiv
Abb. 18: HKA, Abt. IV, Bd. 3.1, Anhang, Abb. 12
Abb. 19: Rave, S. 125
Abb. 20: HKA, Abt. IV, Bd. 3.1, Anhang, Abb. 3
Abb. 21: Oeser, S. 54
Abb. 22: Jean Paul 1763–1963, vor S. 17

Abb. 23: HKA, Abt. III, Bd. 2, nach S. 208
Abb. 24: Berger, vor dem Titelblatt
Abb. 25: HKA, Abt. IV, Bd. 2, Anhang, Abb. 11
Abb. 26: HKA, Abt. III, Bd. 2, nach S. 352
Abb. 27: HKA, Abt. III, Bd. 3, nach S. 240
Abb. 28: HKA, Abt. IV, Bd. 3.2, Anhang, Abb. 7
Abb. 29: Thiele, S. 211
Abb. 30: HKA, Abt. IV, Bd. 2, Anhang, Abb. 5
Abb. 31: Privatarchiv
Abb. 32: HKA, Abt. III, Bd. 3, nach S. 184
Abb. 33: HKA, Abt. III, Bd. 3, nach S. 368
Abb. 34: Jean Paul: Des Luftschiffers Giannozzo, S. 11
Abb. 35: Merkel, vor dem Titelblatt
Abb. 36: Berend (1913), vor S. 55
Abb. 37: Jean Paul 1763–1963, S. 61
Abb. 38: HKA, Abt. III, Bd. 2, nach S. 80
Abb. 39: Berend (1913), nach S. 84
Abb. 40: Vehse, nach S. 48
Abb. 41: Privatarchiv
Abb. 42: Oeser, S. 98
Abb. 43: Rave, S. 123
Abb. 44: Mundt, S. 35
Abb. 45: Jean Paul: Des Feldpredigers Schmelzle, nach S. 76
Abb. 46: Privatarchiv
Abb. 47: Berend (1913), vor S. 169
Abb. 48: Berend (1913), nach S. 300
Abb. 49: HKA, Abt. IV, Bd. 3/1, Anhang, Abb. 8
Abb. 50: Voß, nach S. 16
Abb. 51: Berend (1956), Anhang, S. VII
Abb. 52: Focke, vor dem Titelblatt
Abb. 53: Sand, S. 4
Abb. 54: Berend (1913), nach S. 224
Abb. 55: Berend (1913), nach S. 266
Abb. 56: Berend (1913), nach S. 290
Abb. 57: Berend (1913), nach S. 306

Bibliographie

Arndt, Ernst Moritz: Werke. Auswahl in 12 Teilen. Hrsg. von August Leffson u. Wilhelm Steffens. Berlin, Leipzig: Bong o. J.
Bade, Heidemarie: Jean Pauls politische Schriften. Tübingen: Niemeyer 1974
Benda, Wolfram: Zwei graphische Interpretationen der »Rede des toten Christus«. In: Jb. d. Jean-Paul-Gesellschaft. 11/1976
Berger, Dorothea: Jean Paul und Frau von Krüdener. Wiesbaden: Limes 1957
Berend, Eduard (Hrsg.): Jean Pauls Persönlichkeit. Zeitgenössische Berichte. München: Georg Müller 1913
Berend, Eduard (Hrsg.): Jean Pauls Persönlichkeit in Berichten der Zeitgenossen. Berlin: Akademie 1956
Börne, Ludwig: Denkrede auf Jean Paul. Dessau: Rauch 1924 (Reuchlindruck)
Briefwechsel zwischen Schiller u. Goethe. Bd. 1–3. Leipzig: Insel 1984
Caroline. Briefe aus d. Frühromantik. Nach Georg Waitz. Hrsg. von Erich Schmidt. Leipzig: Insel 1913
Eckermann, Johann Peter: Gespräche mit Goethe. Berlin: Aufbau 1982
Elhardt, Armin: Jean Pauls Besuch in Stuttgart. Marbach: Dt. Schillergesellschaft 2001
Focke, Rudolf: Charlotte Corday. Leipzig: Duncker u. Humblot 1895
Förster, Brix: Das Leben Emma Försters in ihren Briefen. Berlin: Hertz 1889

Anhang

Fontane, Theodor: Aufzeichnungen zur Literatur. Berlin: Aufbau 1969

Fontane, Theodor: Wanderungen durch die Mark Brandenburg, Bd. 4. Berlin: Aufbau 1994 (Große Brandenburger Ausgabe)

Goethe, Johann Wolfgang: Berliner Ausg. Bd. 1–22. Berlin: Aufbau 1973 ff.

Harich, Walther: Jean Paul. Leipzig: Haessel 1925

Harich, Wolfgang: Jean Pauls Kritik des philosophischen Egoismus. Leipzig: Reclam 1968

Harich, Wolfgang: Jean Pauls Revolutionsdichtung. Berlin: Akademie 1974

Hartwig, Wolfgang (Hrsg.): Jean Paul. Ein Lesebuch für unsere Zeit. Berlin: Aufbau 1966

Hausser, Philipp: Die Tagebücher der Caroline von Flotow. (Sonderdruck d. Archivs für Oberfranken. Bd. 57/58. 1978)

Hausser, Philipp: Jean Paul und Bayreuth. Bayreuth: Mühl 1969

Heine, Heinrich: Sämtliche Werke. Hrsg. v. Adolph Kohut. Bd. 10. Berlin: Knaur o. J.

Hoffmann, E. T. A.: Sämtliche Werke. Hist.-krit. Ausg. von Carl Georg von Maassen. Bd. 1–8. München: Georg Müller 1908–1925

Ilwof, Franz: Jean Paul u. Caroline von Feuchtersleben. In: Euphorion. 11/1904

Jahrbuch der Jean-Paul-Gesellschaft. Bayreuth 1966 ff.

Jean Paul 1763–1963. Gedächtnisausstellung im Schiller-Nationalmuseum in Marbach a. N. 1963

Jean Paul: Briefwechsel mit seinem Freund Christian Otto. Bd. 1–4. Berlin: Reimer 1829–1833

Jean Paul: Des Feldpredigers Schmelzle Reise nach Flätz. Mit 8 Kupfern von Karl Tylmann. Karlsruhe: Dreililien 1912

Jean Paul: Des Luftschiffers Giannozzo Seebuch. Ill. von Emil Preetorius. Frankfurt a. M.: Insel 1975

Jean Paul. Sämtliche Werke. Hist.-krit. Ausg. Hrsg. von Eduard Berend u. a. Abt. I.–IV. Weimar, Berlin: Verlag Hermann Böhlaus Nachfolger u. Akademie Verlag 1927 ff. [zitiert als: HKA]

Bibliographie

Jean Paul: Sein Leben von ihm selbst beschrieben. Hrsg. von Eduard Berend. Stuttgart: Höhere Fachschule für das Graphische Gewerbe, Jahresgabe 1963

Jean Paul: Sämtliche Werke. Hrsg. von Norbert Miller. Abt. I u. II. München: Hanser 1959 ff. [zitiert als: JPH)]

Karamsin, Nikolai: Briefe eines russischen Reisenden. Berlin: Rütten u. Loening 1981

Körner, Theodor: Sämtliche Werke. Bd. 1-4. Hrsg. von Karl Streckfuß. Berlin: Nicolai 1847

Merkel, Garlieb: Briefe an Carl August Böttiger. Hrsg. von Bernd Maurach. Bern: Lang 1987

Müller, Hans von: E. T. A. Hoffmann u. Jean Paul. 1. Heft. Köln: Gehly 1927

Mundt, Albert (Hrsg.): Die Freiheitskriege in Bildern. München: Einhorn 1913

Nerrlich, Paul: Jean Paul. Sein Leben u. seine Werke. Berlin: Weidmann 1889

Nerrlich, Paul (Hrsg.): Jean Pauls Briefwechsel mit seiner Frau und Christian Otto. Berlin: Weidmann 1902

Oeser, Hans Ludwig: Menschen und Werke im Zeitalter Goethes. Berlin: Franke o. J.

Ortheil, Hanns-Josef: Jean Paul. Reinbek: Rowohlt 1984

Rave, Paul Ortwin: Das Jahrhundert Goethes. Köln: Parkland 1999

Rogge, Helmuth: Der Doppelroman der Berliner Romantik. Bd. 1-2. Leipzig: Klinkhardt & Biermann 1926

Sand, Carl Ludwig. Bildnis u. Erinnerung. Fichtelgebirgsmuseum Wunsiedel. 1985

Schiller, Friedrich: Werke. Nationalausgabe. Bd. 1-43. Weimar: Böhlau 1943 ff.

Schiller, Friedrich (Hrsg.): Musenalmanach für d. Jahr 1797. Tübingen: Cotta 1797

Schmidt, Erich u. Bernhard Suphan (Hrsg.): Xenien 1796. Weimar: Böhlau 1893

Schweikert, Uwe: Jean Paul-Chronik. München: Hanser 1975

Seidel, Siegfried (Hrsg.): Briefwechsel zwischen Schiller und Goethe. Bd. 1−3. Leipzig: Insel 1984

Spazier, Richard Otto: Jean Paul Friedrich Richter. Bd. 1−5. Leipzig: Wigand 1840

Spazier, Richard Otto: Jean Paul Friedrich Richter in seinen letzten Tagen und im Tode. Breslau: Max 1826

Sprengel, Peter (Hrsg.): Jean Paul im Urteil seiner Kritiker. München: Beck 1980

Thiele, Johannes: Geliebte Luise. Königin von Preußen. Berlin: Nicolai 2003

Ueding, Gert: Jean Paul. München: Beck 1993

Varnhagen, Karl August, von Ense: Werke. Bd. 1−5. Frankfurt a. M.: Dt. Klassiker Verl. 1987

Vehse, Eduard: Ill. Geschichte des Preußischen Hofes. Bd. 2. Stuttgart: Franckh o. J.

Vorschule zu Jean Paul. Hrsg. von Friedhelm Kemp, Norbert Miller u. Georg Philipp. München: Piper 1986

Vollmann, Rolf: Das Tolle neben dem Schönen. Jean Paul. Tübingen: Wunderlich 1975

Voß, Heinrich: Kranz um Jean Paul. Briefe. Hrsg. von Ludwig Bäte. Heidelberg: Hörning 1925

Wittmann, Reinhard: Geschichte des deutschen Buchhandels. München: Beck 1991

Zeittafel

1763 21. März: Johann Paul Friedrich Richter wird in Wunsiedel im Fichtelgebirge geboren. Sein Vater ist der Lehrer und Organist Johann Christian Christoph Richter, seine Mutter Sophia Rosina Richter, geb. Kuhn aus Hof.
Im selben Jahr kommen seine späteren Freunde Johann Adam Lorenz von Oerthel und Christan Georg Otto zur Welt.

1764 Adam Richter, der zweite Sohn der Familie Richter wird geboren.

1765 August: Umzug in das Dorf Joditz, wo der Vater Pfarrer wird.

1766 Richters späterer Freund Emanuel Samuel, der ab 1814 Emanuel Osmund hieß, wird geboren. Geboren wird auch Richters Schwester Rosina Barbara, die im Jahr darauf schon stirbt.

1768 Geburt von Richters Bruder Johann Gottlieb.

1770 Geburt von Richters Bruder Justus Heinrich Wilhelm.

1774 Geburt von Richters Schwester Sophie Jacobine Ottilie, die schon im Jahr darauf stirbt.

1776 Umzug der Familie von Joditz nach Schwarzenbach, wo der Vater eine besser dotierte Pfarrstelle erhält. Richter wird konfirmiert.
Richters jüngster Bruder Johann Samuel wird geboren.
Tod des Vaters. Richter wird Gymnasiast in Hof.
Januar: Der Briefroman »Abelard und Heloise« wird geschrieben.

Anhang

   Mai: Aufnahme des Theologiestudiums in Leipzig.
   November: Entschluss, als freier Schriftsteller zu leben.
1783 Die »Grönländischen Prozesse« erscheinen.
1784 November: Flucht vor den Gläubigern aus Leipzig nach Hof.
1786 Tod des Freundes Johann Adam Lorenz von Oerthel.
1787 Richter wird Hofmeister bei der Familie von Oerthel in Töpen.
1789 »Auswahl aus des Teufels Papieren« erscheint.
1790 Februar: Tod des Freundes Johann Bernhard Hermann.
   März: Antritt einer Hauslehrerstelle in Schwarzenbach.
   November: Todesvision.
1792 Annahme des Dichternamens Jean Paul.
1793 »Die unsichtbare Loge« mit angehängtem »Wutz« erscheint.
1794 Rückkehr nach Hof.
1795 »Hesperus« und »Quintus Fixlein« erscheinen.
1796 »Siebenkäs«, »Biographische Belustigungen« und »Fälbel« erscheinen.
1797 Juli: Tod der Mutter.
   November: Umzug nach Leipzig.
   »Jubelsenior« und »Kampanertal« erscheinen.
1798 »Palingenesien« erscheinen.
   Oktober: Umzug nach Weimar.
1799 »Briefe und bevorstehender Lebenslauf« erscheint.
   Oktober: Verlobung mit Karoline von Feuchtersleben.
1800 Der 1. Band des »Titan« erscheint.
   Mai: Auflösung der Verlobung mit Karoline von Feuchtersleben.
   Mai–Juni: Besuch in Berlin.
   September: Umzug nach Berlin.
1801 Der 2. Band des »Titan« erscheint.
   Mai: Heirat mit Karoline Mayer.
   Juni: Umzug nach Meiningen.
1802 Der 3. Band des »Titan« erscheint.
   September: Geburt der Tochter Emma.

Zeittafel

1803	Der 4. Band des »Titan« erscheint.
	Juni: Umzug nach Coburg.
	November: Geburt des Sohnes Max.
1804	»Vorschule der Ästhetik« und Band 1 bis 3 der »Flegeljahre« erscheinen.
	August: Umzug nach Bayreuth.
	November: Geburt der Tochter Minna.
1805	4. Band der »Flegeljahre« und »Freiheitsbüchlein« erscheinen.
1806	»Levana« erscheint.
1808	»Friedens-Predigt« erscheint.
1809	»Schmelzle«, »Katzenberger« und »Dämmerungen« erscheinen.
	November: Beginn des Besuchs der Rollwenzelei.
1810	August: Reise nach Bamberg.
1811	»Leben Fibels« erscheint.
1812	Juni: Reise nach Nürnberg.
1814	»Museum« erscheint.
1816	Beginn des Briefwechsels mit Heinrich Voß.
1817	»Politische Fastenpredigten« erscheinen.
	Juli–August: Reise nach Heidelberg und an den Rhein. Ehrendoktor.
1818	Mai–Juli: Reise nach Heidelberg und Frankfurt am Main.
1820	1. und 2. Band des »Komet« erscheinen.
	Mai–Juli: Reise nach München.
1821	September: Tod des Sohnes Max.
1822	3. Band des »Komet« erscheint.
	Mai–Juni: Reise nach Dresden.
1823	August–September: Reise nach Erlangen und Nürnberg.
1825	14. November: Jean Pauls Tod.

Personen- und Ortsregister

Ahlefeldt, Hans Georg von 176, 182
Alexander I., Zar von Russland 149, 275
Alexander der Große 243
Alexandria 141
Alexis, Willibald s. Häring, Wilhelm
Anna Amalia, Herzogin von Weimar 112, 116, 161, 213
Ansbach 19
Archenholz, Johann Wilhelm 60
Arndt, Ernst Moritz 238 ff., 242, 288
Atterbom, Per Daniel Amadeus 293
August, Herzog von Sachsen-Gotha-Altenburg 226 f.

Baggesen, Jens Peter 295
Bamberg 266 f., 272
Barth, Carl 27
Basedow, Johann Bernhard 27, 249
Basel 231
Bauer, Karlheinz 82
Bausch, A. 45
Bayreuth 13 f., 19, 40 f., 121, 124 f., 146, 180, 208 ff., 212 f., 232, 236, 247, 259 ff., 271, 274, 278, 303 f.
Beck, Ernestine von 163, 166
Beckmann (Buchhändler in Gera) 59
Berg, Karoline Friederike von 189, 191
Berlepsch, Emilie von 152 – 157, 175, 191
Berlin 12, 21, 53 f., 57, 59, 74, 139, 148, 168, 169 – 182, 190, 192, 196, 221, 224, 231, 248, 300
Bernard, Esther 175, 177, 191, 263
Bernhardi, August Ferdinand 192, 221
Beygang, Johann Gottlob 154
Blücher, Gerhardt Leberecht von 275

Böhmer, Caroline s. Schlegel, Caroline
Börne, Ludwig 131, 242, 305
Brentano, Clemens 194
Büchner, Georg 87
Bursy, Karl 248, 251

Charlotte, Herzogin von Hildburghausen 162 f., 165, 170
Chézy, Helmina von 176 f., 182
Chodowiecki, Daniel 176
Cloeter, Johann Gottfried 65
Cloeter, Wilhelmine 64
Coburg 213
Comenius, Johann Amos 23
Corday, Charlotte 198, 289
Cotta von Cottendorf, Johann Friedrich 226, 244

Dalberg, Karl Theodor Reichsfreiherr von 235 f.
Defoe, Daniel 25
Dessau 206, 224
Diogenes von Sinope 47, 128
Doerffer, Wilhelmine (Minna) 266
Dresden 59, 148, 156 f., 266, 298
Duttenhofer, Luise 209

Eckermann, Johann Peter 11
Eichendorff, Joseph von 108
Ellrodt, Sophie 77 f.

Epiktet 128
Erlangen 72, 266

Fassmann, David 24
Feuchtersleben, Christoph Erdmann von 163
Feuchtersleben, Ernst von 163 f.
Feuchtersleben, Karoline von 163 – 168, 175
Feuchtersleben, Rosalie von 163 f.
Fichte, Johann Gottlieb 62, 84, 158, 192, 194, 224, 236, 246
Fielding, Henry 103
Förster, Ernst 291
Follen, Karl Theodor Christian 288
Fontane, Theodor 177 f., 182
Forster, Georg 84, 103, 235, 284
Fouqué, Friedrich Freiherr de la Motte 108, 221
Frankfurt am Main 235, 266
Franklin, Benjamin 68
Franzensbad 134, 152 f., 177
Friedrich Wilhelm I., König in Preußen 19
Friedrich II., König von Preußen 12, 67 f., 85, 169, 172, 223 f.
Friedrich Wilhelm II., König von Preußen 224
Friedrich Wilhelm III., König von Preußen 188 f., 224, 233, 235, 287

Gad, Esther s. Bernard, Esther
Gareis, Franz 272
Georg I., Herzog von Sachsen-Meiningen 208, 213
Georg, Prinz von Mecklenburg-Strelitz 191
Gera 59
Gessner, Salomon 92
Giebichenstein 157
Gleim, Johann Wilhelm Ludwig 107, 114, 157, 172, 190
Goethe, Christiane, geb. Vulpius 161
Goethe, Johann Wolfgang von 11, 16, 23, 36 f., 42, 53, 84, 88, 92, 96, 106 f., 110, 112, 118 – 125, 128, 135, 150, 158, 168, 179, 196 f., 235, 267, 280, 293
Göttingen 36, 75
Gotha 152, 165, 180 f., 232
Gottsched, Johann Christoph 29
Grassi, Joseph von 227
Gröben 178

Hablitschek, Franz 12, 260
Häring, Wilhelm 260
Halberstadt 157, 172, 190
Halle 157, 221
Hamburg 156, 225
Hardenberg, Karl August von 19
Harmes (Gutsbesitzer) 156

Hastfer, Karl Gustav von 176
Hauff, Wilhelm 108
Hegel, Georg Wilhelm Friedrich 271
Hegel, Maria 271
Heidelberg 266, 271 f., 274, 276 – 282, 287, 289
Heim, Ernst Ludwig 207, 251
Heim, Johann Ludwig 207
Heine, Heinrich 231, 242, 281
Helmbrechts 77
Herbart, Johann Friedrich 300
Herbig, Friedrich Wilhelm 173
Herder, Johann Gottfried 62, 107, 109, 114 f., 117 ff., 120, 158, 160, 166, 168, 270, 300 ff.
Herder, Karoline 116 f., 160, 166, 168
Hermann, Johann Bernhard 58, 71 – 75, 79, 130
Herold, Amöne s. Otto, Amöne
Herold, Johann Georg 115
Herz, Henriette 182, 208
Herz, Marcus 182, 186
Hesse, Hermann 204
Hildburghausen 162 f., 168, 170
Hippel, Theodor Gottfried von 53, 103, 234, 267
Hölderlin, Friedrich 62, 109
Hof 14 f., 29, 31 ff., 34 f., 42, 44, 48, 58 f., 61, 63, 69, 73, 77, 120, 124, 131, 144, 146, 154 f., 161, 196, 213

Hoffmann, Ernst Theodor Amadeus 266–269
Hohendorf 35
Hoser, Karl Eduard 153
Hubertusburg 11
Hufeland, Christian Wilhelm 251
Hume, David 34
Hutschendorf bei Kulmbach 260

Ilmenau 165 ff.

Jacobi, Friedrich Heinrich 196, 243, 269 f., 290
Jacobs, Friedrich 109
Jahn, Friedrich Ludwig 242, 288
Jena 14, 74, 111, 158, 194, 224, 288
Janicaud (Lehrer in Hof) 31
Jerusalem, Johann Friedrich Wilhelm 29
Joditz 15 f., 27, 31, 76

Kahla 111
Kalb, Charlotte von 109, 112, 119 f., 133–141, 153, 160, 163, 168, 175, 199, 263
Kalb, Edda von 139
Kalb, Heinrich von 136, 139
Kant, Immanuel 84, 160, 241
Karamsin, Nikolai Michailowitsch 49

Karl Alexander, Markgraf von Ansbach-Bayreuth 67
Karl August, Großherzog von Sachsen-Weimar 112, 114, 161
Karl der Große 243
Karlsbad 287, 289
Karsch(in), Anna Luise 176
Kauffmann, Angelika 145
Keller, Gottfried 108
Kiel 224
Klencke, Karoline Luise von 176
Klopstock, Friedrich Gottlieb 84
Knebel, Karl Ludwig von 114, 119, 121
Knigge, Adolph Freiherr von 108 f., 234
Knoll, Adolph 173
Kobbe, Theodor von 273
Koch, Franz 107
König (Maler) 16
Königsberg 233, 247
Könitzer, G. 12
Koeppel, Johann Gottfried 10, 41
Körner, Theodor 242
Kopenhagen 146
Kotzebue, August von 155, 189, 288, 290
Kreul, Lorenz 291
Krüdener, Burkhard Alexis von 146

Krüdener, Juliane von 144–150, 153, 191
Kühnoldt (Sattlermeister) 159
Kuhn, Johann Paul 44
Kuhn, Sophia Rosina s. Richter, Sophia Rosina
Kunz, Karl Friedrich 267 f.
Kulmbach 77

Lafontaine, August Heinrich Julius 157, 189
La Mettrie, Julien Offray de 34
Lange, Joachim 22
Langer, Johann Peter 270
Lausanne 146
Lavater, Johann Kaspar 27, 107, 148
Leipzig 27, 41, 42 f., 44 f., 47, 54 f., 58 ff., 61 f., 74, 77 f., 153 ff., 157 f., 160, 187, 196, 225, 231 f., 294
Lessing, Gotthold Ephraim 53, 223
Lichtenberg, Georg Christoph 75
Löbichau 266
London 124
Ludwig XVI., König von Frankreich 85
Luise, Königin von Preußen 162 f., 168, 170 ff., 189
Luther, Martin 289
Lux, Adam 284
Lux, Marianne 284 ff.
Lux, Therese Apollonia 286

Macdonald, James 156
Mahlman, Ernestine 187
Mahlmann, Gottfried August 187
Mainz 84, 276 f., 284 f.
Mannheim 276, 288
Marat, Jean Paul 284, 289
Marianne, Prinzessin von Preußen 139
Matzdorff, Carl 97, 169, 172 f.
Mayer, Auguste 186
Mayer, Ernestine s. Mahlmann, Ernestine
Mayer, Johann Siegfried Wilhelm 184–187, 207, 262 f.
Mayer, Karoline s. Richter, Karoline
Mayer, Wilhelmine s. Spazier, Wilhelmine
Meiningen 188, 196, 206–209, 212
Meißner, August Gottlieb 60
Merkel, Garlieb 203 f.
Meyer, Friedrich 214
Meyern, Wilhelm Friedrich von 99, 103 ff.
Miller, Johann Martin 36 f., 53
Montbart s. Sydow, Josephine von
Moritz, Karl Philipp 95–98, 169
Müller, Johannes von 246
Müller, Wilhelm 260 f., 305
München 148, 168, 232, 266, 289, 301

Mütschephal, Henriette von
s. Schlabrendorff, Henriette
Musäus, Johann Karl August
12

Napoleon, Kaiser von Frankreich 13, 88, 231 ff., 235, 237 f., 243, 246, 286
Nepos, Cornelius 27
Neumann, Wilhelm 221
Neustadt am Kulm 14
Neustadt an der Orla 111
Nicolai, Christoph Friedrich 36, 169, 224
Nösselt, Johann August 29
Novalis 144, 158
Nürnberg 266, 269, 271

Ochsenfurt 67
Oer, Theobald von 259
Oerthel, Adam Lorenz von 35, 38, 43, 53, 58, 61, 70 f., 74, 78 f., 153
Oschatz 11
Osmund, Emanuel 208 f., 210 f., 213, 302
Ostheim, Charlotte von s. Kalb, Charlotte von
Otto, Amöne 78
Otto, Christian Georg 5, 70, 78, 84, 86, 89, 99, 111 ff., 119, 136 ff., 156, 158, 160, 162, 167, 170, 179, 205, 208, 210 f., 233, 247, 254, 269, 283, 301 f., 307
Oxford 275

Paris 85 f., 148, 178, 284, 286
Paulus, Heinrich Eberhard Gottlob 277
Paulus, Karoline 277, 283
Paulus, Sophie 277 – 283
Perthes, Friedrich Christoph 225 f.
Pestalozzi, Johann Heinrich 107
Pfenniger, Heinrich 70, 107
Platner, Ernst 48 f., 155
Plotho, Otto Ludwig Freiherr von 20
Plotho, Freifrau von 15, 21, 24
Pope, Alexander 56
Potsdam 74
Preetorius, Emil 201

Raabe, Wilhelm 108
Regensburg 14
Rehau 29, 38
Rehberg, Christian Friedrich 96
Reichardt, Johann Friedrich 155, 157
Reimer, Georg Andreas 169, 300
Reinhart, Johann Christian 31, 304
Richter, Adam 15, 17, 22, 59
Richter, Emma 212 f., 258, 290, 301 f.
Richter, Gottlieb 17
Richter, Heinrich 79

Richter, Johann Christian
    Christoph 14 f., 17 ff., 20, 22,
    24 f., 27 ff.
Richter, Johannes 14
Richter, Karoline 184 ff., 190,
    205 ff., 209, 262 – 265 ff.,
    269, 274, 276, 278, 291, 299,
    301 f.
Richter, Max 212 f., 271, 283,
    289 ff., 295, 299, 304
Richter, Odilie 213
Richter, Samuel 154, 157
Richter, Sophia Rosina 9, 14 f.,
    40, 43 ff., 48, 50 f., 60 f., 69,
    97, 131, 141, 144, 154
Riedel, Carl Traugott 239
Riga 59, 145, 148
Robespierre, Maximilian de
    178
Rollwenzel, Anna Dorothea
    259 f., 262
Rom 119, 123
Rousseau, Jean-Jacques 100,
    103, 267

Sand, Dorothea Johanna
    Wilhelmina 289
Sand, Karl Ludwig 288 ff.
Schadow, Johann Gottfried
    122, 232
Schelling, Friedrich Wilhelm
    Joseph von 155, 301
Schiller, Friedrich von 16,
    107, 109, 118, 120 ff., 158,
    234

Schlabrendorff, Gustav Graf
    von 178
Schlabrendorff, Heinrich Graf
    von 178
Schlabrendorff, Henriette
    Gräfin von 175, 177 – 181,
    191, 206 f.
Schlegel, August Wilhelm
    279, 281 f.
Schlegel, Caroline 144, 282
Schlegel, Friedrich 192,
    281 f.
Schleiermacher, Friedrich
    62
Schleiz 111
Schmalz, Theodor Anton
    Heinrich 287
Schönburg-Waldenburg, Fürst
    von 24
Schubert, Franz 302
Schwanthaler, Ludwig von
    208
Schwarz, Paul Wolfgang 41
Schwarzenbach 24 f., 27, 38,
    40, 44, 63, 76 ff., 96 f.
Schwendler, Friedrich
    Christian August 207
Shakespeare, William 271
Smollett, Tobias 103
Sokrates 128
Spazier, Karl 187
Spazier, Richard Otto 144, 187,
    298 f., 304
Spazier, Wilhelmine (Minna)
    187, 298

Staël-Holstein, Germaine de 282
Stein, Charlotte von 128
Stein, Karl Freiherr vom und zum 189
Steinla, Moritz 227
Stelzner, Heinrich 260, 306
Sterne, Laurence 35, 103, 267
Stifter, Adalbert 108
Stuttgart 266, 283
Swift, Jonathan 56
Sydow, Hans-Friedrich Joachim 174 f.
Sydow, Josephine von 163, 166, 168, 174 f.

Teplitz 148
Thümmel, Moritz August von 155
Thylmann, Karl 253
Tieck, Ludwig 192, 211, 299
Tiefendorf 35
Tischbein, Friedrich August 115, 134, 236
Tilsit 232 f.
Töpen 35, 61 f.
Tretscher, Johann Christian Philipp 32
Tübingen 226

Ulm 36

Varnhagen von Ense, Karl 221, 236, 298

Venska 35
Völkel, Johann Samuel 28
Vogel, Erhard Friedrich 29 f., 38, 46 f., 49, 51, 54
Voltaire 34, 289
Voß, Abraham Sophus 271
Voß, Christian Friedrich 53 f., 56
Voß, Ernestine 264 f.
Voß, Heinrich 264, 271 ff., 277, 283, 292, 295
Voß, Johann Heinrich 92, 265, 271
Vulpius, Christian August 234
Vulpius, Christiane s. Goethe, Christiane

Weber, Karl Maria von 176
Weimar 109, 111 ff., 118 ff., 126, 128, 133 f., 136, 144, 156, 158, 160, 168, 170, 177, 181, 196, 206, 231, 235, 267
Weißenfels 158
Werner, Karl August 27
Wette, Wilhelm Martin Leberecht de 289
Weygand, Christan Friedrich 53
Wieland, Christoph Martin 84, 103, 107, 109, 116, 118, 158, 161, 206
Wien 286 f.
Wilhelm, Prinz von Preußen 233, 247

Personen- und Ortsregister

Woellner, Johann Christoph von 224
Wörlitz 206
Wolke, Christian Heinrich 249 f.
Wollstonecraft, Mary 157

Würzburger, J. 303
Wunsiedel 10, 12, 13, 15, 30, 235, 289

Zedtwitz 15, 20
Zelter, Karl Friedrich 302
Zürich 148, 156

Inhaltsverzeichnis

Vorrede zur Neufassung 7

Frühlingsanfang 9
Wohlgeruch der Kindheitsjahre 14
Das gelehrte Kind 25
Übungen 31
Reiterstück und Hungertuch 40
Der steile Berg 53
Der Hofmeister 58
Die erotische Akademie 69
Todesvision 79
Drei Wege 84
Mumien 95
Hundsposttage 103
Die heilige Stadt 111
Der Chinese in Rom 118
Der Armenadvokat 126
Die Titanide 133
Simultanliebe 142
Leipzig 151
Weimar 160
Weiber die Menge 169

Ein Winter in Berlin   183
Der Titan   196
Heimkehr   203
Flegeljahre   215
Das Freiheitsbäumchen   222
Friedenspredigten   231
Dr. Katzenberger und andere   247
Die Rollwenzelei   258
Das Immergrün der Gefühle   266
Todesfälle   284
Der Komet   293
November   298

Anhang
   Zitatennachweis   311
   Abbildungsnachweis   329
   Bibliographie   331
   Zeittafel   335
   Personen- und Ortsregister   339